제프리 무어의
캐즘 마케팅

제프리 무어의 캐즘 마케팅

초판　1쇄 발행 2015년 8월 28일
개정판 1쇄 인쇄 2021년 5월 24일
　　　1쇄 발행 2021년 5월 31일

지은이 제프리 A. 무어
옮긴이 윤영호
펴낸이 오세인 | 펴낸곳 세종서적(주)

주간 정소연 | 기획·편집 윤혜자 정은미 이진아
표지디자인 HEEYA | 디자인 조정윤
마케팅 임종호 | 경영지원 홍성우
인쇄 천광인쇄

출판등록　1992년 3월 4일 제4-172호
주소　　　서울시 광진구 천호대로132길 15, 세종 SMS 빌딩 3층
전화　　　마케팅 (02)778-4179, 편집 (02)775-7011 | 팩스 (02)776-4013
홈페이지　www.sejongbooks.co.kr | 네이버 포스트　post.naver.com/sejongbook
페이스북　www.facebook.com/sejongbooks | 원고모집　sejong.edit@gmail.com

ISBN 978-89-8407-955-7　03320

• 잘못 만들어진 책은 바꾸어드립니다.
• 값은 뒤표지에 있습니다.

CROSSING THE CHASM

**스타트업을 메인마켓으로
이끄는 마케팅 바이블**

제프리 A. 무어 지음

윤영호 옮김

제프리 무어의 **캐즘 마케팅**

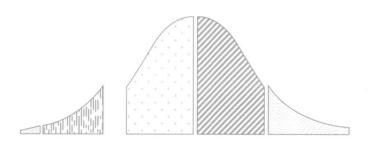

세종
서적

마리에게

| 차 례 |

저자의 말

『캐즘 마케팅』을 기획하는 과정에서 나는 이 책이 5,000부 이상 판매되면 성공을 거두는 것이라고 출판사와 의견일치를 보았다. 첨단기술 제품의 마케팅이라는 다소 난해한 과제를 다루고 있는 이 책은 무명작가가 틈새시장을 노리고 쓴 것이었다.

그런데 1991년에 처음 출간된 이후 1999년까지 이 책은 30만 부 이상 판매되었다. 물론 출판사와 나는 매우 만족했다. 그런데 더 흥미로운 질문이 뇌리에 맴돌았다. '왜 이 책이 이토록 큰 성공을 거두었을까?' 그 해답은 입소문 마케팅의 효과를 입증하는 전형적인 사례인 틈새시장 접근법에 있는데, 이 책에서도 단속적(斷續的)인 혁신에 대해 주류시장의 선택을 얻기 위한 방식으로 지지하고 있다.

일단 캐즘의 비유와 캐즘을 뛰어넘는 방식에 대한 조언은 노련한 첨단기술 경영자들 사이에서 상당한 공감을 이끌어낸 것으로 입증되었다. 수많은 독자들이 내게 이 책에 소개된 자료가 유익하기는 하지만 그들이 알지 못했던 새로운 지식을 알려준 것은 아니라고 말했다. 그보다는 그들의 흩어진 직관과 파묻힌 지식을 이끌어내어 미래의 결정 과정에서 활용할 수 있는 논리적인 틀을 형성하게끔 해주었다고 했다.

이런 경험을 한 독자들이 이 책을 동료들에게 건네면서 캐즘이라는 단어가 널리 알려지게 되었다. 결국 이 책은 마케팅 부서를 벗어나 엔지니어링 부서로 영역을 확장하기 시작했다. 그리고 새로운 많은 독자들은 이 책을 처음 몇 장만 읽고서 집어던지지 않은 최초의 마케팅 서적이라고 평했다. 엔지니어들의 칭찬이야말로 진정한 찬사였고, 나는 그런 반응에 크게 감사했다.

이런 보기 드문 현상은 벤처캐피털 업계의 시선도 사로잡았다. 결과는 더 많은 책의 판매로 이어졌다. 벤처캐피털 자본가들은 이 새로운 단어에서 엔지니어링 지향적인 기업가들과 시장개발 대화의 물꼬를 트는 수단을 찾았다. 실제로 이 책은 기업에서 모두의 협력을 이끌어내기 위해 권장하는 필독서가 되었다.

비즈니스 스쿨의 교수들은 이 책을 기업가정신 마케팅 강의의 교재로 선택했는데, 그 과목은 이 책이 처음 출간된 후 10년 동안 엄청난 열풍을 일으켰다. 학생들은 명확한 용어들로 설명하고 규정하는 이 책을 좋아했는데, 책 안에서 비유를 통해 논리의 핵심을 전달하기 때문이다. 이러한 비유를 받아들인다면, 이 책의 핵심을 확실히 이해하게 될 것이며, 이 책을 읽는 것은 그저 이미 알고 있는 사실을 확인하는 절차에 불과할 것이다.

1997년까지는 만사가 순조로웠다. 하지만 그즈음 학생들은 "애시턴 테이트나 컬리넷이 어떤 회사죠? 워드스타나 인그레스는 뭔가요?"라고 묻기 시작했다. 비유를 통한 논의에서 핵심이 되었던 이 사례들이 너무 시대에 뒤떨어졌던 것이다. 이런 이유에서 출간된 개정판에서는 1980년대 기업들의 사례가 1990년대의 기업들로 대체되었는데, 초판의 논조는 대부분 유지되었으며, 캐즘이 기술 부문에서 반복되는 특징이라는 저자의 믿음 또한 더욱 확고해졌다.

지난 10년 동안은 대체로 이와 같은 상황이었다. 책의 판매도 꾸준히 이어졌다. 이 개정판은 이전과 같은 맥락을 유지하면서도 외국어 번역본까지 합해 60만 부를 넘어서는 판매고를 기록했다. 하지만 2007년을 기점으로 다시금 학생들은 "채널포인트가 어떤 회사죠? 버티컬넷은요? 실리콘 그래픽스는요? 사비는요? 우리가 '실제로 알고 있는' 기업들의 사례 연구는 없나요?"라고 묻기 시작했다. 또다시 사례들을 갱신할 시기가 된 것이다. 비록 때늦은 감이 있지만 이 작업은 내가 열성적으로 임해야 하는 과제임에 틀림없다.

예전과 마찬가지로 나는 초판의 틀을 유지하는 방식을 고수한다. 확실히 지난 10년 동안 많은 변화가 일어났다. 일단 틀을 갱신하기 시작하면 철저하게 재구성해야 한다. 그 대신 나는 두 가지 부록을 추가하기로 했다. 첫 번째 부록은 이 책에 이어 출간된『토네이도 마케팅』의 논점을 간략히 정리한 것으로, 그 목적은 기술수용 주기를 초기시장부터 캐즘, 볼링레인, 토네이도, 중심가, 수용 후 영역 성숙에 이르기까지 세세하고 구체적으로 묘사하는 것이다. 이를 활용하면 이 책을 처음 읽는 독자들도 광범위한 차원에서 캐즘을 뛰어넘을 수 있을 것이다.

두 번째 부록은 금세기의 첨단기술에서 가장 극적인 발전을 보여주는 모바일기기, 클라우드 컴퓨팅, 월드와이드웹의 혁신적인 사용을 통해 이루어진 소비자 IT의 부상을 다루고 있다. 이전 시대에 IT 분야는 거의 B2B 시장에서 기술을 입증하고 비용을 절감한 후에 마침내 B2C 시장으로 확장하면서 활성화되었다. 하지만 금세기에는 B2C 사업이 시장을 주도하고 있으며, 이제 B2B 업체들은 그런 기술을 새로운 사업에 접목하기 위해 나서고 있다.

이 책은 본질적으로 B2B 시장개발 모델임이 입증되었다. 이를 B2C에도 적용할 수 있는데, 간혹 이는 대단히 효과적이기도 하지만 일반적으로 최선의 모델은 아니다. 오히려 우리가 4단기어라고 부르는 모델이 소비자 비즈니스를 구축하는 디지털 기업들에게는 더욱 유용하다고 판명되었다. 바로 이것이 두 번째 부록에서 다루는 주제이다.

전반적으로 이 작업은 상당히 긴 여정이었다. 그동안 나는 우리 가족, 특히 아내 마리와 캐즘 그룹, 캐즘 연구소, TCG 어드바이저스, 모어 데이비도 벤처스의 여러 동료에게 도움을 받았다. 더불어 하퍼 비즈니스의 편집자들과 내 출판 에이전트 짐 레빈, 내 비서이자 비즈니스 매니저인 팻 그레인저에게도 도움을 받았다. 그 밖에도 많은 사람들이 이 책에 직접적, 간접적으로 참여했다. 그런데 어쩌면 가장 중요한 사람들은 우리에게 컨설팅을 의뢰하며 흥미로운 문제들로 활기찬 에너지를 불러일으켰던 수백 명의 고객들일지 모른다. 그들은 우리 모두에게 깊은 영감을 주었다.

2013년 6월
제프리 무어

PART
1

캐즘을 발견하라

첨단기술 시장의 개발에서 가장 위험한 시점은
실험적인 소수의 고객들에 의해 지배되는 초기시장에서
실용적인 성향을 지닌 다수의 고객들에 의해 지배되는
주류시장으로 전환이 이루어지는 시기이다.
이 두 시장의 간극은 '캐즘'이라고 불릴 만큼 심대하다.

마크 저커버그가 억만장자가 될 수 있다면

뮤지컬 〈코러스라인〉에 나오는 노래에 "트로이 도너호가 유명 배우가 될 수 있다면, 나도 유명배우가 될 수 있어"라는 가사가 있다. 해마다 전국의 많은 첨단기술 신생기업들에서는 이를 개사해 "마크 저커버그가 억만장자가 될 수 있다면……"이라고 부를지도 모른다. 첨단기술의 놀라운 양면성은 무수한 실패와 좌절을 남겼음에도 불구하고, 여전히 합법적인 벼락부자가 될 수 있는 좋은 기회로 다가오는 것이다.

정말 엄청난 유혹이 아닐 수 없다. 하지만 성경에서 경고하는 것처럼 부름을 받는 자는 많지만 선택을 받는 자는 많지 않다. 해마다 수백만 달러가 이 선택받은 자들의 왕국에 입성하려다 실패한 사업들에 허비되고 있다. 미국 최고의 기술자들이 연구와 개발에 투입하는 그 많은 시간들도 모두 허사로 돌아가고 있다. 이 얼마나 안타까운 일인가!

"왜 하필 내가?" 실패한 기업가가 소리친다. "왜 나는 안 되지?" "어째서 우리는 안 되는 거야?" 실패한 투자자들도 울분을 터뜨린다. "우리 제품을 보라고! 경쟁사 제품 못지않잖아, 아니 더 좋잖아. 어떻게 세일즈포스(Salesforce)가 라잇나우(RightNow)보다 낫고, 링크드인(LinkedIn)이 플락소(Plaxo)보다 낫고, 아카마이(Akamai)의 콘텐츠 전송 네트워크가 인터냅(Internap)보다 낫고, 랙스페이스(Rackspace)의 클라우드가 테러마크(Terremark)보다 낫다고 말할 수 있지?" 정말 그런 것인가? 실제로 특징을 일일이 비교해 보면 간혹 성공을 거두지 못한 제품이 더 뛰어난 경우도 있다.

이 화나고 속상한 사람들은 아무 하소연도 못하고 무대에서 내려온 분풀이를 하기 위해 내부에서 희생양을 찾아낼 궁리를 한다. 과연 누가 걸려들 것인가? 그들은 집요하게 파고들어 일제히 한 사람을 지목한다. 바로 '마케팅 담당 부사장'이다. 실패는 마케팅 탓이다! 세일즈포스는 라잇나우를, 링크드인은 플락소를, 아카마이는 인터냅을, 랙스페이스는 테러마크를 마케팅에서 앞섰다. 지금 우리도 마케팅에서 뒤처진 것이다. 이 작자에겐 해고란 말도 과분하다. 잘라버려!

이런 상황이 벌어지면 마케팅 부서에서 책임을 지게 되는데,

경영자의 이력은 그저 흠집이 날 뿐이지만, 그 실패의 여파는 너무 참담하다. 첨단기술 벤처가 실패로 끝나면 모든 사람들이 그 배와 함께 침몰한다. 투자자들뿐만 아니라 엔지니어들, 제조자들, 회장, 접객원까지 예외가 없다. 주식 옵션의 현금 전환을 기대하며 초과 근무에 매달렸던 시간들도 모두 물거품으로 사라진다.

더욱이 어떤 벤처는 성공하고 어떤 벤처는 실패하는 뚜렷한 이유가 없기 때문에 새로운 제품과 기업에 자금을 조달하는 투자자들은 점점 더 투자에 신중해진다. 이자율은 상승하고 평가는 하락하며 벤처 리스크를 수용하려는 의향은 약해진다. 한편 월스트리트는 또 다른 깊은 한숨을 토해내고 있다. 그곳에서는 오래전부터 첨단기술 관련 주식들로 골머리를 앓아왔다. 일류 애널리스트들의 노력에도 불구하고 그런 주식들은 전통적으로 잘못된 평가를 받는데, 종종 그 정도가 너무 지나친 나머지 극도로 불안정하다. 첨단기술 기업이 분기 예상 실적에 아주 근소하게라도 미달된 수치를 발표하고 나면 다음 날 주식시장에서 주가가 30퍼센트까지 하락하는 경우가 드물지 않다. 그게 말이 되는가?

하지만 더 심각한 문제가 있다. 첨단기술 혁신과 마케팅 전문 기술은 글로벌 경쟁력을 갖추기 위한 미국의 전략을 지탱하는 두 개의 초석이다. 우리는 결코 노동력이나 천연자원에서 최저

비용을 만들어내지 못할 것이기 때문에 꾸준히 가치 사슬을 강화하는 이점을 활용해야 한다. 첨단기술 제품의 가능성을 예측하고 성공적으로 출시하는 방법을 배우지 못한다면, 범용화된 세계화의 맹공격에 대한 방비책이 흔들리면서 우리의 전반적인 생활수준도 위태로워질 것이다.

워낙 위험부담이 크기 때문에 첨단기술 마케팅이 들쭉날쭉한 결과를 보이면 더욱 낙심하고 좌절하게 된다. 특히 다른 형태의 마케팅들이 매우 잘 운용되는 듯한 사회에서는 그런 경향이 두드러진다. 우리는 다른 부문(자동차, 전자기기, 의류)에서 제조능력이 뒤떨어질지 모르지만 마케팅이 뒤처지지는 않는다. 사실 우리는 모든 제품 부문에서 국제경쟁력을 상실하더라도 그런 제품들을 미국 소비자들에게 능숙하게 마케팅할 것이다. 왜 우리는 이런 실력을 첨단기술에 적용하지 못하는가? 우리가 그것을 잘하려면 어떻게 해야 하는가?

이 두 가지 질문에 자세한 해답을 제시하는 것이 바로 이 책의 목표이다. 하지만 간략히 대답하자면 다음과 같다. 첨단기술 시장을 개발하는 방식에 대한 우리의 기본 모델은 무난하지만 완전하지는 않다. 그 결과 우리의 마케팅 벤처들은 전도유망한 시작에도 불구하고 이상하게 길을 잃고 헤매다 끝내 판매수익에서 예상치 못한 심각한 부진에 빠져들고 경영진은 필사적인 대책을 강구하게 된다. 이따금 그런 대책은 효과를 발휘하면서 결국 첨단기술 마케팅이 성공을 거두기도 한다(물론 그 과정을 돌이켜 기록으로 작성할 때면 나중에 깨달은 것이 사전에 예상한 것으로 묘사되는 경우가 드물지 않은데, 그로 인해 그 사업이 얼마나 심각하게 위기에 근접했었는지 아무도 이해하지 못하게 된다). 하지만 대책이 완전히 실패하거나, 상품이나 회사가 망하거나, 파행적이지만 그럭저럭 명맥만 이어가는 경우가 더 많다. 그런 기업들은 이미 오래전에 성공의 꿈을 포기한 채 직원들에게 월급을 다시 지급하게 된 데 만족할 뿐이다.

그 모두가 불필요한 과정이다. 우리는 첨단기술 마케팅에 충분한 경험과 이력을 지니고 있으며, 우리의 모델이 일으킨 오류와 그것을 교정할 방법을 알고 있다. 구체적으로 첨단기술 시장의 개발에서 가장 위험한 시점은 '실험적인' 소수의 고객들에 의해 지배되는 '초기시장'에서 '실용적인' 성향을 지닌 다수의 고객들에 의해 지배되는 '주류시장'으로 전환이 이루어지는 시기이다. 흔히들 간과하지만 이 두 시장의 간극은 '캐즘'이라고 불릴 만큼 심대하다. 따라서 이 캐즘을 뛰어넘는 것은 모든 장기적인 첨단기술 마케팅 계획에서 주안점이 되어야 한다. 캐즘 뛰어넘기에 성공하면 첨단기술을 통해 부가 창출되고, 캐즘 뛰어넘기에 실패하면 그 부가 사라진다.

지난 20년 동안 나와 캐즘 그룹, 캐즘 연구소, TCG 어드바이저스의 동료들은 수많은 회사들이 그 힘겨웠던 시기에 회사의 기반을 유지하기 위해 고군분투하는 모습을 지켜보았다. 이 책의 앞 장에 소개되는 사례들은 여러 이유에서 아주 어려운 변환의 모습을 보여준다. 그래도 좋은 소식이 있다면 믿을 만한 원칙이 존재한다는 것이다. 앞으로 소개될 자료는 다양한 상품들과 회사들을 수익성과 지속성이 보장되는 주류시장에 진입시키려는 수백 건의 컨설팅 계약을 거치며 다듬어진 사례들이다. 여기서 소개하는 모델들은 실험을 거듭하며 효율성을 입증했다. 다시 말해, 캐즘은 뛰어넘을 수 있다.

캐즘을 뛰어넘으려는 기업은 자기 몸을 감싼 조가비보다 더 크게 자란 소라게처럼 서둘러 새집을 찾아야 한다. 새집을 찾기 전까지 소라게는 온갖 포식자들에게 취약한 상태일 것이기 때문이다. 이런 긴박함은 회사의 모든 직원들(단지 마케팅과 세일즈 부서의 직원들만이 아니라)이 그 문제가 해결될 때까지 전력을 다해야 한다는 것을 의미한다. 3장부터 7장까지는 이런 심각한 위기의 시기에 첨단기술 벤처를 이끄는 데에 필요한 원칙을 설명한다. 이부분에서는 주로 마케팅에 초점을 맞추는데, 그 이유는 바로 마케팅 영역에서 리더십이 비롯되어야 하기 때문이다. 그리고 이책의 결론에서 나는 캐즘을 뛰어넘으려면 첨단기술 기업의 내부에서 상당한 변화가 이루어져야 한다고 주장한다. 따라서 이 책은 재무관리, 조직개발, R&D 부서에서 추가로 새로운 전략이 필요하다는 견해를 제시하며 끝을 맺는다.

이 책은 전적으로 첨단기술 기업의 마케팅에 대한 내용을 다루고 있다. 하지만 첨단기술은 보다 큰 산업 부문들의 축소판으로 여겨질 수 있다. 이런 맥락에서 초기시장과 주류시장의 관계는 일시적 유행과 장기적 추세의 관계와 다르지 않다. 마케팅에서는 오래전부터 일시적 유행을 활용하는 방법과 장기적 추세를 조성하는 방법을 알고 있었다. 여기서 문제는 기술이 서로 상반되기 때문에 그중(일시적 유행과 장기적 추세) 하나를 선택해야 한다는 것이다. 그러나 만약 일시적 유행에서 시작해 그것을 최대한 활용한 후에 장기적 추세로 전환할 수 있다면 훨씬 좋을 것이다.

너무 이상적이라고 생각할지도 모르지만 그것이 첨단기술 마케팅의 핵심이다. 모든 혁신적인 첨단기술 제품은 처음에 시장 가치나 용도가 전혀 드러나지 않다가 '조기 사용자(early adopter) 집단'에서 많은 관심을 이끌어내는 '엄청난 특성'을 지닌 일시적 유행으로 시작된다. 그것이 초기시장이다.

이런 초기시장이 조성된 후에 나머지 사람들이 그 제품으로 다른 무언가를 창출할 수 있을지 관망하는 시기가 찾아온다. 그것이 캐즘이다. 만약 그 제품에서 실제 무언가가 창출된다면(잠재고객층에게 합리적인 가격에 제공될 수 있는 어떤 가치제안이 발견된다면) 새로운 주류시장이 형성되는데, 대체로 그 속도가 매우 빨라 초기의 선도자들은 엄청난 성공을 거둘 수 있다.

이 모든 과정에서 결정적인 요소는 캐즘을 뛰어넘는 것이다. 다시 말해, 주류시장의 새싹이 돋아날 수 있도록 이끌어야 한다.

주류시장의 창출은 첨단기술 기업의 사활이 걸린 명제이다. 따라서 그런 기업들이 '캐즘 이론'을 만들어내는 산실인 셈이다. 하지만 그 원칙은 다른 형태의 마케팅으로 보편화될 수 있기 때문에, 이 책에 소개된 첨단기술 사례들을 꼼꼼히 살펴본 독자라면 유용한 교훈을 얻을 수 있을 것이다.

이 책의 가장 중요한 교훈 중 하나는 캐즘을 뛰어넘는 과정에서 회사가 반드시 단합해야 한다는 것이다. 그 시기에는 기발한 마케팅 재능을 내세우려 하지 말고, 평범한 사람들 간에 지식과 정보에 근거한 합의를 이루어야 한다. 그 시기에는 과감하고 소모적인 행동이 아니라, 신중한 계획과 세심한 자원배분이 필요하다. 또 기막힌 반전에 모든 것을 쏟아붓는 도박을 하지 말고, 확률 높은 행동방식을 따르면서 실수를 최소화하는 데 집중해야 한다.

따라서 어쩌면 이 책의 가장 중요한 역할은 캐즘을 뛰어넘는 시기에 마케팅 의사결정에 관한 이론을 제시해 경영진 전원이 시장개발 과정에 참여할 수 있도록 하는 것일지 모른다. 기발함이 아닌 신중함이 원칙이라면, 의견을 제시할 사람들은 많을수록 좋다. 만약 시장의 힘이 전략의 지침이 된다면(대부분의 조직들이 그것을 목표로 삼는다), 그 원칙은 모두에게 적용되어야 하며, 이따금 나타나는 사례들처럼 선출된 소수에게만 비밀로 허용되어서는 안 된다.

따라서 이 책은 벤처의 주주와 엔지니어뿐만 아니라 마케터와 금융가에 이르기까지 첨단기술 분야 전체를 대상으로 저술된 책이다. 캐즘이 무난히 해소될 수 있도록 모두가 공동의 합의에 이르러야 한다. 이런 생각을 염두에 두고 이제 1장을 살펴보기로 하자.

1장

첨단기술 마케팅에 대한 환상

1989년에 이 책의 초고를 쓸 때 나는 전기자동차를 아직 캐즘을 뛰어넘지 못한 단속적인 혁신의 사례로 들었다. 실제로 당시 전기자동차는 그저 소수의 기술자들이 대체에너지를 사용하는 동력장치로 자동차를 개량하는 수준에 머물러 있었다. 1999년에 개정판을 출간했을 때에도 나는 똑같은 사례를 들었다. 그 무렵 GM이 전기자동차를 출시했고 다른 모든 제조사들도 떠들썩하게 소란을 피우고 있었긴 하지만, 시장의 반응은 시큰둥했다. 이제 2013년에 우리는 다시금 전기자동차 시장에 대해 언급하고 있다. 이번에 주목을 받은 판매사는 테슬라로, 모델 S세단에 관심이 집중되고 있다.

일단 근사한 장점들은 접어두고 그 전기자동차들이 뛰어난 정숙성과 친환경성을 제외하면 다른 자동차들과 똑같이 작동한다고 가정하자. 이제 질문을 던지겠다. 여러분은 언제 그 차를 구입할 것인가?

기술수용 주기

위의 질문에 대한 여러분의 대답은 여러분과 '기술수용 주기 (Technology Adoption Life Cycle, 신제품의 수용을 이해하기 위한 모델)'와의 관계에 대해 많은 것을 말해줄 것이다. 만약 "결코 그럴 일은 없다"라고 대답했다면 여러분은 아마도 극도의 후기 수용자, 혹은 기술수용 주기 모델에서 '말기 수용자(laggard)'로 지칭되는 부류일 것이다. 만약 "전기자동차의 성능이 입증되고 도로에 충전소가 충분히 보급되면 사겠다"라고 대답했다면, 여러분은 일반 수용자이자 '초기 대중(early majority)'에 속할 것이다. 만약 "많은 사람들이 전기차로 바꾸고 가솔린 자동차가 정말 불편해지거든 사겠다"라고 대답했다면, 여러분은 추종자에 가까우며 '후기 대중 (late majority)'에 속할 것이다. 반면 다른 사람들보다 먼저 전기자동차를 운전하고 싶다면, 여러분은 '선도 수용자(innovator)' 혹은 '조기 수용자(early adopter)' 부류에 해당될 것이다.

이 용어들은 뒤에서 자세히 살펴보겠지만, 우선은 그 의의부터 이해해야 한다. 기술수용에 대한 우리의 태도는 우리의 행동 양식의 변화나 기존의 다른 제품들과 서비스의 변경을 요구하는 제품이 출시될 때마다 중요해지고 있다. 학술적 용어로 이처럼 변화에 민감한 제품들은 '불연속적인(discontinuous)' 혹은 '단속적인 혁신(disruptive innovations)'이라고 지칭된다. 그와 반대되는 용어인 '연속적인(continuous)' 혹은 '지속적인 혁신(sustaining innovations)'은 우리에게 행동양식의 변화를 요구하지 않는 제품의 일반적인 개량을 일컫는다.

예를 들어, 워비 파커가 개선된 디자인의 안경을 출시하면 그것은 연속적인 혁신에 해당된다. 여러분은 여전히 똑같은 렌즈와 안경테의 조합을 착용하지만 훨씬 멋지게 보인다. 포드 퓨전이 높은 연비를 제시하고, 구글 지메일이 자사의 다른 애플리케이션들과의 강화된 호환성을 약속하고, 삼성이 보다 큰 화면에 보다 밝고 선명한 화질의 TV를 발매하면, 그들은 모두 연속적인 혁신을 이룬 것이다. 소비자는 이 개선된 제품을 사용하기 위해 행동양식을 바꾸어야 할 필요가 없다.

그러나 삼성이 출시한 제품이 3D TV라면, 소비자는 기존의 방식으로 시청할 수 없으며 특수효과를 즐기려면 특수안경을 착용해야 한다. 소비자는 평소에 TV를 시청하던 방식을 바꾸어야 하기 때문에 이것은 불연속적인 혁신이다. 마찬가지로 새로운 지메일 계정이 안드로이드를 운영하는 구글 크롬에서 가동된다면, 그것은 현재 마이크로소프트나 애플의 운영체제를 사용하는 대부분의 소프트웨어 기반과 호환되지 않는다. 전혀 새로운 소프트웨어 기반을 찾아야 하기 때문에 이것 역시 불연속적인 혁신으로 분류된다. 또한 새로운 포드 퓨전이 가솔린 대신 전기를 사용하는 에너지 모델이거나, 새로운 시력 개선 수단이 안경이 아닌 라식 수술로 대체된다면, 소비자는 기존에 통용되던 부가적인 요소들을 사용할 수 없다. 이 모든 경우에 혁신은 소비자들뿐만 아니라 만족스러운 사용을 위해 보완적인 제품과 서비스를 제공하는 파생사업들에도 상당한 변화를 요구한다. 이것이 바로 그런 혁신이 '불연속적'이라고 불리게 되는 이유이다.

'연속적인 혁신'과 '불연속적인 혁신' 간에는 행동변화에 대한 요구의 범위가 내제한다. 라식 수술과 달리 콘택트렌즈는 새로운 기반시설을 요구하지 않지만, 소비자에게 새로운 행동양식을 요구한다. 인터넷 TV는 특수안경을 필요로 하지 않지만, 소비자에게 '디지털 능력'을 요구한다. 마이크로소프트의 서피스(Surface) 태블릿은 크롬 노트북과 달리 마이크로소프트 응용프로그램들과 호환되지만, 타일형 인터페이스 때문에 사용자는 새로운 사용법을 익혀야 한다. 포드의 하이브리드 퓨전은 과거 에너지 모델과 달리 기존의 주유소를 사용할 수 있지만, 원활히 시동을 걸고 운전을 하려면 새로운 습관을 들여야 한다. 이 모두는 특정한 섬유에 대한 특수한 세탁지침, 자전거 이용자들을 위한 전용도로, 국제전화를 걸려면 알아야 하는 식별번호처럼 소비자에게 행동변화를 수용하도록 이끄는 새로운 차원의 요구를 나타낸다. 그것은 현대화의 대가이다. 조만간 모든 사업들이 그런 요구를 하게 될 것이며, 그들은 첨단기술 산업의 교훈을 활용해 이익을 창출할 수도 있을 것이다.

다른 산업들에서는 몹시 불안해하며 그저 간간이 불연속적인 혁신을 도입하는 반면, 첨단기술 기업들은 일상적으로 자신감 있게 불연속적인 혁신을 시도한다. 따라서 처음부터 첨단기술 기업들은 이런 유형의 제품의 출시를 효율적으로 처리하기 위한 마케팅 모델을 필요로 했다. 이런 까닭에 기술수용 주기는 업계 전체에서 가장 중요한 마케팅 접근법이 되었다(사람들은 이 모델이 미국 농부들을 대상으로 한 새로운 감자 종자의 채택에 관한 실험에서 비롯되었다는 사실을 알고 나면 우스워한다. 비록 농업과 관련된 실험에서 비롯되기는 했지만, 이 모델은 실리콘밸리의 토양에 완전히 이식되었다).

이 모델은 제품의 가용기(可用期) 전반에 걸친 소비자 유형의 발전이라는 관점에서 모든 신기술 제품의 시장침투를 묘사한다.

다음 그림에서 보는 것처럼 이 모델은 종 모양의 곡선을 나타낸다. 곡선에서 경계선들은 대략 표준편차가 위치하는 지점에 해당한다. 다시 말해, 초기 대중과 후기 대중은 평균과 첫 번째 표준편차의 범위에 속하고, 조기 수용자와 말기 수용자는 두 번

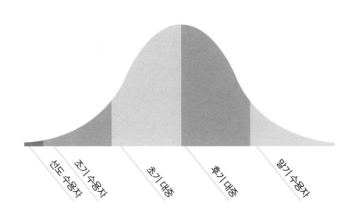

기술수용 주기

선도 수용자
초기 수용자
초기 대중
후기 대중
말기 수용자

째 표준편차 범위에 속하며, 거기서 떨어진 신기술의 도입 단계
에서 대략 세 번째 표준편차에 해당하는 지점에 선도 수용자들
이 위치한다.

　이 집단들은 신기술에 기반을 둔 불연속적인 혁신에 대
한 독특한 반응으로 구분된다. 각 집단은 고유한 '심리통계적
(psychographic, 마케팅 반응에서 다른 집단들과 차이를 만드는 심리학과 인구
통계학의 조합)' 특징을 나타낸다. 각 집단의 특징과 그들 간의 상
호관계를 이해하는 일은 첨단기술 마케팅의 전반에 걸쳐 중요한
토대가 된다.

　'선도 수용자들'은 신기술 제품을 열성적으로 추구한다. 간혹
그들은 공식적인 마케팅이 시작되기도 전에 신기술 제품을 찾아

내는데, 제품의 기능과 상관없이 기술 자체가 그들에게는 가장 큰 관심사이기 때문이다. 본질적으로 그들은 모든 진보나 발전에 호기심을 가지며, 가끔씩 단지 새로운 장치의 특성을 찾아내는 즐거움에서 기술을 구매하기도 한다. 모든 시장에서 선도 수용자들은 그리 많지 않지만 그럼에도 마케팅 초반에 그들의 마음을 사로잡는 것은 대단히 중요하다. 그들의 호의적 반응이 시장의 다른 소비자들에게 제품에 대한 긍정적인 인상을 심어줄 수 있기 때문이다.

'조기 수용자들'도 선도 수용자들처럼 새로운 제품 콘셉트를 구매하지만 그들과 달리 기술전문가는 아니다. 오히려 그들은 신기술의 이점을 예측하고 이해하고 활용하여 그런 잠재적 이점을 다른 관심사에도 접목하는 사람들이다. 그들은 호기심을 자극하는 대상을 발견할 때마다 구매결정을 내리려고 할 것이다. 조기 수용자들은 구매결정을 내릴 때 안정적인 자료를 참고하지 않고 자신의 직관과 통찰력에 의존하기 때문에 첨단기술 시장의 새로운 부문을 개척하는 데 중요한 역할을 한다.

'초기 대중'은 초기 수용자들처럼 어느 정도 기술을 수용하려고 하지만 궁극적으로는 실용성에 치중하는 성향을 나타낸다. 그들은 이런 신제품들 중 대다수가 일시적인 유행으로 끝난다는 것을 알기에 제품을 구입하기 전에 다른 사람들의 반응을 차분히 지켜본다. 실제로 돈을 투자하기 전에 안정적인 자료를 참고하고자 하는 것이다. 이 집단에는 워낙 많은 사람들이 속하기 때문에(전체 주기에서 약 3분의 1에 달하는 규모) 실질적인 이익과 성장을 바란다면 그들의 마음을 얻는 것이 매우 중요하다.

'후기 대중'은 모든 면에서 초기 대중과 비슷하지만 한 가지 큰 차이점이 있다. 초기 대중에 속한 사람들은 일단 구매결정을 내리면 기술 제품을 편하게 사용하는 반면, 후기 대중에 속한 사람들은 그렇지 않다. 그 결과 그들은 확실한 기준이 수립될 때까지 기다리는데, 그런 다음에도 많은 지원을 해주는 큰 규모의 안정적인 회사로부터 구입하려는 성향을 나타낸다. 초기 대중과 마찬가지로 이 집단도 주어진 부문의 전체 인원에서 약 3분의 1을 차지한다. 따라서 그들의 마음을 얻으면 상당한 이익을 거둘 수 있다. 실제로 제품이 성숙기에 접어들면 이익률이 감소하지만, 그만큼 판매원가도 감소하게 되어 사실상 R&D 비용도 모두 회수되었을 것이기 때문이다.

마지막으로 '말기 수용자들'은 많은 이유 중에서도 개인적인, 혹은 경제적인 이유로 신기술에 전혀 관심을 두지 않는다. 그나마 그들이 기술 제품을 구입하는 때는 다른 제품의 내부에 설치되어 그 제품의 존재조차 드러나지 않는 경우(예를 들면, 새 자동차의 브레이크 장치에 내장된 마이크로프로세서)뿐이다. 시장개발의 관점에서 말기 수용자들은 어떤 기준에서도 포섭할 가치가 없는 집단으로 간주된다.

기술수용 주기의 논리를 다시 살펴보면, 그 바탕이 되는 명제는 기술이 사회에 존재하는 여러 부문의 심리적, 사회적 특성에 따라 단계적으로 수용된다는 것이다. 이 과정은 각각 구분되는 단계들의 연속체로 파악될 수 있는데, 각 단계는 각각의 구분되는 집단과 연계되고 각 집단은 예측할 수 있는 부분들로 전체를 구성한다.

첨단기술 마케팅 모델

이런 분석은 첨단기술 마케팅 모델의 토대가 된다. 이 모델은 첨단기술 시장이 개발되는 과정이 종 모양의 곡선 왼쪽에서 오른쪽으로 진행된다는 것을 보여주는데, 처음에 선도 수용자들을 중심으로 시장 부문이 형성되다가 조기 수용자들로 이동하면서 그 부문이 더욱 성장하고 초기 대중, 후기 대중, 말기 수용자들까지 이동하게 된다. 이 과정에서 기업들은 각각의 '포착된' 집단을 그다음 집단에 실시할 마케팅의 참고 기반으로 활용해야 한다. 따라서 선도 수용자들의 긍정적인 반응은 조기 수용자들을 겨냥한 믿을 만한 광고를 개발할 수 있는 중요한 수단이 되고, 그 조기 수용자들의 반응은 다시 초기 대중을 겨냥한 광고에 활용되는 식이다.

여기서 핵심적인 사항은 이 과정이 릴레이경주에서 바통을 주고받거나 정글에서 타잔이 덩굴을 타고 이동하는 것처럼 원활하게 진행되도록 하는 것이다. 무엇보다도 다음 집단에게 자연스러운 구매욕을 일으키는 편승효과를 창출하기 위한 추진력을 유지하는 것이 중요하다. 한 단계에서 너무 지연되면 마치 움직이지 않는 덩굴에 매달린 상태가 되기 때문에 별 수 없이 땅에 떨어지게 된다(그나마 땅에 떨어지는 것이 체면을 구기지 않는 선택이다. 기업들은 시선을 끄는 판촉이나 홍보를 통해 추진력을 재창출하려고 필사적으로 몸부림치는 경우가 많지만, 결국 꼼짝도 않는 덩굴을 붙잡고 발버둥 치는 타잔 같은 꼴사나운 모습을 보이고 만다. 정글에 있는 다른 동물들은 가만히 앉아서 그가 언제 떨어질지 구경만 할 뿐이다).

이런 추진력을 유지해야 하는 또 다른 이유가 있다. 차세대 기술도 계속 선점해야 하기 때문이다. 지난 10년 동안 데스크톱 컴퓨터는 대부분 노트북으로 대체되었는데, 최근에는 그마저도 태블릿으로 대체되는 듯하다. 전성기가 지나기 전에 그 이점을 최대한 활용해야 한다. '기회의 창(window of opportunity)'이라는 개념은 이런 맥락에서 비롯된 것이다. 만약 추진력을 상실하면 경쟁자에게 추월을 허용하게 되고, 그로 인해 기술적인 선도자에게 주어지는 독점적인 이점을 상실한다. 구체적으로 기술수용 주기의 중반기와 후반기에 이익률은 감소하는데, 그 기간이 바로 첨단기술을 통해 부를 축적할 수 있는 가장 중요한 시기이다.

이처럼 기술수용 주기의 전반에 걸쳐 원활한 진행이 이루어지는 것이 첨단기술 마케팅의 본질이다. 이 개념이 특히 첨단기술 벤처의 주주들을 매료시키는 이유는 새로운 주요 시장개발에 성공하면 사실상 독점을 보장받기 때문이다. 만약 다른 사람들보다 앞서 '종 모양의 곡선을 일으키고' 초기 대중 부문까지 성장시키면서 사실상의 표준을 확립할 수 있다면, 여러분은 벼락부자가 되면서 향후 오랜 기간 수익성 높은 시장을 '소유'할 수 있다.

증거 사례들

애플의 아이패드는 첨단기술 마케팅 모델을 철저하게 활용한 대표적인 사례이다. 맥월드에서 스티브 잡스에 의해 시연된 이후 2009년에 출시된 아이패드는 터치식 인터페이스와 화려한 디스플레이로 순식간에 애플 마니아들을 열광시키며 시판 첫날부터 무려 30만 대나 판매되었다. 실험적인 애플의 경영진은 특히 이메일을 주고받거나 프레젠테이션을 실행할 때마다 아이패드를 개인용 디지털 보조장비처럼 사용하면서 회사의 CIO들에게 그런 방식을 적용할 방법을 강구하도록 촉구했다. 그러자 철저한 실용주의자인 판매사의 중역들은 아이패드가 바이어들과의 일대일 프레젠테이션에 최적화된 제품이라는 것을 파악했고, 이제 판매 직원들은 아이패드를 구비하고 있다. 한편 미국 전역의 회의실에서 아이패드는 항상 온라인 상태를 유지하는 수단으로 통용되었는데, 누구든 아이패드로 자료를 배포해 회의 중에 활용할 수 있었기 때문이다. 이제 아이들도 아이패드를 사용하며, 그 용도는 페이스북과 그 외의 소셜컴퓨팅뿐만 아니라 월드와이드 웹을 활용한 다양한 교육에 이르기까지 광범위하다. 심지어 말기 수용자까지는 아니더라도 통상적으로 컴퓨터와 관련된 모든 것들에 몹시 둔감한 할아버지와 할머니들도 페이스북에 접속하려고 아이패드를 사용한다. 그리고 마침내 젖먹이와 유아들, 심지어 고양이들까지 스크린을 만지작대면서 아이패드에 이미지가 나오지 않으면 실망한 기색을 보인다. 요컨대 불과 5년도 안 되는 기간에 아이패드는 우리의 디지털 삶을 구성하는 정보체제의 저변에 자리잡았다. 최고가 되기에 아직 이력이 짧은 제품으로서 대단히 바람직한 현상이다.

아주 놀라운 성과이긴 하지만 다른 많은 기업들도 애플 못지않은 실적을 거두었다. 마이크로소프트, 인텔, 델은 데스크톱 PC에서, 퀄컴(Qualcomm)과 ARM은 스마트폰에서, 시스코(Cisco)는 라우터와 스위치에서, 구글은 검색광고에서, SAP는 엔터프라이즈 비즈니스 애플리케이션에서, 오라클(Oracle)은 관계형 데이터베이스에서, HP는 레이저 및 잉크젯 프린터에서 그런 성과를 거두고 있다.

이 회사들은 저마다 주력시장에서 50퍼센트를 상회하는 시장 점유율을 유지하고 있다. 그들은 모두 초기 대중 단계에서 기반을 확립했는데, 아직도 꾸준한 성장, 높은 이익률, 공급업체 및 소비자와 공고한 관계를 기대하고 있다. 물론 델과 HP 같은 기업들은 한때 심각한 위기에 빠진 적이 있지만, 그때에도 소비자들은 시장선도자들에게 재기의 기회를 주면서 그런 호사는 꿈도 꾸지 못할 경쟁업체들의 분통을 터뜨리게 했다.

이런 주력제품들의 이력이 첨단기술 마케팅 모델과 일치하는 것은 전혀 놀라운 일이 아니다. 사실 그 모델은 근본적으로 그런 제품들의 이력을 분석한 자료에서 비롯되었기 때문이다. 따라서 첨단기술 마케팅은 21세기 초반을 지나고 있는 시점에서도 이런 기업들의 사례와 첨단기술 마케팅 모델의 개념을 유지하면서 계속 발전할 것이다.

물론 이것이 성공을 거두기에 충분한 공식이라면, 여러분은 이 책을 더 이상 읽을 필요가 없을 것이다.

환상과 실체: 종 모양의 곡선에 존재하는 균열

이제 실리콘밸리에도 첨단기술 마케팅 모델에 오류가 존재한다는 것을 지적하는 사람들이 있다는 사실을 밝혀야 할 듯하다. 그

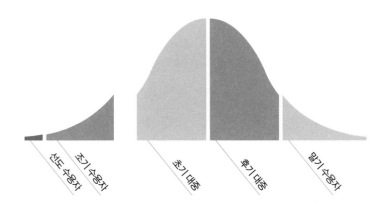

수정된 기술수용 주기

선도 수용자
초기 수용자
초기 대중
후기 대중
말기 수용자

것은 부정하기 어려운 사실이다. 우리 모두 한때 잘나갔지만 지금은 아예 존재하지도 않거나 실적이 바닥을 치는 기업들의 주식을 샀던 경험이 있지 않은가?

비록 저마다 차이가 있겠지만 우리의 공통된 경험을 요약하면 위의 그림과 같이 기술수용 주기를 수정할 수 있다.

그림에서 보다시피 기술수용 주기의 구성요소들은 변하지 않지만 심리통계적 집단들 사이에 균열이 생겨났다. 그것은 집단들 간의 단절, 다시 말해, 각 집단이 바로 왼쪽에 있는 집단과 같은 방식으로 제공되는 신제품을 수용할 때 느끼게 되는 어려움을 상징한다. 이런 균열들은 마케팅이 추진력을 잃고 다음 단계로 발전하지 못해, 결국 종 모양의 곡선 중앙에서 최고의 이익률을 보장하는 약속의 땅에 도달하지 못하게 되는 위기를 나타낸다.

첫 번째 균열

첨단기술 마케팅 모델에서 두 개의 균열은 그리 심각하지 않은
수준이지만 거기서조차 부주의한 벤처들은 실수를 저지르며 위
기를 맞기도 한다. 첫 번째 균열은 선도 수용자들과 조기 수용자
들 사이에 존재한다. 그것은 첨단기술 제품이 즉시 새로운 가치
를 창출하지 못할 때 발생한다. 에스페란토 같은 경우에 비유할
수 있는데, 마니아들은 그 언어의 체계 때문에 이를 좋아하지만,
다른 사람들은 아예 사용법조차 이해하지 못하는 것과 같다.

일례로 가상현실에 대해 생각해보자. 그것은 아주 세련된 기
술이고 VRML이라는 고유한 마크업 언어를 창출했지만, 초기
에 세컨드 라이프(Second Life)가 거둔 성공을 제외하면 사실상 아
직 완성되지 않은 일련의 흥미로운 실험으로 간주되었다. 여기
서 문제는 무엇보다도 기술적인 부분인데, 전혀 끊김이 없는 체
험을 창출해야 하는 구글 글래스의 처리능력(사실 우리 인간의 뉴런
은 몹시 까다로운 소비자이다)과 이런 애플리케이션을 구매하려는 개
인의 지불능력 간의 격차가 너무 크다는 의미이다. 누구든 언젠
가 기술이 그 수준에 도달할 것이라고 예상할 수 있지만, 현재로
서 그 시기는 너무 먼 미래이기 때문에 가상현실은 마니아들을
환상에 빠뜨린 채 기다리게 할 뿐이다.

3D 프린터도 똑같은 경우에 해당될 수 있다. 이 장치는 기술 마니아 세대에게 DIY 문화의 확장된 형태로 모든 유형의 물건을 제작하는 '제조자 운동(Maker's Movement)'을 일으키는 계기를 마련했다. 이 원고를 작성하는 시점에 3D 프린팅은 언론의 많은 주목을 받고 있지만, 아직 그 시장은 과거 애플2가 개발되기 전인 히스키트(Heathkits) 시절의 초기 가정용 컴퓨터 시장과 크게 다르지 않다. DIY 기술 마니아들의 천국이나 다름없는 것이다.

이것은 시장개발에서 나타나는 문제이다. 다음 장에서 살펴보겠지만, 마니아 수준을 초월하고 환상을 극복하기 위한 핵심적인 요소는 새로운 기술이 과거에는 불가능했던 전략적인 도약을 이끌어낼 수 있음을 입증하는 것이다. 따라서 그 기술은 고유한 가치를 지녀야 하며, 일반인들의 호응을 얻어야 한다. 그런 장점은 특히 신제품의 성능과 가치를 나타내는 독보적이고 인상적인 '주력제품 용도(flagship application)'를 통해 구축된다. 마케팅의 노력으로 그런 인상적인 용도를 찾지 못하면, 시장개발은 선도 수용자 단계에서 정체되고 그 제품의 미래는 종 모양의 곡선에서 첫 번째 균열 속으로 추락하고 만다.

또 다른 균열

종 모양의 곡선에는 초기 대중과 후기 대중 사이에 거의 비슷한 규모의 또 다른 균열이 존재한다. 이 시점에 이르면 시장은 이미 잘 발달된 상태이며 그 제품은 주류시장에 진입한 것이다. 이제 가장 중요한 사항은 초기 대중에서 후기 대중으로 전환되는 것이기 때문에 지속적으로 최종 사용자들의 기술적인 능력을 일깨우고 유지시켜야 한다.

요컨대 초기 대중은 필요할 경우에 기술적인 능력을 습득할 의향과 능력을 지니고 있지만 후기 대중은 그렇지 않다. 제품이 시장개발에서 이 시점에 도달하면 소비자에게 더 쉽게 수용될 만한 조치를 취해야 성공을 지속할 수 있다. 만약 그런 조치가 수반되지 않으면 후기 대중으로의 전환은 정체될 것이다.

현재 주택자동화, 프로그램이 가능한 가전제품, 고성능 카메라는 모두 이런 상황에 처해 있다. 착신전환, 3방향 대화, 국선전환 같은 기능을 제공하는 전화기들도 마찬가지이다. 우리는 전화를 하면서 "제가 전화를 돌리는 동안 통화가 끊길지도 모르니, 그럴 때는 다시 전화를 걸어주세요"라는 말을 들었던 적이 얼마나 많은가? 여기서 문제는 그 기능을 자주 사용하지 않는 사람들은 사용법을 거의 기억하지 못한다는 사실이다. 그 결과 소비자들은 그 기능을 사용하지 않고 그에 따라 성숙한 시장에 진입한 기업들도 소비자들에게 호응을 얻지 못하기 때문에 점점 더 R&D 비용을 회수하기 어렵다고 판단할 것이다. 그들은 어떤 제품에 대한 '체험'이 일용화될 때 비로소 그 제품이 일용품이 된다는 것을 깨닫고 한탄한다. 이것은 진정한 마케팅의 실수이다. 특히 기업이 사용자 인터페이스를 재설계함으로써 사용자 체험을 조정할 수 있는 권한을 마케팅에 부여했을 때는 더욱 변명의 여지가 없다.

초기 대중과 후기 대중 사이의 균열에 빠질 위기에 처한 제품의 다른 사례들로는 스캐닝 소프트웨어와 프로젝트 관리 소프트웨어가 있다. 이 두 부문에서 각각 시장의 선도자인 휼렛패커드와 마이크로소프트는 초기 대중을 확보하는 데 성공했지만, 그들의 제품은 후기 대중의 보수적인 소비자들에게 선뜻 호응을 얻지 못하고 있다. 그로 인해 시장이 포화되지 않았음에도 이 두 부문은 모두 침체될 위기에 처해 있다.

캐즘의 발견

그러나 실제로 중요한 문제는 종 모양의 곡선에 존재하는 두 개의 균열이 아니다. 그렇다. 진정한 문제는 조기 수용자들과 초기 대중 사이를 단절시킨 깊고 뚜렷한 '캐즘'이다. 이 캐즘은 기술수용 주기에서 가장 가혹하고 위협적인 전환이며 좀처럼 인식되지 않기 때문에 더없이 위험하다.

이런 변화가 인식되지 않는 이유는 두 집단 모두 거래처의 명단과 거래의 규모가 똑같아 보일 수 있기 때문이다. 대체로 여러분은 두 집단에서 숫자 5자리나 6자리, 혹은 그 이상의 규모로 거래하는 『포천』 500대 기업이나 『포천』 2000대 기업들을 볼 것이다. 하지만 그 거래의 근간(계약내용과 배송물품)은 크게 다르다.

2장에서 살펴보겠지만 조기 수용자들이 원하는 것은 일종의 변화 주도자(change agent) 효과이다. 업계에 최초로 변화를 시도함으로써 조기 수용자들은 원가절감, 출시기간 단축, 고객서비스 개선을 비롯해 어떤 식으로든 경쟁에서 앞서고자 한다. 그들은 기존의 방식과 새로운 방식 간에 급격한 불연속성을 유발하고 변화를 완강히 거부하는 저항세력에 맞서기 위해 적절한 명분을 내세운다. 한편 선도자를 자처하기 때문에 모든 혁신에 뒤따르는 불가피한 오류와 결함을 감수할 준비도 한다.

반면 초기 대중은 기존의 운영체제에 적용될 수 있는 '생산성 향상(productivity improvement)'을 원한다. 그들은 기존의 방식에서 불연속성을 최소화하고자 한다. 그들은 혁명이 아닌 발전을 추구하며 기존의 사업방식을 전복하기보다 개선하기 위한 기술을 원한다. 무엇보다 다른 회사 제품의 오류나 결함을 수정하고 보완하는 역할을 원하지 않는다. 그들은 신제품이 제대로 작동하고 기존의 기술기반에 무난히 통합된 것을 확인한 후에 그것을 수용하고자 한다.

이런 대비는 그저 조기 수용자들과 초기 대중 간의 차이에 대해 수박 겉핥기를 하는 것이나 다름없다. 이제 내가 두 가지 요점을 제시하겠다. 이런 상반성 때문에 조기 수용자들은 초기 대중에게 좋은 참고자료가 되지 못한다. 그런데 초기 대중은 조직에 돌아갈 피해를 걱정하기 때문에 좋은 참고자료가 구매결정에서 매우 중요하다. 결국 여기서 우리는 모순된 상황에 봉착한다. 초기 대중에 속하는 소비자에게 적절한 참고자료는 오직 그 부류의 다른 소비자뿐이지만, 초기 대중에 속하는 전형적인 소비자는 일단 적절한 참고자료를 충분히 확인하지 않고서는 구매하지 않을 것이다.

캐즘의 실체

이런 모순된 상황에서 어떤 일이 벌어질 것인가? 먼저 제품은 조기 수용자들에게 인기를 얻으며 널리 알려지게 된다. 우리는 홀로그램, 전자펜을 사용하는 태블릿, 연료전지, QR코드, 온라인 공개강좌 같은 상품들에 대한 많은 소식을 접한 바 있다. 이러한 제품들은 저마다 나름 성공을 거두고 있기는 하지만 아직은 그중 어느 하나도 주류시장을 형성하지 못했다. 조직을 통해 수용하기에는 심각한 불연속성이 내재되어 있어서 아직은 마케팅 노력으로 초기 대중의 장벽을 낮추기 어렵기 때문이다. 따라서 그 제품들은 시장의 조기 수용자 단계에서 인기를 유지하지만, 대량 판매로 이어지는 돌파구를 찾지 못하고 도태된다.

세그웨이(Segway)는 이에 해당되는 대표적인 사례이다. 간혹 쇼핑몰이나 공항에서 보안요원 제복을 입은 사람이 타고 있는 구식 제초기처럼 생긴 그 장비를 본 적이 있을 것이다. 우스꽝스러운 모양이지만 우습게 여기지는 마라. 회전식 균형장치는 환상적이며 일단 조종법을 익히면 우아하게 움직인다. 이 장비는 출시 당시 보편적인 운송장치가 될 것이라는 기대를 받았다. 그러면 왜 그 기대는 실현되지 않았는가? 한마디로 요약하면 '계단' 때문이다. 세그웨이는 어디에나 튀어나와 있는 작고 성가신 장애물인 계단에 몹시 취약하다. 바로 그것이 치명적인 결함이다. 물론 스티브 워즈니악은 여전히 세그웨이를 타고 비공식 폴로 경기에 참가하지만, 아무도 다른 획기적인 용도를 고안하지 못하고 있다. 따라서 세그웨이는 어쩌면 영원히 캐즘 속에서 빠져나오지 못할지도 모른다.

세그웨이는 투자자들에게 값비싼 교훈을 치르게 했지만, 위성 이동전화 벤처인 이리듐(Iridium)에 무려 60억 달러를 투자했던 모토롤라에 비하면 초라한 수준이다. 기술 마니아의 관점에서 보면, 이 역시 아주 혁신적인 아이디어임에 틀림없었다! 전 세계에 수십만 개의 기지국을 설치하는 대신(물론 아직도 인구밀도가 낮은 지역에는 이동전화 서비스가 원활히 제공되고 있지 않다) 77개의 저지구 궤도 인공위성만으로 전 세계에 이동전화 서비스를 실행한다면 어떻게 될 것인가(참고로 77이라는 숫자는 우연히도 이리듐의 원자번호와 일치하는데, 그것은 기술 마니아들만 알고 있는 재미난 사실이다)? 그 결과는 어땠을까? 이 경우에는 계단이 아니라 '건물'이 문제였다! 위성통신은 건물 안에서 원활히 이루어지지 않는다. 더불어 이동전화기에 비해 무거운 단말기와 고가의 통신비용도 결함으로 간주된다. 현재 이 기술은 틈새시장에서 활용되고 있는데, 그 점을 감안해도 이 네트워크가 파산의 위기에서 2,500만 달러에 인수된 것은 놀라운 일이다. 이처럼 캐즘은 아주 고통스러운 몰락으로 이어질 수 있다.

요약하면, 첨단기술 제품의 판매자들이 실험적인 조기 수용자들로 이루어진 시장기반에서 다음 수용단계인 실용적인 초기 대중으로 전환을 시도할 때, 그들은 '적극적으로 참고자료와 지원체제를 요구하는 시장에서 참고기반과 지원기반 없이도' 효과적으로 운영할 것이라고 생각한다.

그러나 이것이 바로 '캐즘'이며, 많은 부주의한 신생 벤처들이 이에 빠져들고 말았다. 반복되는 캐즘 현상의 사례에도 불구하고 여전히 첨단기술 마케팅은 이 문제에 제대로 초점을 맞추지 못하고 있다. 따라서 이런 캐즘의 고통을 조금이나마 인식하고 이해할 수 있도록 마지막으로 나는 가상의 실패 기업 사례를 제시하고자 한다.

가상의 시나리오

신생 첨단기술 회사는 제품을 판매하는 첫해에(대부분은 알파나 베타 버전이다) 일부 기술 마니아 선도 수용자들과 소수의 실험적인 조기 수용자들을 포함해 고객을 확보한다. 모두가 만족할 만한 결과가 달성되고, 회사 사무실에서 크리스마스 파티를 열어 조촐하게 플라스틱 잔으로 건배하며 각자 가져온 음식을 먹는다.

진정한 완제품이 출시되는 첫해라고 할 수 있는 이듬해에 회사는 더 많은 실험적인 조기 수용자들을 고객으로 확보하면서 몇몇 대규모 거래도 성사시킨다. 매출은 계획한 대로 달성되고 모두가 이제 확장할 시기라고 확신한다. 특히 벤처투자자들은 내년에 매출이 300퍼센트 증가해야 한다고 지적한다(무슨 근거로 자신 있게 그런 수치를 언급할 수 있는가? 물론 첨단기술 마케팅 모델이다! 지금 우리는 그 모델에서 경사가 급격히 상승하는 지점에 있지 않은가? 우리는 이 중요한 시점에서 다른 경쟁자에게 시장점유율을 빼앗기고 싶지 않다. 우리는 선도자의 이점을 활용해 기회를 맞았을 때 움직여야 한다. 쇠뿔도 단김에 빼라지 않는가!). 그해 회사는 고급 호텔에서 크리스마스 파티를 열고 사람들은 크리스털 잔에 와인을 따르면서 찰스 디킨스의 『위대한 유산』을 화제로 삼아 대화를 나눈다.

회사가 3년 차에 접어들면서 영업인원이 대대적으로 확충되고, 인상적인 판촉물과 광고가 제작되고, 지점들이 개설되며,

고객지원 또한 강화된다. 하지만 그해 중반을 지나면서 영업매출은 기대에 어긋나기 시작한다. 몇몇 기업들과 거래를 성사시키지만 이미 장기적인 판매부진에 시달려 심각한 가격조정이 이루어진 다음이다. 전반적인 판매수치는 예상에 훨씬 못 미치고 수입에 비해 지출이 급격히 증가한다. 한편 R&D는 초기 고객들과 맺은 계약에 따른 특별 프로젝트에 가로막혀 몹시 지지부진하다.

수차례에 걸쳐 회의가 소집된다. 영업부는 제품군에 심각한 공백이 있고, 가격이 지나치게 비싸며, 결함이 수두룩하고, 고객들이 원하는 제품이 아니라고 불평한다. 엔지니어들은 중요한 제품을 출시할 때마다 제품사양과 생산일정을 맞추었다고 주장하지만, 고객지원부는 오히려 반박한다. 최고경영진은 유망한 고객의 주목을 끌지 못하고 비전을 설명할 능력이 부족하며 적극적인 활동을 하지 않는다고 영업부를 비난한다. 아무것도 해결되지 않고 서로 갈등을 벌이면서 파벌이 형성되기 시작한다.

3분기 매출은 극도로 부진하다. 노예들에게 매질을 해야 할 시기이다. 벤처투자자들로 구성된 이사회가 창업자들과 사장을 질책하고, 그들은 다시 영업부사장에게 분풀이하고, 그는 애꿎은 일선의 영업사원들을 닦달한다. 지각변동이 뒤따른다. 가차없이 마케팅 부사장이 해고된다. 이제 '전문경영자'를 영입해야 할 시기이다. 초기 투자자들, 특히 창업자들과 핵심적인 기술자들의 주식이 폭락하면서 추가적인 자금의 조달이 절실해진다. 몇몇 창업자들이 반대하지만 철저히 묵살되고 만다. 전문경영자도 딱히 나은 것은 없다. 중요한 인재들의 이탈이 일어난다. 컨설팅이 필요한 시점이다. 다시금 지각변동이 일어난다. 투자자들이 결정하겠지만, 이제 우리에게 필요한 것은 국면전환 전문가이다. 직원들의 이직이 일어나고 정리해고가 시작된다. 회사는 그렇게 나락으로 떨어진다. 마침내 스크린이 희미해지면서 출연자 자막이 올라갈 무렵에 또 다른 벤처가 비틀거리며 실리콘밸리의 황혼 기업 대열에 동참한다. 그들은 진정 살아 있지도 않지만 수시로 변동하는 벤처투자계정 탓에 자의로 죽지도 못하는 좀비 기업들이다.

물론 이 가상의 시나리오가 과거에 내가 비난했던 사례를 과장한 것이라고 말할 수도 있다. 하지만 비록 뛰어난 기술을 보유하고 있고 흥미로운 제품을 출시했다고 해도 해마다 수많은 첨단기술 신생기업들이 사라지는 것은 엄연한 사실이다. 그들은 초기시장에서 희망적인 실적을 거두지만 이리저리 휘청대다가 결국 몰락하고 만다. 그 이유는 다음과 같다.

기업의 임원들이 확장이라고 해석하는 판매의 부드러운 '상승곡선'은 사실 우리가 '초기시장'이라고 지칭하는 초기의 일시적인 현상이며, '주류시장'의 부상을 나타내는 징후가 아니다. 기업이 몰락하는 이유는 경영진이 조기 수용자들에 대한 판매와 초기 대중에 대한 판매 간의 근본적인 차이를 인식하지 못하기 때문이다. 따라서 기업이 캐즘에 빠지려는 가장 위험한 시기에 경영자들은 적당히 자중하지 않고 너무 크게 기대하면서 확장계획에 과도하게 지출한다.

이 모든 것은 첨단기술 마케팅에 대한 환상이 초래한 결과이다. 첨단기술 마케팅 모델을 통해 새로운 시장이 지속적으로 순조롭게 성장할 것이라고 믿는 것이다. 이 위험한 캐즘을 피하려면 우리는 기술수용 주기의 역학관계를 깊숙이 파고들어 이 모델의 결함을 수정하고 마케팅 전략 개발을 위한 안전한 기반을 제공함으로써 첨단기술 마케팅에 대한 계몽을 이루어야 한다.

2장

첨단기술 마케팅에 대한 계몽

처음에 산이 있고,
다시 보니 산이 없고,
또다시 보니 산이 있네.

선(禪) 격언

도대체 캘리포니아의 비결은 무엇인가? 다른 어떤 주가 이토록 성공적이면서도 기상천외할 수 있단 말인가? 나는 지극히 평범한 오리건 주 출신인데, 경제적으로 풍요로운 이 지역은 어부들과 벌목업자들이 많을 뿐만 아니라 그에 못지않게 첨단기술 마니아들도 많다. 나는 평생 남부로 이사할 생각을 해본 적도 없고, 선의 격언에 따라 100만 달러를 투자해야 한다고 소개하는 책을 쓰려는 마음을 먹어본 적도 없었다. 이건 캘리포니아의 나쁜 영향을 받은 탓이다.

하지만 첨단기술에 시간과 돈을 투자하는 모험을 감행하고자 한다면, 일단 첨단기술 시장이 발전한 과정을 기억해야 한다. 다음의 격언이 무엇보다 큰 도움이 될 것이다.

처음에 시장이 있다……선도 수용자들과 조기 수용자들로 구성된 초기시장은 열정과 비전으로 가득하다. 종종 많은 고객들로부터 전략적인 목표의 달성을 조건으로 할당된 자금이 공급되기도 한다.

다시 보니 시장이 없네……캐즘이 발생하는 시기로 여전히 초기시장에서 야심찬 계획들을 소화하려고 하는 한편, 주류시장에서 그런 계획들 중 좋은 결과가 나타날지 관망한다.

또다시 보니 시장이 있네……모든 상황이 원만히 진행된다면 그 제품과 회사는 캐즘의 시기를 무난히 통과한 것이며 마침내 초기 대중과 후기 대중으로 이루어진 주류시장이 부상한다. 이와 더불어 부와 성장을 보장하는 진정한 기회가 찾아온다.

주류시장의 열매를 수확하려면 이 세 단계에 성공적으로 대응할 수 있는 시장전략을 수립해야 한다. 각 단계마다 성공의 열쇠는 현재 시장에서 지배적인 '수용 유형'에 집중하고, 그 계층의 심리통계를 이해하는 요령을 터득하여 그에 따라 마케팅 전략과 전술을 조정하는 것이다. 이 장의 목표는 그 방법을 설명하는 것이다.

첫 번째 원칙

하지만 먼저 우리는 몇 가지 기본규칙을 확립해야 한다. 계몽을 위한 첫 단계는 분명한 사실을 확실히 이해하는 것이다. 우리의 경우에는 '마케팅'이라는 용어의 실용적인 정의를 내리는 것을 의미한다. 앞선 문맥에서 실용적이라는 말은 실행이 가능하다는 것을 의미한다. 우리는 마케팅의 개념에서 기업의 매출을 전망하고 증진하는 행동을 취하기 위한 논리적인 근거를 찾을 수 있는가? 그것이 바로 이 책의 궁극적인 목적이다.

사실 이런 맥락에서 마케팅의 정의를 내리는 것은 그다지 어렵지 않다. 그저 시장을 창출하고 성장시키고 유지하고 보호하는 행동을 취하는 것이기 때문이다. 우리가 찾으려는 시장은 일단 어떤 개인의 행동과 무관하게 실재하는 것이다. 따라서 마케팅의 목적은 그 실체를 개발하고 형성하는 것이며, 간혹 사람들이 믿고 싶어 하는 것처럼 환상을 창출하는 것이 아니다. 달리 말해, 우리는 스프레이 페인팅이나 최면술보다 원예나 조각에 가까운 규칙을 다루고 있다.

물론 마케팅을 이런 식으로 말하는 것은 그저 시장에 대한 정의를 내려야 하는 부담을 회피하는 것뿐이다. 하지만 첨단기술의 측면에서 시장에 대한 정의는 다음과 같이 내릴 수 있다.

- 주어진 제품이나 서비스에 대해
- 공통된 수요나 욕구를 지니고 있고
- 구매결정을 내릴 경우에 서로 참고하는
- 실제 고객이나 잠재고객의 집합

이 정의에 대해 사람들은 세 번째 항목을 직관적으로 이해하지 못한다. 그러나 불행히도 세 번째 항목(첨단기술 시장에 대한 정의에서 이 개념은 시장의 구성원들이 구매결정을 내릴 때 서로 참고하려는 성향이다)은 성공적인 첨단기술 마케팅에서 가장 중요한 요소이다. 따라서 이런 사실을 확실히 짚고 넘어가도록 하자.

만약 두 사람이 같은 이유에서 같은 제품을 구매할 때 서로 참고할 방법이 없다면, 그들은 같은 시장의 일부에 해당되지 않는다. 다시 말해, 내가 심장박동을 검사하기 위한 장비인 오실로스코프를 보스턴의 한 의사에게 판매하고, 같은 제품을 같은 목적으로 자이르의 한 의사에게 판매하더라도 그들이 서로 정보를 교환할 수단이 없다면, 나는 별개의 두 시장과 거래하고 있는 것이다. 마찬가지로 내가 오실로스코프를 보스턴의 한 의사에게 판매하고, 같은 제품을 옆 사무실의 음파탐지기를 연구하는 엔지니어에게 판매한다면, 나는 역시 별개의 두 시장에 거래하고 있는 것이다. 두 경우에 모두 우리가 별개의 시장이라고 간주하는 이유는 고객들이 서로 참고할 수도 없고 서로 참고하지도 않앉기 때문이다.

생각하기 나름이지만 이 견해는 아주 당연할 수도 있고 다소 애매할 수도 있다. 이 사례를 살펴보면 과연 오실로스코프 시장 같은 것이 있다고 주장할 수 있는가? 그렇기도 하면서 아니기도 하다. 만약 이런 의미로 '시장'이라는 단어를 사용하고 싶다면(나라면 이 견해를 납득시키기 위해 '범주'라는 단어를 사용할 것이다), 그것은 오실로스코프의 총판매를 의미한다. 만약 직업이 금융분석가인 탓에 시장이라는 단어를 이런 식으로 사용하고 싶다면, 총계를 얻기 위해 사과와 오렌지(즉 의사 판매량과 엔지니어 판매량)를 더하고 있다는 것을 깨달아야 하는데, 그런 식으로 계산한다면 데이터를 엉뚱하게 해석할 소지가 다분하다. 무엇보다도 이런 식으로 정의되면 시장은 독립적이고 개별적인 행동의 대상이 되지 않는다. 그러니까 더 이상 어떤 행동의 지침이 될 수 있는 독립적인 존재를 의미하지 않게 되고, 결국 마케팅의 대상이 되지 못한다.

많은 마케팅 전문가들에게 이 문제를 해결하는 방법은 범주를 '여러 시장 부문'으로 분리하는 것이다. 시장 부문은 자기참고의 측면을 포함해 시장에 대한 우리의 정의에 부합한다. 마케팅 컨설턴트들이 시장 세분화 연구결과를 제공한다고 하면, 고작 현재 판매량과 예상 판매량의 총합에서 자연적인 시장영역들을 분리하는 것이 전부이다.

마케팅 전문가들이 시장 세분화를 고집하는 이유는 서로 참고

하지 않는 고객 집단에게 두루 실행할 수 있는 다른 효과적인 마케팅 프로그램이 없어서이다. 그 이유는 효력 때문이다. 어떤 기업도 모든 마케팅 기회에 자금을 투입하지는 못한다. 모든 프로그램은 소위 입소문이라고 불리는 연쇄반응 효과에 어느 정도 의지할 수밖에 없다. 시장에서 자기참고의 성향이 강해지고 의사소통의 경로가 치밀해질수록 그런 효과가 발생할 가능성도 증대한다.

첫 번째 원칙은 이 정도로 해두자. 시장에 대한 우리의 최종적인 정의에 추가할 다른 요소들(소위 '완비제품[whole product]'이라고 불리는 개념이다)도 있지만, 그것들은 이 책의 후반부에서 살펴볼 것이다. 이제 우리의 견해를 첨단기술 마케팅의 세 단계에 적용해보자. 첫 번째 단계는 초기시장이다.

초기시장

신기술 제품을 찾는 최초의 고객들은 주로 선도 수용자들과 조기 수용자들로 구성된다. 첨단기술 산업에서 선도 수용자들은 기술 마니아들이며, 조기 수용자들은 선각자들이다. 이 시장에서 구매결정을 주도하는 집단은 후자인 선각자들이지만, 신제품의 잠재력을 처음 파악하는 집단은 기술 마니아들이다. 따라서 첨단기술 마케팅은 기술 마니아들로부터 시작된다.

선도 수용자: 기술 마니아들

전통적으로 모든 신기술을 최초로 수용하는 사람들은 그 기술 자체를 이해하는 사람들이다. 월트 디즈니의 도날드덕 만화책을 읽으며 자란 장년층에게는 자이로 기어루스라는 만화 주인공이 아마도 처음 접해본 기술 마니아일 것이다. 또 여러 분야의 책을 많이 읽은 사람이라면 목욕탕에서 흘러내린 물의 양으로 비중을 측정하는 개념을 발견한 "유레카!"라고 외친 아르키메데스나 그리스신화에서 미로를 고안하고 하늘을 날 수 있는 날개를 만들었던 다이달로스가 처음 접하는 기술 마니아일 것이다. 그리고 영화나 TV를 즐겨보는 사람이라면 영화 〈백 투 더 퓨처〉에 나오는 브라운 박사나 〈스타트랙〉의 데이터 소령, 혹은 TV 프로그램 〈엘리멘트리〉의 셜록 홈스가 더 친숙한 사례일지도 모른다. '선도 수용자', '컴퓨터광', '기술 마니아' 같은 다양한 명칭으로 불리는 이 집단은 대체로 내성적이지만, 기술 분야에 관심을 가지고 있다면 즐겁게 대화할 수 있는 사람들이다.

그들은 가장 먼저 제품의 구조를 제대로 이해하고 시장에서 그 제품이 다른 제품들보다 경쟁력을 발휘하는 이유를 깨닫는 사람들이다. 또 절대 출시되지 말았어야 할 제품들마저 가장 먼저 시간과 정성을 들여가며 사용하려고 할 사람들이기도 하다.

그들은 형편없는 설명서, 끔찍하게 느린 속도, 필요한 기능의 누락, 답답한 작동방식도 기술발전이라는 명목으로 용인할 것이다. 한편 기술에 지대한 관심과 애정을 지니고 있기 때문에 신랄한 독설도 내뱉을 것이다.

일부 사례를 들자면, 기술 마니아들은 가격이 1,000달러를 훌쩍 넘던 시절에도 HDTV, 홈네트워크 솔루션, 디지털 카메라를 구입한 사람들이다. 그들은 음성합성, 음성인식, 쌍방향 멀티미디어 시스템, 신경망, 망델브로 집합과 카오스 모델링, 실리콘에 기초한 인공생명의 개념에 관심을 갖는다. 내가 이 글을 쓰고 있는 지금, 그들은 최근의 SETI(외계 지적 생명체 탐사) 가설을 실험하기 위해 신용카드를 옆에 두고 아마존 웹서비스에 로그인하고 있을 것이다.

이따금 기술 마니아들은 제법 돈벌이가 되는 제품을 발명하면서 유명해지기도 한다. PC 업계에서 빌 게이츠는 이런 식으로 사업가의 삶을 시작했지만 점차 경영의 권모술수에 능해지면서 본래의 모습을 잃었을지 모른다. 자신의 역할에 충실하고자 노력하지만 마크 앤드리슨 또한 점점 더 사업가가 되어가는 것처럼 보인다. 하지만 펄(Perl)의 발명가 래리 월, 아파치(Apache)의 공동창업자 브라이언 벨렌도프, 리눅스의 창업자 리누스 토르발스 같은 인터넷의 기반을 세운 인물들과는 거리가 먼 이야기이다. 그들에게 버켄스탁은 영원할 것이다. 대중에게 힘을 주자(미안하다, 지금 나는 1960년대를 회상하고 있다).

하지만 내가 개인적으로 좋아하는 사람은 1970년대 말과 1980년대 초에 랜드 인포메이션 시스템스(Land Information Systems)에서 함께 근무했던 동료 데이비드 리히트만이다. 그는 아무도 PC에 관심을 갖지 않던 시절에 자신이 직접 조립한 PC를 보여주었다. 그것은 사무실 책상 위에 놓여 있었는데, 그 옆에는 출퇴근 시간을 기록하는 마이크로프로세서가 내장된 작은 상자 같은 장치도 있었다. 만약 그의 집에 간다면, 온갖 카메라, 음향장비, 전자 장난감들을 보게 될 것이다. 직장에서 그는 복잡하고 난해한 장치에 대한 질문을 도맡아 대답하는 사람이었다. 한마디로 전형적인 기술 마니아였던 것이다.

사업에서 기술 마니아들은 모든 신기술을 검증하는 문지기나 다름없다. 그들은 기술을 배우기 좋아하고, 사람들에게 초기 평가를 잘한다고 인정받는다. 따라서 그들은 첨단기술 마케팅에서 통과해야 할 첫 번째 관문이다.

구매자 집단, 혹은 기업의 구매결정에 중대한 영향을 미치는 집단으로서 기술 마니아들은 기술수용 주기의 다른 집단들에 비해 요구조건이 적은 편이지만 그들이 중요하게 여기는 조건들을 간과해서는 안 된다. 첫째, 그들은 어떤 속임수도 없는 사실 그 자체를 원한다. 이것은 매우 중요한 사항이다. 둘째, 그들은 언제 어디서든 기술적인 문제가 발생하면 유능한 전문가에게 설명을 듣고 싶어 한다. 경영진의 시각은 다를지도 모르고 그런 접근을 거부하거나 제한해야 할 수도 있겠으나, 그것이 그들의 요구 사항이라는 사실을 잊지 말아야 한다.

셋째, 그들은 신제품을 최초로 사용하는 사람이 되기를 원한다. 비공개로 그들과 작업하면 설계 초기부터 훌륭한 피드백을 얻을 수 있으며, 회사와 시장에서 구매자들에게 영향을 미치는 지지자 집단을 구축할 수 있다. 마지막으로 그들은 저렴한 가격을 원한다. 이것은 종종 예산의 문제가 되기도 하지만, 본질적으로는 인식의 문제에 가깝다. 그들은 모든 기술을 무료나 저가로 이용할 수 있어야 하며, '부가가치'에 대한 논쟁은 쓸모없다고 생각한다. 그러니까 만약 그들이 기술에 투자한다면 가격은 최대한 저렴하게 설정되어야 하고, 그들이 기술에 투자하지 않는다면 가격이 문제가 되지 않을 만큼 기술이 획기적이어야 한다.

대기업들은 첨단기술에서 뒤처지지 않도록 신기술 연구소 같은 부서에 기술 마니아들을 고용하기도 한다. 그들에겐 어떤 물건의 특성을 조사하고 그것이 회사에 유용한지 판단할 수 있도록 무엇이든 한 가지는 구입할 수 있는 권한이 부여된다. 예산이 넉넉하지 못한 중소기업들에서 기술 마니아들은 IT 부서의 '연구원'으로 임명되거나 제품설계팀에 소속되어 직접 제품을 설계하거나 다른 팀원들을 지원하곤 한다.

기술 마니아들과 접촉하려면 그들이 자주 이용하는 경로들 중한 곳에 메시지를 남겨야 한다. 그들은 주로 웹사이트를 사용하며 전자잡지, 무료 데모, 웨비나를 비롯해 무엇이든 요청하는 집단이기 때문에 직접반응 광고가 매우 효과적이다. 하지만 화려한 이미지 광고에 돈을 낭비하지는 마라. 그저 과대광고라고 여겨질 뿐이다. 직접 이메일로도 충분히 그들과 접촉할 수 있다. 사실에 입각한 새로운 정보를 제공하면 그들은 처음부터 끝까지 읽을 것이다.

요약하자면, 기술 마니아들은 몇 가지 조건만 갖춰지면 함께 사업하기 쉬운 사람들이다. 첫째, 최신의 뛰어난 기술을 보유하고 있어야 한다. 둘째, 많은 돈을 벌려는 생각이 없어야 한다. 모든 혁신에는 그것이 제대로 기능을 발휘하는지 시험하고자 하는 이런 소규모의 마니아 집단이 있기 마련이다. 다시 말해, 그런 사람들은 대체로 다른 사람들의 구매결정을 좌우할 만큼 강한 영향력을 행사하지도 못하며 자체적으로 중요한 시장을 형성하지도 못한다. 그들이 형성하는 것은 최초의 제품이나 서비스의 특징을 알리기 위한 광고판과 그 제품이나 서비스의 '결함이 보완될' 때까지 개선을 시도하기 위한 시험대이다.

평범한 사례로 『초우량 기업의 조건』에서 톰 피터스와 로버트 워터먼은 3M에서 포스트잇을 개발했던 동료의 이야기를 소개한다. 그는 포스트잇을 비서들의 책상에 올려놓았는데, 몇몇 비서들이 그것을 사용하기 시작했다. 결국 그 비서들은 포스트잇 마니아가 되었고 초기에 제품의 아이디어를 살리는 과정에서 큰 기여를 했다.

마니아들은 불쏘시개나 마찬가지다. 그들은 불을 지피는 역할을 하기 때문에 소중하게 다루어야 한다. 그들을 제대로 활용하는 방법은 그들에게 비밀을 공개하고 제품을 사용하면서 피드백을 제시하도록 한 후에, 그들이 제안한 수정안을 적절히 수용하고 그들에게 수정을 통해 개선한 사실을 알리는 것이다.

마니아들과 작업하며 마케팅에 성공하기 위한 또 다른 중요한 사항은 중요한 인물과 접촉할 수 있는 사람들을 찾는 것이다. 중요한 인물이란 구매를 좌우할 능력이 있고 직접 중요한 마케팅 기회를 형성할 수 있는 사람들이다. 우리가 찾는 중요한 인물에 대해 자세히 살펴보기 위해 이제 기술수용 주기에서 다음 집단에 속하는 '조기 수용자'로 넘어가도록 하자. 그들은 첨단기술 업계에서 종종 '선각자'라고 불리기도 한다.

조기 수용자: 선각자들

선각자들은 떠오르는 신기술과 전략적인 기회를 연계하는 통찰력, 이를 위험성이 크면서 장래성이 밝은 프로젝트로 전환하는 기질, 프로젝트를 조직에서 수용하도록 이끄는 통솔력을 지닌 흔치 않은 부류의 사람들이다. 그들은 첨단기술 제품의 조기 수용자들이다. 종종 수백만 달러의 예산을 운용하기도 하는 그들은 첨단기술 사업에 자금을 제공하는 숨겨진 벤처캐피털의 근원을 형성한다.

존 F. 케네디는 미국의 우주개발 계획에 착수하면서 그동안 미국인들이 알지 못했던 그의 능력을 직접 보여주었다. 바로 선각자적인 대통령이었다. 헨리 포드는 공장에 자동차의 대량생산 라인을 설치해 미국의 모든 가정에서 자동차를 한 대씩 보유할 수 있도록 하면서 선각자적 사업가들 중 가장 유명한 인물이 되었다. 스티브 잡스가 제록스의 PARC 유저 인터페이스를 실험실에서 가져와 매킨토시 컴퓨터에 장착하자 업계는 그 새로운 방식을 인정했고 결국 그는 스스로 탁월한 선각자임을 입증하게 되었다.

하나의 계층으로서 선각자들은 최근에 중역에 오른 사람들로 매우 의욕적이고 '꿈'을 쫓는 성향이 있다. 그 꿈의 핵심은 기술적인 목표가 아니라 사업의 성장이 포함된 사업적인 목표이다. 또 개인적인 명성과 금전적인 보상도 빠지지 않는다. 그들의 꿈을 이해한다면 어떤 방식으로 그들에게 마케팅을 실행할지 알수 있을 것이다.

첨단기술과 관련된 사례를 몇 가지 더 추가해본다. 세일즈포스닷컴(Salesforce.com)에 대기업 고객이 전혀 없던 시기에 메릴린치(Merrill Lynch)의 해리 맥마흔이 클라우드에 기반을 둔 그 판매사의 자동화 시스템에 1만 명의 인력을 투입하기로 결정했던 행동은 선각자 같은 면모가 돋보였다. 월마트의 린다 딜먼이 모든 매장의 재고를 전부 실시간으로 파악하기 위해 심볼(Symbol)의 RFID 시스템을 도입하기로 결정했을 때 그녀의 행동은 선각자 같았다. 넷플릭스(Netflix)의 CEO 리드 헤이스팅스는 회사의 모든 전산업무를 아마존닷컴의 엘라스틱 컴퓨트 클라우드에 외주를 맡기기로 결정하여 선각자 기질을 발휘했다. 프록터 앤 갬블(Procter&Gamble)의 테드 매코널은 전 세계 모든 디지털 광고를 오디언스사이언스(AudienceScience)의 광고지출관리 시스템을 통해 관리하겠다고 결정하면서 선각자의 면모를 드러냈다. 이들은 생산성과 고객서비스의 획기적인 개선을 위해 그 당시 검증되지 않은 기술이나 검증되지 않은 회사와 작업하는 상당한 사업적인 리스크를 감수했다.

바로 그것이 핵심적인 사항이다. 선각자들은 단지 개선이 아닌 근본적인 혁신을 추구한다. 기술은 그런 꿈을 실현시킨다는 측면에서만 중요할 뿐이다. 만약 신용카드 없는 구매를 소비자들에게 실현하는 것이 꿈이라면 근거리 무선통신(NFC)이 가능한 휴대용기기에 전자지갑을 설치하면 될 것이다. 만약 전 세계에 무료로 영재교육을 제공하는 것이 목표라면 스탠퍼드 대학교 같은 기관들에서 실행하는 온라인 공개강좌(MOOC) 기술에 칸(Khan) 아카데미 같은 단체의 자료를 활용하면 될 것이다. 만약 배터리 충전의 걱정 없이 거의 무한대에 가까운 모바일 컴퓨팅을 제공하는 것이 목표라면 구글 글래스 같은 기술을 활용하면 될 것이다. 만약 개인의 신진대사에 따라 적합한 약을 처방해 치료율을 대폭 향상시키는 맞춤형 의료를 제공하는 것이 목표라면 카디오디엑스(CardioDx)나 크레센도(Crescendo) 같은 회사들에서 개발한 분자진단법을 활용하면 될 것이다. 여기서 중요한 사항은 기술 마니아들과 달리 선각자들은 어떤 시스템의 기술 그 자체의 가치가 아니라, 그런 기술이 이끌어낼 수 있는 전략적인 도약의 가치에 집중한다는 것이다.

선각자들이 첨단기술 산업을 주도하는 이유는 투자에 대비해 '10배'의 수익을 거둘 만한 잠재성을 포착하고 그 목표를 위해 높은 위험부담도 감수할 준비가 되어 있기 때문이다. 그들은 자금이 없거나 부족한 판매사들, 아직 기획단계에 있는 제품들, 라스푸틴 같은 기질을 지닌 기술자들과 작업하려고 할 것이다. 그들은 자신이 주류에서 벗어나리라는 것을 알고 있으며, 그것이 경쟁에서 앞서기 위해 지불해야 할 대가라는 것을 인정한다.

그들은 자신이 주목하는 기술의 엄청난 잠재성을 이해하고 있기 때문에 기술수용 주기의 모든 집단 중에서 가장 가격에 민감하지 않은 편이다. 대체로 그들은 전략적인 계획을 실행할 넉넉한 예산을 지니고 있다. 달리 말해, 프로젝트를 위한 선행자금을 제공할 여유가 있는 그들은 첨단기술 개발자금의 중요한 원천이다.

마지막으로 업계의 자금원 역할 외에 선각자들은 기술의 발전을 효과적으로 알리는 역할도 한다. 활동적이고 야심만만한 그들은 자연히 크게 주목받는 참고대상이 되기 때문에 경제 관련 언론의 관심을 끌고 더 많은 소비자들이 소규모 신생 기업들에게 관심을 갖도록 한다.

구매자 집단으로서 선각자들은 제품을 쉽게 판매할 수 있지만 좀처럼 만족시키기 힘든 대상이다. 항상 이루기 힘든 꿈을 꾸기 때문이다. 그런 꿈의 '실현'을 위해서는 수많은 기술융합이 이루어져야 할지 모르는데, 그중 대다수는 프로젝트에 착수할 때까지 완성되지 않거나 이미 사라지고 없을 것이다. 모든 상황이 무난하게 척척 들어맞을 확률은 거의 희박하다. 그럼에도 구매자들과 판매자들은 두 가지 중요한 원칙에 따라 성공적인 관계를 수립할 수 있다.

첫째, 선각자들은 프로젝트 오리엔테이션을 좋아한다. 그들은 시험 프로젝트에서 시작하기를 원하는데, 그들이 '아무도 가본 적 없는 곳으로 가면' 그들을 따라 그곳에 갈 수 있기 때문에 합리적이다. 그다음에는 단계별로 지표를 설정하며 수행하는 프로젝트 작업이 뒤따른다. 선각자들은 개발이라는 열차를 타고 가면서 열차가 올바른 방향으로 진행하는지 확인하고, 만약 생각한 방향으로 진행하지 않는다고 판단되면 열차에서 내릴 수 있다고 생각한다.

이 프로젝트 오리엔테이션은 고객의 관점에서는 합리적이지만, 다수의 고객들과 사업을 진행하기 위해 보편적인 제품을 개발하려는 판매사의 의도와는 어긋나기 마련이다. 이는 자칫 서로 공멸할 수 있는 상황으로, 회사의 작업능력과 고객과의 관계에 악영향을 미치기 때문에 경영진 차원에서 수시로 접촉하면서 세심히 고객관리를 실행해야 한다.

성공을 거두는 전략은 실험적인 프로젝트의 각 단계별로 시제품을 '상품화'할 능력을 지닌 기업가에 의해 수립된다. 다시 말해, 선각자들에게 첫 단계의 시제품은 '이상형'이 되지 못하고 약간의 개선이 가능한 콘셉트를 입증하면서 간신히 이익을 거두는 수준에 그치지만, 똑같은 시제품이 재설계를 거치면 목표가 덜 거창한 사람에겐 완비제품이 될 수도 있다. 예를 들면, 어떤 기업이 포괄적인 객체 지향형 소프트웨어 툴키트를 개발하고 있다고 가정하자. 그 툴키트는 제조공장의 전체 공정을 모델화해 일정관리와 작업효율을 10배 향상시킬 수 있는 시스템을 구축할 수 있다. 이 툴키트의 첫 번째 시제품은 밀링머신(milling machine) 한 대의 작업과 환경을 구현한 모델이다. 선각자들은 이 모델을 하나의 지표로 생각한다. 하지만 그 기계의 판매사는 똑같은 모델을 아주 좋은 제품확장 기회로 생각하고 약간의 개선을 거쳐 제품으로 출시하고 싶어할지 모른다. 따라서 선각자들의 프로젝트에서는 단계를 수립하면서 이런 파생제품을 생산할 수 있도록 지표를 설정하는 것이 중요하다.

선각자들의 다른 중요한 특징은 매사에 서두른다는 것이다. 그들은 미래를 기회의 창이라는 관점에서 바라보며 그 창이 빠르게 닫힌다고 생각한다. 따라서 그들은 프로젝트의 신속한 진행을 위해 고액의 보수 같은 당근이나 벌칙조항 같은 채찍을 활용하면서 마감기한을 지키도록 압박한다. 이 방식은 기업가들의 전형적인 단점인 대박을 향한 욕망과 정해진 시간에 해낼 수 있다는 과신과 절묘한 궁합을 이룬다.

여기서도 다시금 고객관리와 실행규제가 중요하다. 목표는 각 단계를 다음과 같이 설계하는 것이다.

1. 정해진 시간에 완수할 수 있어야 한다.
2. 판매사에 시장성 있는 제품을 제공한다.
3. 투자한 고객에게 중요한 진전으로 인정될 수 있는 확실한 보상을 제공한다.

마지막 항목은 매우 중요하다. 선각자들과의 작업을 마무리하는 것은 거의 불가능에 가깝다. 꿈에서 비롯된 기대는 결코 충족될 수 없다. 꿈을 폄하하려는 것이 아니다. 꿈이 없다면 진보를 이끄는 실행력도 존재하지 않을 것이기 때문이다. 중요한 사항은 구체적인 성과와 부분적인 성과를 모두 소중하게 여기면서 장차 등장할 새로운 방식의 전조라고 독려하는 것이다.

이 모든 것들에서 비롯된 가장 중요한 원칙은 기대치의 관리에 특히 신경을 써야 한다는 것이다. 기대치를 조절하는 것이 매우 중요하기 때문에 선각자들과 효과적으로 사업하기 위한 방법은 오직 최고 수준의 직접판매 인력을 활용하는 것뿐이다. 판매주기의 준비단계에서 선각자들의 목표를 이해하고 그들에게 여러분의 회사가 그 목표를 달성할 수 있다는 확신을 주기 위해 그런 인력을 확보해야 한다. 판매주기의 중반에는 정해진 기한에 달성할 수 없는 업무를 수락하지 말고 비전의 불씨를 이어갈 수 있도록 매우 신중하게 협상을 해야 한다. 이 모든 내용은 여러분을 위해 일할 노련하고 유능한 판매인이 필요하다는 것을 암시한다.

선각자들은 어떻게 찾아야 하는가? 대체로 그들은 특정한 직함을 지니지는 않지만, 자신의 비전을 실행할 자금을 운용하려면 최소한 부사장 정도의 직위일 것이라고 추정된다. 실제로 교류의 측면에서 여러분이 그들을 찾는 경우보다 그들이 여러분을 찾는 경우가 월등히 많을 것이다. 흥미로운 사실은 그들이 여러분을 찾는 방식에 기술 마니아들과의 관계가 활용된다는 것이다. 이런 이유에서 기술 마니아 집단을 확보하는 것이 매우 중요하다.

요약하자면, 선각자들은 제품의 수명주기 초기에 막대한 이익을 창출하고 엄청난 주목을 받을 수 있는 기회를 형성한다. 그러나 그 기회에는 상당한 대가가 뒤따른다. 여러분 회사의 업무에 일일이 간섭하려는 몹시 까다로운 고객과 자칫 참담한 실패로 끝날지도 모르는 위험성이 큰 프로젝트가 기다릴 것이기 때문이다. 하지만 이런 부양책이 없으면 많은 첨단기술 제품들이 출시되지 못하고, 기회의 창이 열린 동안 주목을 받지 못하며, 시장이 성장하기를 기다리는 동안 채무를 감당하지 못한다. 선각자들은 첨단기술 기업들에게 최초로 좋은 기회를 제공하는 사람들이다. 그들을 위해 마케팅 프로그램을 계획하기도 어렵지만 그들이 없이 마케팅 프로그램을 계획하기란 훨씬 더 어렵다.

초기시장의 역학관계

초기시장이 성립되려면 새롭고도 획기적인 용도로 사용될 수 있는 첨단기술 제품을 보유한 기업, 그 제품의 우수성을 기존의 다른 제품과 비교해 평가하고 판단할 수 있는 기술 마니아들, 그 제품이 창출할 막대한 이익을 예견할 수 있는 자금력이 풍부한 선각자가 갖추어져야 한다. 예상대로 시장이 형성되면 기업은 기술 마니아 집단에 견본품을 제공하는 한편, 실험적인 중역들에게 제품의 비전에 대해 설명한다. 그리고 실험적인 중역들을 초대해 기술 마니아들과 함께 실제로 그 비전의 실현가능성을 점검하도록 한다. 이런 논의를 거치면서 일련의 협상이 이루어진다. 나중에 새발의 피처럼 느껴질지라도 당장은 상당한 거액으로 느껴지는 예산이 조성되고, 기술 마니아들은 그동안 생각하지 못했던 많은 장비들을 구입하게 된다. 기업은 전혀 의도하지 않았던 제품개량과 시스템통합 서비스를 실행하고, 선각자는 서류상으로 실현될 만한 프로젝트를 구상하지만 사실 그것은 거의 이루기 힘든 꿈이다.

이것도 예상대로 시장이 형성될 경우에 일어날 상황으로, 그나마 괜찮은 시나리오이다. 많은 문제들이 있기는 하지만 어떤 식으로든 해결될 사안들이며 결국 어느 정도 성과를 거둘 것이기 때문이다. 초기시장이 제대로 형성되지 못하는 다른 시나리오들은 헤아릴 수 없을 정도로 많다. 여기에 몇 가지를 소개한다.

• **첫 번째 문제**: 기업이 제품을 출시할 만한 전문성을 갖추지 못하고 있다. 자본도 충분히 확보되지 않고, 영업부와 마케팅부에 미숙한 인재들이 고용되어 있으며, 제품은 부적절한 경로로 판매되고, 엉뚱한 장소에서 엉뚱한 방식으로 홍보되면서 총체적인 부실에 시달리는 것이다.

이런 상황을 타개하는 것은 그리 어렵지 않다. 회사의 담당자들이 서로 소통하고 협력하면서 모두가 각자의 기대치를 조금만 낮춘다면 문제는 충분히 해결 가능하다.

개선의 근간이 되는 원칙은 마케팅에 성공하려면 연못에서 가장 큰 물고기가 되어야 한다는 것이다. 만약 우리가 아주 작다면 아주 작은 연못을 찾아야 한다. 즉 규모에 걸맞은 표적시장 집단을 겨냥해야 하는 것이다. 앞서 언급했던 것처럼 '진정한 연못'의 요건을 갖추려면 그 구성원들이 자신들을 하나의 집단으로 인식해야 한다. 자기참고의 성향을 지닌 시장 부문을 이루어야만 우리가 일부 구성원들과 연계해 선도자의 위치를 차지했을 때, 그들이 나머지 구성원들에게 빠르고 효과적으로 소문을 퍼뜨릴 것이기 때문이다.

물론 우리가 단기간에 점령할 수 있는 작은 연못은 결코 장기간에 걸쳐 지속되는 큰 시장을 제공하지 못한다. 조만간 우리는 인근의 연못들로 옮겨 다녀야 한다. 비유를 달리 하자면 '볼링핀' 전략의 차원에서 전술을 수정해야 한다. 그 방법은 그저 목표로 삼은 한 부문만 '쓰러뜨리는' 것이 아니라, 공격의 여파로 다음 부문까지 쓰러뜨릴 수 있기 때문에 시장확장을 이끌어낸다. 적절한 각도로 공격하면 아주 놀랄 만큼 빠르고 폭넓은 연쇄반응이 일어나는 것이다. 따라서 상황이 몹시 암담할지라도 게임에서 물러날 필요는 없다.

- **두 번째 문제:** 기업이 제품을 생산하기도 전에 비전을 판매한다. 이것은 유명한 베이퍼웨어 문제의 변형으로, 아직 극복해야 할 개발과제가 많은 제품을 미리 발표하고 마케팅하는 수

법이다. 기껏해야 기업은 몇몇 실험 프로젝트를 보장할 수 있는데, 일정이 자꾸 어긋나면서 조직에서 선각자의 입지가 약화되고 결국 프로젝트에 대한 지원은 중단되고 만다. 많은 맞춤화 업무를 진행했음에도 유용한 고객 참고자료조차 얻지 못한다.

불행히도 이런 상황에서 기업이 취할 수 있는 적절한 조치는 단 한 가지뿐이다. 모든 마케팅을 중단하고 투자자들에게 실수를 인정한 후에 실험 프로젝트를 통해 유용한 결과물을 산출하는 데 전력을 기울이는 것이다. 처음에는 고객에게 선보일 시제품부터 개발하고 궁극적으로 시장성 있는 제품을 개발해야 한다.

모어 데이비도 포트폴리오(Mohr Davidow Portfolio)에 소속된 브릭스트림(Brickstream)은 이 문제를 현명하게 해결했던 기업이다. 비디오에서 정보를 도출하는 인공지능 기술을 개발하는 이 회사는 오프라인 매장들에도 온라인 매장들에 표시되는 웹사이트 접속자 수와 같은 형태로 매장 방문객 수를 시각화할 수 있다고 약속했다. 1세대 시스템은 날개 돋친 듯 판매되었지만, 실행이 너무 어렵고 비용이 지나치게 비쌌으며 성능은 턱없이 부족했다. 엄청난 판매는 참고자료가 되지 못하는 고객들을 양산했고 실망과 좌절의 시기로 이어졌다.

그러나 새로운 경영진 체제에서 회사는 극적으로 전환에 성공했다. 우선 회사는 아주 단순한 문제(날마다 매장을 방문하는 사람들의 수를 세는 작업)에 초점을 맞추고, 그 작업을 기존의 기술보다 더 정확하고 빠르고 저렴하게 실행하게끔 했다. 이 조치는 과거에 그들이 약속했던 것 같은 극적인 효과는 전혀 없었지만, 지극히 현실적이었고 수익성이 있었다. 그리고 마침내 '브릭스트림' 비전을 지원할 수 있는 카메라 기술을 개발한 후에 그것을 매장 카운터의 대기자관리 시스템에 통합하고 다시 인력관리 시스템에 연결해 직원들이 신속하게 응대할 수 있도록 했다. 최근에는 추가로 카메라 기술과 분석장치를 결합하면서 보안유지와 재고관리의 용도로 영역을 확장했다. 모두 신중하게 사업이 관리되면서 자금의 흐름이 원활해진 덕분이었다. 회사는 첫 번째 시장이라는 기회의 창을 상실했지만, 최근 이루어진 오프라인 판매와 전자상거래의 발전으로 두 번째 기회의 창을 창출하고 있다.

• **세 번째 문제:** 이익을 10배로 증대하는 획기적인 용도를 찾지 못하거나 제시하지 못하면 마케팅은 기술 마니아들과 선각자들 사이에 생겨난 균열 속으로 가라앉는다. 많은 기업들이 제품을 구매해서 철저히 시험하지만 그것을 주요한 시스템에 통합해 출시하지는 않는데, 그 보상이 결코 위험을 감수할 만큼 크지 않기 때문이다. 그 결과 재정이 부족해지면 계획을 완전히 폐기하든지 기술을 다른 기업에 매각하든지 하는 방식으로

어쨌든 포기하게 된다.

이 문제에 대한 올바른 대처는 제품에 대한 재평가에서 시작된다. 만약 제품이 획기적이지 않다면 결코 초기시장을 창출하지 못할 것이다. 하지만 기존의 주류시장에서 보조제품의 역할은 할 수 있을지 모른다. 만약 그런 경우에 해당된다면, 자존심을 버리고 매출의 기대치를 낮추면서 주류시장을 장악한 회사를 따르는 것이 바람직하다. 그 회사는 우리 제품이 기존의 경로로 유통될 수 있도록 허용할 것이다. CA 테크놀로지스로 불리는 컴퓨터 어소시에이츠(Computer Associates)는 세계 최대의 소프트웨어 회사로 손꼽히는데, 다른 기업들이 폐기한 제품을 다시 마케팅한다는 이 원칙을 철저히 고수하며 성장했다.

반대로 획기적인 제품을 개발했지만 초기시장을 형성하지 못하고 정체되어 있다면, 그 제품으로 흥미로운 용도를 많이 창출할 수 있다는 헛된 자부심을 버리고 아주 현실적인 태도로 하나의 용도에만 초점을 맞추면서 이미 우리와 친숙한 선각자에게 강력히 호소해야 한다. 그리고 지원을 허락한 선각자에게 그 용도가 수용될 수 있도록 최대한 노력할 것을 약속해야 한다.

이 사례들은 초기시장 개발의 노력이 중단되었다가 재개되기도 하는 가장 흔한 상황들이다. 모든 상황의 초기에는 항상 다양한 선택지가 존재하기 때문에 대체로 문제들은 해결될 수 있다. 가장 큰 문제는 자금이 부족한 상태에서 기대치가 너무 높은 경우인데, 소위 능력에 비해 눈만 높은 것이다. 이제부터 다루게 될 주류시장의 역학관계에서는 상황이 훨씬 더 복잡해진다.

주류시장

첨단기술 업계의 주류시장은 기업들이 서로 거래한다는 측면에서 다른 산업들의 주류시장과 아주 흡사하다. 이 시장은 초기 대중이 주도하는데, 첨단기술 업계에서 실용주의자로 간주되는 이들은 보수주의자인 후기 대중에게는 선도자로 인식되지만 말기 수용자들, 혹은 회의주의자들에게는 선도자로 인식되지 않는다. 앞 장에서와 마찬가지로 우리는 이 집단들의 심리통계적인 특징이 첨단기술 시장의 발전과 역학관계에 어떤 영향을 미치는지 면밀히 살펴볼 것이다.

초기 대중: 실용주의자들

첨단기술 역사의 전반에 걸쳐 초기 대중, 혹은 실용주의자들은 모든 기술 제품에 있어서 시장규모의 대부분을 차지했다. 여러분은 선각자들과 협력해 성공을 거둘 수 있고 그에 따라 인기 제품으로 성공한 기업가라는 평판도 얻을 수 있지만, 그 정도로는 궁극적인 자금원에 접근하지 못한다. 오히려 막대한 자금은 신중한 사람들의 수중에 있다. 그들은 개척자가 되고자 하지 않고('개척자들은 등에 화살을 지닌 사람들이다'), 결코 초기 시험장에 자발적으로 참여하지 않으며('다른 사람들이 제품의 결함을 보완하도록 놔두자'), 기술의 '첨단'이 흔하게 '출혈'을 일으킨다는 것을 몸소 깨우친 사람들이다.

그러면 실용주의자들은 누구인가? 사실 그들은 매우 중요하지만 특징을 규정하기가 어려운데, 그들에게서 선각자들처럼 관심을 끌 만한 기질을 찾지 못하기 때문이다. 그들은 햄릿보다 호레이쇼에 가깝고, 돈키호테가 아닌 산초 같으며, 성격상 해리 포터보다 더티 해리와 비슷하다. 결코 두드러지지 않지만 그들은 촬영에 필요한 인물들로 주인공이 죽거나(비극) 말을 타고 석양 속으로 사라진(영웅영화, 코미디) 후에 현장에 남아 뒤처리를 하고 상투적인 마지막 질문에 대답한다. 도대체 가면을 쓴 저 남자는 누구지?

첨단기술 분야에서 실용주의적 CEO들은 흔하지 않으며 그런 인물들은 유형에 맞게 좀처럼 자신을 드러내지 않는다. 넷앱(NetApp)의 댄 워멘호번, 링크드인(LinkedIn)의 제프 와이너, 사이베이스(Sybase)의 존 첸, 이베이(eBay)의 존 도너호, 심지어 유명한 기업인인 HP의 멕 휘트먼과 델의 마이클 델도 이 부류에 속한다. 그들은 극적인 상황을 거의 연출하지 않으며 성실하고 책임감이 강하다. 그들은 주변의 동료들을 통해 알려지는데, 대체로 많은 사람들에게 존경을 받으며 업계에서도 매년 순위표의 상위권에 이름을 올린다.

물론 실용주의자들을 상대로 마케팅에 성공하기 위해 반드시 실용주의자가 될 필요는 없다. 그저 그들의 가치관을 이해하고 그것을 충족시키기 위해 노력하면 된다. 그들의 가치관을 자세히 들여다보면 선각자들의 목표가 비약적인 도약이라면, 실용주의자들의 목표는 점진적이고 측정과 예측이 가능한 진보로서 비율의 향상을 이루는 것이다. 그들은 신제품을 도입하려고 할 때 다른 사람들이 그것을 어떻게 활용하는지 알고 싶어 한다. '위험부담(risk)'이라는 단어는 그들에게 부정적인 어휘로, 기회나 흥분으로 다가오는 것이 아니라, 시간과 돈을 허비할 가능성을 의미할 뿐이다. 그들은 불가피한 경우에는 위험부담을 감수하지만, 일단 안전장치를 마련한 후에 그 위험부담을 세심히 관리한다.

『포천』 2000대 기업의 IT 부문은 대체로 실용주의 성향의 사람들에 의해 주도되고 있다. 생산성 증대라는 사업상의 요구 때문에 그들은 수용주기의 전방으로 내몰리지만, 타고난 신중함과 제한된 예산으로 인해 경계를 늦추지 않는다. 개인으로서 실용주의자들은 세일즈포스닷컴(Salesforce.com)에서 실제로 안정성을 입증할 때까지 서비스의 용도로 사용하는 소프트웨어의 도입을 보류했고, 모바일아이언(MobileIron)과 에어워치(Airwatch) 같은 기업에서 모바일기기 관리 솔루션을 제공할 때까지 개인장비 사내 이용(bring-your-own-device) 정책을 유보했으며, 시스코에 의해 원격참여(telepresence)라는 단어가 일상용어로 정착될 때까지 비디오에 대한 투자를 주저했다.

실용주의자들은 마음을 얻기가 어렵지만, 일단 고객으로 확보하면 충성도가 높으며 종종 정해진 조건에서 여러분의 제품, 혹은 오직 여러분의 제품만을 구매하도록 회사의 표준을 적용하기도 한다. 이런 표준화에 대한 집중은 내부적인 서비스 요구를 단순화한다는 측면에서 매우 실용적이다. 더욱이 성장과 수익성에서 표준화의 부가적인 효과(판매량을 증대하고 영업비를 낮춘다)도 상당하다. 따라서 실용주의자들은 하나의 시장 부문으로서 중요성을 지닌다.

지난 10년 동안 이 효과의 가장 대표적인 사례이자 가장 큰 수혜자는 마이크로소프트였다. 이 회사는 데스크톱 운영체제, 사무자동화, 부문별 서버 시장에서 압도적인 입지를 구축한 결과, 10년 후에 엔터프라이즈 부문의 상황도 크게 다르지 않은 듯했다. 하지만 각각의 시장이 발전하면서 하나의 범주로서 엔터프라이즈 IT에도 다양한 이류 판매사들이 등장했고, 그 판매사들도 저마다 실용주의자 집단을 개척할 수 있었다. 엔지니어 고객들은 선(Sun)의 솔라리스를, 그래픽 고객들은 매킨토시를, 작업 그룹 고객들은 노벨(Novell)의 네트웨어를, 지점단위 은행업과 유통업에서 『포천』 500대 기업에 해당되는 사이트의 고객들은 OS/2를, 의사들과 치과의사들에게 전문서비스 시스템을 공급하는 부가가치 재판매업자 고객들은 SCO 유닉스를, 컨설팅과 재무서비스 업계의 고객들은 로터스 노츠(Lotus Notes)를 선호했다. 결국 마이크로소프트의 승리로 끝났지만, 각각의 기업들은 해당 시장에서 실용주의자들의 파도를 타고 판매에서 비약적인 도약을 이루어낼 수 있었다. 따라서 모든 전략적인 장기 마케팅 계획은 실용주의적인 구매자들을 이해하고 그들의 신뢰를 얻는 데 주력하여 이루어져야 한다.

실용주의자들은 구매를 하면서 제조회사, 제품의 품질, 보조 제품들과 시스템 인터페이스의 기반, 사후서비스의 신뢰성에 주목한다. 달리 말해, 그들은 개인적으로 그 결정의 장기적인 측면을 감안하며 계획을 세운다(반면 선각자들은 혁신적인 새로운 방식을 실행하고 그것을 발판으로 비약적인 경력의 도약을 이루기 위해 계획을 세운다). 실용주의자들은 오랜 기간 자신의 분야에 몸담아왔고, 시장에서 거액의 돈을 좌우하기 때문에 그들과 신뢰관계를 구축하면 상당한 보상이 뒤따른다.

실용주의자들은 '수직적인' 성향을 나타내는데, 비슷한 부류를 찾아 업계의 영역을 초월해 '수평적으로' 교류하려는 성향을 지닌 기술 마니아들이나 조기 수용자들과 달리 그들은 해당 업계에서 자신과 비슷한 사람들과 더 많이 교류하기 때문이다. 이 것은 실용주의자들에게 호응을 받는 새로운 산업에 진출하기가 매우 어렵다는 것을 의미한다. 참고자료와 유대관계는 그들에게 매우 중요한데, 거기에는 한 가지 모순이 존재한다. 실용주의자들은 여러분의 입지가 확실하지 않으면 구매하지 않으려고 하겠지만, 여러분은 그들의 구매가 없으면 확실한 입지를 다질 수 없다. 이런 부분은 신생기업들에게 불리하지만 실적이 확실한 기업들에겐 엄청난 이점으로 작용한다. 반면 신생기업이 수직적인 시장에서 실용주의자 구매자들의 지지를 얻었다면 그들은 높은 충성도를 보이면서 어떤 식으로든 성공을 지원할 것이다. 한때 세일즈포스닷컴은 영업관리 시스템 업계의 교란자였지만, 현재 그 회사는 사실상의 표준이 되었다. 이런 상황이 일어나면 영업비는 절감되고 특정한 고객을 지원하기 위한 점진적인 R&D의 효과가 증대된다. 이것은 실용주의자들이 그토록 큰 시장을 형성하는 이유 중 하나이다.

실용주의자들이 단 하나의 유통경로만 선호하는 것은 아니지만 모든 유통경로를 최소한으로 유지하려고 한다. 그러면 구매효과를 극대화하고 문제가 발생하더라도 몇 가지 점검으로 통제할 수 있다. 만약 실용주의자 구매자가 과거에 관계를 맺었던 영업사원을 알고 있다면 이런 선입견은 극복될 수도 있다. 하지만 중소 판매사가 시장에 정착한 판매사들 중 한 업체와 제휴를 맺거나 부가가치 재판매업 방식의 기반을 확립할 수 있다면 실용주의자 계층에 접근하는 과정이 한층 용이해질 것이다. 부가가치 재판매업체가 실용주의자의 업계에 완전히 특화되었거나 정해진 예산에서 기한 내에 뛰어난 성과를 산출한다는 평판을 지니고 있다면 실용주의자에게 아주 매력적인 솔루션이 될 것이다. 그들은 이미 시스템을 유지하는 과도한 부담에 시달리는 내부 자원에 영향을 미치지 않으면서 '일괄도급' 방식의 해법을 제공할 수 있다. 실용주의자들이 부가가치 재판매업체들을 가장 선호하는 이유는 자칫 문제가 발생하면 한 회사에게 한 가지 사항만 확인해도 통제할 수 있기 때문이다.

실용주의자 구매자들의 마지막 특징은 경쟁을 통한 선택을 좋아한다는 것이다. 그 이유는 비용도 절감하고, 문제가 발생할 경우에 다수의 대안을 마련해 안전성도 확보하고, 공인된 시장의 선도자에게 구매한다는 확신도 가질 수 있기 때문이다. 특히 마지막 사항이 매우 중요하다. 실용주의자들은 시장을 선도하는 제품 위주로 보조제품들이 제작된다는 것을 알기 때문에 공인된 시장의 선도자들로부터 구매하고자 한다. 즉 시장을 선도하는 제품이 다른 판매사들이 활동하는 애프터마켓(aftermarket)을 창출하기 때문이다. 이런 환경은 실용주의적인 고객들의 유지비 부담을 대폭 경감한다. 반면 그들이 실수로 시장을 선도하지 못하는 평범한 제품을 선택한다면 이 중요한 애프터마켓이 형성되지 않고 모든 보수와 개량을 직접 해결해야 할 것이다. 따라서 시장의 선도적인 입지는 실용주의자 고객들을 확보하기 위한 결정적인 요소이다.

실용주의자들은 가격에 상당히 민감하다. 최고의 품질이나 특별한 서비스에는 적당한 초과금액을 지불하려고 하지만 뚜렷한 특징이 없다면 최대한 가격절충을 시도할 것이다. 그들은 평생 자신의 업무, 혹은 회사에 충실했기 때문에 끊임없이 운영에 소요되는 비용과 그에 따른 회사의 수익을 계산한다.

실용주의자들에게 마케팅을 실행하려면 인내심을 가져야 한다. 그들의 사업에서 대두되는 문제들에 정통해야 하고, 그들이 참여하는 업계의 행사와 박람회에 참가해야 히며, 그들이 구독하는 뉴스레터와 블로그의 기사들에 언급되어야 한다. 해당 업계의 다른 기업들과 거래해야 하고, 해당 업계에 특화된 용도의 제품을 개발해야 하며, 해당 업계에 종사하는 다른 판매사들과 제휴하거나 협업해야 한다. 또한 품질과 서비스에서 좋은 평판을 얻어야 한다. 요컨대 그들에게 확실한 선택을 받을 수 있는 업체가 되어야 한다.

이것은 세심한 속도조절, 지속적인 투자, 유능한 경영진이 뒷받침되어야 하는 장기적인 사안이다. 이 방식의 가장 큰 장점은 기술수용 주기에서 실용주의자들에게 효과적일 뿐만 아니라, 보수주의자들에게도 적합하다는 것이다. 하지만 안타깝게도 첨단기술 업계가 이처럼 신중하게 뿌린 씨앗의 결실을 수확하기에 적합한 환경인지는 아직 입증되지 않았다. 어떻게 이런 상황이 일어났는지 이해하기 위해 이제 보수주의자들을 면밀히 살펴보도록 하자.

후기 대중: 보수주의자들

기술수용 주기 모델에서 실용주의자들과 보수주의자들의 수는 거의 동일하다. 달리 말하면 보수주의자들은 어떤 기술수용 주기에서든 모든 유효한 고객들의 약 3분의 1을 차지한다는 것이다. 하지만 하나의 시장 부문으로서 그들은 좀처럼 기대만큼 수익성이 극대화되지 않는데, 대체로 첨단기술 기업들이 그들과 공감대를 형성하지 못하기 때문이다.

본질적으로 보수주의자들은 불연속적인 혁신에 반발한다. 그들은 진보보다 전통을 훨씬 더 신뢰한다. 그들은 자신에게 유용한 것을 발견하면 그것을 고수하려고 한다. 그들은 다른 사람들이 모두 윈도를 사용할 때 매킨토시를 사용하고 다시 모든 사람들이 매킨토시로 바꿀 때면 윈도를 사용한다. 그들은 여전히 블랙베리를 사용하며 그저 블랙베리로도 충분하다. 그들은 문자서비스보다 이메일을 선호하며 가끔씩 서로 전화를 주고받기도 한다. 그들은 트위터도 포스팅도 하지 않으며 여전히 신문을 집으로 배달시킨다. 그들은 이런 환경에서도 전혀 지장이 없으며 매우 만족스럽게 여긴다.

이런 맥락에서 보수주의자들은 의외로 조기 수용자들과 더 많은 공통점을 지닌다. 이 두 집단은 순응을 바라는 요구에 완강히 저항할 수 있는데, 실용주의자 집단은 그런 요구에 동조하며 결속한다. 물론 보수주의자들도 결국 새로운 패러다임을 수용하지만 그저 시대에 뒤처지지 않기 위한 목적일 뿐이다. 그들이 그런 제품을 사용한다고 해서 반드시 그것을 좋아한다는 의미는 아니다.

사실 보수주의자들은 첨단기술을 두려워하는 경우가 많다. 따라서 그들은 제품의 완성도가 정점에 이르고, 시장점유율 경쟁으로 가격이 하락하고, 제품 자체가 범용품으로 취급되는 시점인 기술 수명주기의 말기에 이르러 구매하는 성향을 나타낸다. 첨단기술 제품의 구매에서 종종 그들의 진정한 목표는 그저 바가지를 쓰지 않는 것이 되기도 한다. 불행히도 그들은 시장의 수익성이 저하된 막바지에 계약하기 때문에 종종 바가지를 쓰게 된다. 그 시점이면 판매자들은 굳이 구매자들과 충실한 관계를 구축할 필요가 없다. 이런 상황에서 그들은 첨단기술에 대해 더욱 환멸을 느끼게 되고 구매주기를 더 회의적인 방향으로 조정하게 된다.

만약 첨단기술 기업들이 장기간에 걸쳐 성공을 거두려면 이런 악순환을 깨뜨리는 방법을 터득하고 보수주의자들을 사업에 동참하도록 이끌 만한 합당한 근거를 마련해야 한다. 보수주의자들은 첨단기술 구매에 큰 관심이 없기 때문에 그들에게 높은 수익을 기대하기 어렵다는 것을 이해해야 한다. 그럼에도 그들은 다수의 인원에서 비롯되는 막대한 양으로 그들의 요구를 적절히 충족시킨 기업들에게 엄청난 보상을 제공할 수 있다.

보수주의자들은 모든 요소들이 구비된 완제품을 대폭 할인된 가격에 구입하고 싶어 한다. 그들은 방금 구입한 소프트웨어가 집에 설치된 홈네트워크를 지원하지 않는다는 따위의 말을 정말 듣기 싫어한다. 그들은 첨단기술 제품이 냉장고처럼 사용하기 편하기를 바란다. 냉장고는 문을 열면 자동으로 조명이 켜지고 음식을 넣어두면 차갑게 보존되기 때문에 전혀 신경을 쓸 필요가 없다. 그들이 가장 좋아하는 제품은 음악, 비디오, 이메일, 게임 같은 한 가지 기능에 주력하는 것들이다. 하나의 장치가 여러 가지 기능을 수행할 수 있다는 개념은 그들에게 흥미를 일으키지 못하고 오히려 짜증을 유발할지도 모른다.

이런 면에서 보수주의자를 겨냥하는 시장은 저비용으로 유행이 지난 기술요소들을 채택해 특정한 사업 목적에서 단일 기능 시스템으로 재구성할 수 있는 절호의 기회를 제공한다. 그 제품은 이미 모든 요소들이 시행착오를 거치며 오류가 완전히 개선되었을 것이기 때문에 품질이 매우 우수할 수밖에 없다. 또한 이미 오래전에 R&D 비용이 모두 회수되고 제조상의 학습곡선도 최대한 활용되기 때문에 가격도 아주 저렴할 수밖에 없다. 요컨대 그것은 철저한 마케팅 전략이 아니라 새로운 소비자 계층을 위한 효과적인 솔루션이다.

여기에는 성공을 위한 두 가지 핵심적인 사항이 있다. 첫째, 특정한 표적고객 시장의 요구에 맞는 '완비 솔루션'을 철저히 연구하고 그 모든 요소를 재구성한 솔루션에서 제공해야 한다. 이 사항이 중요한 이유는 사후서비스 시스템을 유지할 만한 이익률을 거두지 못하기 때문이다. 둘째, 제품을 표적시장에 효과적으로 배급할 수 있는 저비용의 유통경로를 확보해야 한다. 이런 맥락에서 인터넷을 통해 배포되는 '서비스형' 상품의 부상은 이 부문과 함께 발전할 수 있는 절호의 기회를 창출한다.

보수주의자들은 더 이상 최신형이 아닌 첨단기술 제품들의 시장을 대폭 확장한다는 점에서 첨단기술 업계에 중요한 기회를 제공한다. 미국이 이 시장의 대부분을 거의 극동지역에 내주었다는 사실은 해외생산의 비용적인 이점보다 국내의 제품기획과 마케팅 발상의 실패를 입증한다. 많은 해외 솔루션은 여전히 한 가지 가치만큼은 변함이 없다. 바로 저비용이다. 보수주의자들이 가격에 민감한 이유는 대체로 사용자 체험에서 완전한 가치를 얻지 못하기 때문이다. 만약 그들에게 부합되는 제품을 제공한다면 그들은 적극적으로 그 제품을 구매하려고 할 것이다. 애플스토어를 살펴보자. 만약 대규모 유통경로와 막대한 구매자금을 갖춘 미국의 첨단기술 제조사들과 마케팅회사들이 더 많은 관심을 갖는다면 첨단기술 시장의 이 부문에서 훨씬 더 많은 부를 창출할 수 있을 것이다.

따라서 보수주의자 시장은 여전히 첨단기술이 과거보다 미래에 더 가능성을 지니는 영역이다. 핵심적인 사항은 기능성보다 편의성에, 사용자 체험보다 특화된 장치에 집중하는 것이다. 자동차의 후방카메라라는 주차보조 시스템과 마찬가지로 보수주의자들이 선호하는 기술의 훌륭한 사례이다. 심지어 GPS 장치들도 이제 거부감보다 친숙함을 주고 있다. 하지만 음성인식 기능은 그런 호응을 얻지 못하는데, 보수주의자들에게 가장 중요한 요소인 예측가능성이 확실하지 않기 때문이다.

전반적으로 보수주의자 시장은 아직까지 기회보다 부담이라고 인식되고 있다. 그 부문에서 첨단기술 사업이 성공을 거두려면 위험부담을 축소한 재무모델과 이에 접목된 새로운 유형의 마케팅 발상이 필요할 것이다. 만약 우리가 아직 익숙하지 않은 새로운 문제들을 해결할 수 있다면 부를 창출할 여지는 충분하다. 하지만 R&D 비용이 급격히 증가하면 기업들은 그 비용을 더 큰 시장에서 회수해야 하며 이 상황은 불가피하게 그동안 다루지 않았던 기술수용 곡선의 '후반부'로 이어지게 된다.

주류시장의 역학관계

선각자들이 초기시장의 발전을 주도한 것처럼 실용주의자들은 주류시장의 발전을 주도한다. 그들의 호응을 얻는 것은 시장의 진입뿐만 아니라 장기적인 장악에서도 중요한 요소이다. 하지만 그들의 호응을 얻었다고 해서 시장을 장악할 수 있는 것은 아니다.

주류시장의 선도적인 입지를 유지하려면 최소한 경쟁에서 뒤처지지 않아야 한다. 이 시점에서는 더 이상 기술 선도자가 될 필요도 없고 최고의 제품을 보유할 필요도 없다. 하지만 기본적으로 제품이 우수해야 하며 경쟁자가 중대한 혁신을 이루어낼 경우에 신속한 대응으로 추격할 수 있어야 한다.

이것이 바로 오라클(Oracle)이 21세기의 첫 10년 동안 훌륭히 수행했던 전략이다. 이 회사는 수십 년 동안 자체적인 R&D에 의존해 엔터프라이즈 IT 소프트웨어 자산을 구축하다가 전략을 변경해 일방적으로 피플소프트(PeopleSoft) 합병을 시도했다. 마침내 이 합병이 성사되었을 때 엔터프라이즈 IT는 새로운 국면으로 접어들었는데, 초창기의 철도회사들, 항공사들, 회계회사들과 최근의 은행들에서 보았던 것과 매우 유사한 합병이었다. 하지만 오라클의 경우는 전통적인 범주에서 규모를 확장하지 않고 『포천』 500대 기업의 CIO가 선호할 만한 철저한 보완을 거친 엔터프라이즈 '스택'을 창출하는 데 필요한 자산들을 매입했다. 여기에는 시벨(Seibel)의 고객관계관리, BEA의 애플리케이션 서버 미들웨어, 에이자일(Agile)의 제품 수명주기관리 소프트웨어가 포함되었는데, 완전한 하드웨어 솔루션을 위해 마침내 선마이크로시스템스(Sun Microsystems)의 합병까지 이루어졌다.

이런 합병들은 유지가 아닌 혁신을 위한 목적으로 계획된 것이다. 혁신은 끝나는 것이 아니라 재배치되는 것이다. 구세대 기술들은 이제 차세대 혁신이 구축되기 위한 발판이 된다. 이런 맥락에서 안정성과 예측가능성은 훨씬 더 큰 가치를 지니며 생태계는 주요한 판매사들을 유지하기 위해 그들에게 기꺼이 초과금액을 지불하려고 할 것이다.

실용주의자 시장 부문에서 보수주의자 시장 부문으로 유연한 전환을 이루기 위한 핵심적인 사항은 실용주의자들에게 새로운 패러다임을 추구할 수 있도록 문호를 개방하면서 그들과 탄탄한 관계를 유지하는 한편, 기존의 기반시설에 가치를 추가하면서 보수주의자들을 계속 만족시키는 것이다. 일종의 균형조절인 셈인데, 적절히 관리된다면 충성도 높고 성숙한 시장 부문의 잠재적인 수익은 대단히 크다.

그런 점에서 기술수용 주기의 처음 네 단계를 돌아보면 우리는 흥미로운 흐름을 확인할 수 있다. 제품 자체와 고유한 기능의 중요성은 부수적인 고객서비스의 중요성과 비교하면 기술 마니아들에게 가장 큰 비중을 차지하고 보수주의자들에게 가장 적은 비중을 차지한다. 첨단기술 제품에 대한 관심도와 사용능력의 수준이 한 개인이 기술수용 주기에 진입하는 시점을 좌우하는 첫 번째 지표이므로, 이는 그리 놀라운 사실은 아니다. 여기서 중요한 교훈은 제품이 시장에 머무는 기간이 길어지고 그 시장이 성숙해질수록 서비스의 요소가 고객들에게 더욱 중요해진다는 것이다. 특히 보수주의자들은 서비스를 매우 중요하게 여긴다.

지난 10년 동안 첨단기술 업계는 적극적으로 제품을 서비스로 재조정하면서 이 현상에 대처했다. 서비스형 소프트웨어(SaaS), 서비스형 데이터센터 인프라(IaaS), 서비스형 개발 및 배포 플랫폼 소프트웨어(PaaS)는 모두 클라우드에서 새로운 스택을 창출하는데, 이 가상의 공간에서 점점 더 많은 컴퓨팅이 이루어지고 있다.

이 공간에 진출하려면 두 가지가 서로 조화되어 일어나야 한다. 첫째, 판매사들이 저마다 제품을 성공적으로 설치하고 운영할 경우에 발생하는 서비스 수요를 최대한 많이 이끌어낼 수 있도록 기획해야 한다. 이것은 선불형 서비스로, 가치는 추가되지 않고 그저 기능을 사용하는 가격만 부과된다. 그 가격은 엔터프라이즈 IT 소프트웨어로는 지극히 높으며 시스템 통합자들에게 많은 수익을 가져다주지만 모두를 불쾌하게 만들기 때문에 가격이 낮을수록 좋다.

반면 판매사들이 서비스를 통해 개선된 사용자 체험을 창출한 다는 두 번째 목표를 해결하면 모두가 흐뭇해진다. 대표적인 사례가 애플의 아이패드인데, 이 제품은 기술 마니아들과 선각자들("정말 끝내주는군!")뿐만 아니라 실용주의자들("실습비가 전혀 필요 없네!")과 보수주의자들("실습이 필요없어!")에게도 호응을 이끌어낸다. 그러고는 어린아이가 아이패드를 가지고 노는 것을 보면 기술이 얼마나 많이 발전했는지 깨닫게 되는 것이다.

하지만 첨단기술에 박탈감을 느끼는 사람들은 항상 존재하기 마련이다. 이제 살펴볼 문제들은 그들에게 해당되는 사항들이다.

말기 수용자: 회의주의자들

회의주의자들(기술수용 주기에서 마지막 6분의 1을 차지하는 집단)은 구매를 차단하는 것을 제외하면 첨단기술 시장에 참여하지 않는다. 따라서 회의주의자들과 관련된 첨단기술 마케팅의 주요한 기능은 그들의 영향력을 무력화하는 것이다. 어떤 의미에서 이것은 안타까운 일인데, 회의주의자들은 우리가 저지르고 있는 잘못에 대해 많은 것을 가르쳐줄 수 있기 때문이다.

회의주의자들의 대표적인 주장은 어떤 유형이든 단속적인 혁신은 자체적인 약속을 충족시키지 못하며 항상 의도하지 않았던 결과를 초래한다는 것이다. 이처럼 파악하기 힘든 위험부담이 도사리는 결과의 조합은 그들에게 그저 가망성 없는 도박처럼 보일 뿐이다. 물론 선각자들과 실용주의자들은 이런 주장에 거침없이 반박할 수 있다. 하지만 무조건 반박하기보다 회의주의자들이 내세우는 주장의 진면목을 살펴보는 것은 어떨까?

중요한 사항은 노련한 첨단기술 제품 판매자라면 누구라도 지적하는 것처럼 첨단기술의 구매비용에 대한 합리화는 쓸데없는 모험일 뿐이라는 것이다. 항상 상당한 금액이 회수될 가능성이 존재하기는 하지만, 그나마도 시스템 자체를 벗어난 요소들에 의해 좌우된다. 달리 말하면 영업사원들이 첨단기술 제품을 홍보하며 내세우는 주장은 실제 첨단기술 제조업체들이 제공하지 못하는 요소들을 포함하는 '완비 제품 솔루션'에 해당되는 주장이라는 의미이다. 만약 첨단기술 마케터들이 완비 제품 솔루션이 제공된다는 말에 책임을 지지 않는다면, 그들은 회의주의자들에게 판매를 차단당할 여지를 남기는 것이다(이런 이유에서 이후에 완비 제품 솔루션의 중요성은 캐즘을 뛰어넘어 주류시장에 진입하기 위한 핵심 요소로 상세히 다루어질 것이다).

회의주의자들이 지적하는 문제는 대체로 새로운 시스템들이 구매 시점에 내세웠던 약속을 지키지 않는다는 것이다. 이 말의 의미는 그런 시스템들이 가치를 제공하지 못한다는 것이 아니라, 그것들이 실제로 제공하는 가치를 종종 구매 시점에 예상하지 못한다는 것이다. 만약 이것이 사실이라면 새로운 시스템에 의존하는 것은 일반적으로 상상하는 것보다 훨씬 더 큰 믿음의 행위라는 의미이다. 다시 말해, 이 행위에서 주요한 가치는 비용을 합리화하는 어떤 수치상의 이점보다 행동지향적인 성향을 지지하는 관념에서 비롯된다는 의미이다. 시스템의 가치가 설치 시점이 아닌 향후에 발견될 것이라는 발상은 제품의 유연성과 적응성뿐만 아니라 지속적인 고객서비스가 구매자의 평가항목에서 결정적인 요소라는 의미를 내포한다.

결국 회의주의자들은 첨단기술 마케터들에게 끊임없이 판매를 위해 내세운 주장과 실제 제품의 성능 간의 불일치를 지적할 것이다. 이런 불일치는 고객들에게 실패의 가능성을 유발하고 그런 실패는 결국 입소문을 통해 우리에게 시장점유율의 하락으로 되돌아올 것이다. 달리 말하면, 회의주의자들을 묵살하는 것은 뛰어난 판매방식일지 모르지만 마케팅방식으로는 형편없다. 마케팅의 관점에서 우리 모두는 '벌거벗은 임금님' 증후군에 빠지기 쉬운데, 특히 시장의 모든 행위자들이 업계의 전반적인 인식을 진작하려고 하는 첨단기술 분야에서 두드러진다. 회의주의자들은 우리의 행위에 현혹되지 않는다. 우리는 그런 사실을 활용해야 한다.

다시 캐즘으로

앞서 지적한 것처럼 마케팅 모델로서 기술수용 주기는 상당한 가치를 지닌다. 기술수용 주기는 시장에 진입하려는 시점에 근거해 고객들을 심리통계적으로 구분함으로써 혁신적인 제품의 마케팅 전략을 개발하는 방법에 대한 확실한 지침을 제시한다.

하지만 우리가 이미 언급했던 것처럼 이 모델의 근본적인 오류는 한 제품의 수명이 지속되는 동안 여러 시장 부문을 거치면서 원활하게 연속적으로 진행한다는 전제와 달리 실제로는 정반대의 상황이 일어난다는 것이다. 대체로 두 개의 시장 부문 사이에서 마케팅과 커뮤니케이션의 전환을 이루는 것은 지극히 어려운데, 그 이유는 기존의 전략에 안주하게 되는 시점에 새로운 전략을 채택해야 하기 때문이다.

이런 전환기에 가장 큰 문제는 새로운 시장 부문으로 전환되는 시점에 참고자료가 될 수 있는 고객기반이 부족하다는 것이다. 앞서 우리가 기술수용 주기를 수정하면서 살펴보았던 것처럼, 시장 부문들 사이의 공백은 왼쪽의 집단을 오른쪽의 시장 부문을 파악하기 위한 참고기반으로 사용하고자 하면서 발생하는 신뢰성의 간극을 나타낸다.

일부의 경우에 기본적인 시장의 유사성으로 인해 집단들은 비교적 밀접한 관계를 유지한다. 예를 들면, 조기 수용자에 해당되는 선각자들은 기술 마니아들과 꾸준히 교류하며 그들의 관점을 존중하는 성향을 나타낸다. 그 이유는 자신의 비전에 대한 기술적인 실현가능성을 점검하고 특정한 제품을 평가하려면 기술 마니아들의 도움이 필요하기 때문이다. 그 결과 기술 마니아들은 적어도 선각자들의 관심사를 어느 정도 언급할 수 있다.

마찬가지로 보수주의자들도 기술을 구매하면서 실용주의자들의 도움에 의지한다. 두 집단은 모두 스스로를 특정한 업계의 구성원이자 사업가이자 기술 구매자로 여긴다. 하지만 실용주의자들은 기술에서 창출될 잠재적인 이익을 파악하고 유망한 기술을 구매하는 능력에 대해 더 자신감을 갖는다. 보수주의자들은 그 두 가지 사항에 대해 훨씬 더 소심하다. 그들은 어느 정도까지 실용주의자들을 따르려고 하지만 실용주의자들의 자신감에 다소 위축되어 있다. 따라서 참고기반은 시장 부문 간의 전환 과정에서 부분적인 가치만을 지닌다.

참고기반이 지니는 이런 약점의 중요성은 이 책의 앞부분에서 시장에 대해 언급했던 기본적인 정의를 통해 드러난다. 소위 시장, 특히 첨단기술 시장은 구매결정을 내릴 경우에 서로 참고하는 사람들로 이루어진다는 것이다. 기술수용 주기의 한 시장 부문에서 다른 시장 부문으로 이동하는 과정에서 우리는 많은 참고자료를 접할 수 있지만 그것들이 적절한 참고자료인지 확신하지는 못한다.

이것은 선각자들에서 실용주의자들로 전환되는 과정에서 가장 잘 나타난다. 만약 다른 집단들 간의 간극이 사소한 균열이라면, 선각자들과 실용주의자들 간의 간극은 심대한 캐즘이다. 그러나 이 캐즘은 대체로 너무 쉽게 간과된다.

만약 우리가 그 캐즘을 면밀히 살펴본다면, 실용주의자들과 구분되는 선각자들의 네 가지 중요한 특징을 발견할 것이다.

선각자들은 동료들이 체득한 경험의 가치를 존중하지 않는다. 선각자들은 동종 업계에서 신기술의 잠재력을 가장 먼저 간파한 사람들이다. 기본적으로 그들은 스스로 경쟁사들에 소속된 동료들보다 현명하다고 생각하며 실제로 그런 경우가 적지 않다. 그들이 경쟁력을 갖추기 위해 내세우는 무기는 가장 먼저 사물을 파악하는 능력이다. 그런 우위는 아무도 그것을 발견하지 못했을 경우에만 확보할 수 있다. 따라서 그들은 업계에서 폭넓은 참고자료를 갖춘 확실히 검증된 제품을 구매하지 않을 것이다. 실제로 그런 참고기반이 존재한다면, 이미 그들이 시기를 놓쳤다는 것을 의미하기 때문에 그 기술은 그들에게 관심을 받지 못할 것이다.

반면 실용주의자들은 다른 회사들에 소속된 동료들의 경험을 매우 높이 평가한다. 그들은 기술을 구매하면서 폭넓은 참고자료를 기대하며 동종 업계의 많은 사례를 원한다. 하지만 앞서 우리가 언급했던 것처럼 이런 성향은 모순된 상황을 초래한다. 대체로 선각자들은 업계마다 고작 한두 명에 불과한데, 어떻게 실용주의자가 요구하는 참고자료의 수를 축적할 수 있단 말인가?

선각자들은 업계보다 기술에 훨씬 더 많은 관심을 갖는다. 미래를 정의하고자 하는 그들은 추세를 예상하고 새로운 시장기회를 모색하는 모임인 기술회의들과 미래포럼들에서 만날 수 있다. 그들은 쉽게 대화를 나눌 수 있는 상대이며 첨단기술 기업들과 첨단기술 제품들이 지향하는 목표를 이해하고 인식한다. 명석한 사람들과 의견을 나누고 싶어 하는 그들은 업계의 시시콜콜한 일들에는 지루해하지만 첨단기술에 대해 대화하고 생각하는 것은 좋아한다.

반면 실용주의자들은 미래지향적인 것들에 많은 투자를 하지 않는다. 사람들이 저마다 업계의 발전을 위해 헌신했던 것처럼 그들도 보다 현실적인 측면에서 자신들을 바라본다. 따라서 그들은 업계와 관련된 포럼에서 업계와 관련된 문제들을 논의하는 데 시간을 투자하는 성향을 나타낸다. 실용주의자들의 관심사에서 획기적인 변화와 세계적인 경쟁력은 멋진 연설의 소재가 될지 모르지만 그 이상의 의미를 지니지는 못할 것이다.

선각자들은 기존 제품이 지닌 기반의 중요성을 인정하지 못한다. 그들은 처음부터 시스템을 구축하고자 하며 자신의 비전을 실현하려고 한다. 그들은 시스템을 구축하기 위한 요소들을 주위에서 쉽게 찾을 수 있으리라고 기대하지 않는다. 그들은 확립된 기준이 있을 것이라고 기대하지 않으며 실제로 새로운 기준을 설정하기 위한 계획을 마련한다. 그들은 지지하는 집단이 있다거나, 확립된 절차가 있다거나, 작업과 책임을 분담할 수 있는 제3자들이 있을 것이라고 기대하지 않는다.

실용주의자들은 이 모든 것들을 기대한다. 선각자들이 업계의 관례를 무시하고 진로를 개척하는 모습을 보면 실용주의자들은 거의 경악한다. 그들은 그런 관례를 따르며 경력을 쌓았기 때문이다. 역시 집단으로서 선각자들은 실용주의자들에게 아주 형편없는 참고기반인 것은 확실하다.

선각자들은 그들의 파격성이 미치는 영향에 대해 자각하지 못한다. 실용주의자의 관점에서 선각자들은 새로운 프로젝트를 도입해 모든 예산을 투입하는 사람들이다. 만약 프로젝트가 성공을 거둔다면, 모든 공로는 선각자들이 차지하는 반면, 실용주의자들은 워낙 '첨단'인 탓에 운영방식조차 제대로 모르는 그 시스템을 유지하느라 전전긍긍해야 한다. 프로젝트가 실패로 끝나면, 선각자들은 항상 서둘러 재앙에서 빠져나오지만 실용주의자들은 혼란을 수습하는 듯하다. 선각자들은 성공하든 실패하든 한 가지에 오래 집착하지 않는다. 그들은 스스로 승진과 이직이 어렵지 않은 출세가도에 있다고 여긴다. 반면 실용주의자들은 몸담고 있는 기업과 직무에 장기간 헌신하는 성향을 나타낸다. 그들은 결과를 책임져야 한다는 것을 알기 때문에 과감한 계획에 매우 신중하다.

실용주의자들이 구매결정을 내리면서 선각자들을 참고하려고 하지 않는 이유는 이해하기 쉽다. 그 때문에 캐즘이 존재한다. 이런 상황은 선각자들에 대한 마케팅에 성공을 거둔 첨단기술 기업이 영업계획의 변화를 간과할 경우에 훨씬 더 복잡해질 수 있다. 이를테면 실용주의자들은 생산시설의 운영에 대해 알고 싶어 하는데, 기업은 정작 최근에 연구소에서 거둔 성공을 과시할지 모른다. 혹은 실용주의자들이 '업계의 기준'에 대해 알고 싶어 하는데 오히려 기업은 '첨단기술'에 대해 언급할지 모른다.

하지만 이 문제는 계획과 입장을 초월한다. 사실 이는 근본적으로 시간의 문제이기도 하다. 첨단기술 기업들은 실용주의자들이 당장 구매하기를 원하는 반면, 실용주의자들은 시간을 두고 기다리고자 한다. 양측의 입장은 모두 지극히 타당하다. 하지만 일단 시계가 움직이기 시작했다면, 누가 먼저 눈을 깜빡이느냐가 관건이다.

모두를 위해 실용주의자가 먼저 깜빡이는 것이 바람직하다. 이제 2부에서 그런 결과를 이끌어내기 위한 방법을 다룰 것이다.

PART
2

캐즘을 뛰어넘어라

디데이 전략을 차용해 주류시장에 진입하라.
처음부터 장악할 수 있는 특정한 틈새시장을 겨냥해 경쟁자들을 몰아낸 후에
그곳을 폭넓은 운영을 위한 기반으로 활용하면서 캐즘을 뛰어넘어라.
최대한 범위를 좁힌 표적에 압도적인 힘을 집중하라.

3장

디데이 전략

캐즘은 모든 면에서 몹시 꺼림칙한 곳이다. 그곳에는 가망성이 거의 없으며 누군가 있다고 해도 안전한 진로에서 벗어난 새로운 고객들뿐이다. 그곳에는 환상에서 깨어난 기존의 고객들부터 비열한 경쟁자들과 부도덕한 투자자들에 이르기까지 온갖 험악한 사람들이 모여 있다. 그들은 주류시장에 진입하고자 하는 새로운 기업을 방해하기 위해 공모한다. 우리는 그들의 음모에 대응하기 위해 이런 문제들을 간략히 살펴보아야 한다.

캐즘의 위험성

일단 새로운 고객들이 부족한 문제부터 살펴보자. 초기시장에서 선각자들에 의해 발생하는 기회들이 점차 포화상태에 이르고(고가의 상품이라면 3건에서 5건 정도의 계약으로도 포화상태가 된다) 실용주의자들의 주류시장은 편하게 구매할 만한 여건이 아니기 때문에 기업을 유지하기 위한 자금이 융통되는 시장이 부족하다. 그동안은 현금의 흐름이 좋았지만, 이제 추세가 바뀌어 나빠진다. 더욱이 그때까지 새로운 기업이 자신들의 영역에 진입해도 무관심했던 주류시장의 경쟁자들은 새로운 대상에 한두 번의 큰 실패를 경험한 후에 반격에 나서기 위해 영업력을 가동한다.

이 상황을 모면할 방법은 거의 없다. 경영자들은 부득이 기존의 주요 고객들을 찾아가 그들에게 특별한 서비스를 제공하고 추가적인 1년의 투자를 선각자의 계획을 실현하는 데 활용하고자 할 것이다. 그러면 확실한 참고기반을 구축할 수 있을 뿐만 아니라 불연속적인 혁신을 실용주의자의 현실적인 솔루션으로 전환하는 데에 필요한 보조제품들과 인터페이스의 기반도 창출할 수 있게 된다. 하지만 불행히도 그런 고객들은 올해에 지출할 추가적인 자금이 없다. 또한 올해의 업무는 일단 계약을 체결하기 위해 내세웠던 약속을 지키기에도 빠듯하다. 따라서 진행할 업무는 많지만 추가로 투입할 자금은 없는 상황이 된다.

경영자들은 그저 초기시장에 서비스를 계속 제공하는 것으로는 안정을 찾을 수 없다. 물론 구매력을 갖춘 다른 선각자들이 있기 때문에 여전히 판매의 기회는 존재한다. 하지만 그들은 저마다 다른 꿈을 지니고 있어 맞춤화에 대한 요구를 할 것이고, 결국 이미 과부하에 시달리는 제품개발부에는 부담이 가중될 것이다. 더욱이 이 초기시장에는 조만간 더 혁신적인 기술과 더 매력적인 사연을 지닌 또 다른 기업이 등장할 것이다. 그때까지 캐즘을 뛰어넘어 주류시장에 자리를 잡아야 한다. 만약 실패한다면 더 이상의 행운은 없다.

여기서 끝이 아니다. 아직 더 많은 위험이 도사리고 있다. 이제까지 마케팅은 공식적이든(벤처자금이 투입된 회사의 경우) 비공식적이든(대기업 내에서 개발된 신제품의 경우) 투자자들의 자금으로 이루어졌다. 이런 투자자들은 어느 정도 초기에 성공을 거두었기 때문에 이제 사업계획의 장기적인 수익증대 목표에 따른 실질적인 진척을 기대한다. 하지만 캐즘 기간에 이런 성장을 추구하는 것은 부질없는 일이다. 그럼에도 그것은 계획에 포함된 약속이며 시간은 흘러가고 있다. 만약 약속이 이루어지지 않았다면 자금은 조달되지 않았을 것이다.

실제로 간혹 '벌처 자본가(vulture capitalist)'로 불리기도 하는 약탈형 투자자는 고전과 실패가 거듭되는 캐즘 기간을 현재 경영진에 대한 신뢰를 떨어뜨리는 기회로 활용하려고 한다. 그들은 회사의 주가가 하락하면 차기 증자 시점에 회사의 지배주주가 되어 새로운 경영진을 구성할 기회를 노리며 최악의 경우에 헐값으로 주요 기술 자산의 소유주가 되려고 할 것이다. 이것은 매우 비도덕적이고 파괴적인 행위이지만 엄연한 현실이기도 하다.

하지만 합리적인 요구를 하며 적극적인 지원을 하는 투자자들조차 캐즘에 직면하면 불안해질 수 있다. 최상의 경우라면 그들과의 결별을 받아들여야 하는 시점에 그들에게 기대치를 낮추도록 부탁할 수 있다. 아무래도 어디선가 누군가 실패했다는 직감이 든다. 그들은 의심스러워도 일단 여러분을 믿으려고 할지 모르지만 여러분에겐 단 한순간도 허비할 시간이 없다. 서둘러 주류시장 부문에 진입해 실용주의자 구매자들과 장기적인 관계를 확립해야 한다. 자신의 운명을 개척할 수 있는 방법은 오직 그것뿐이다.

주류시장 침투

주류시장에 진입하는 것은 일종의 공격행위이다. 이미 여러분의 표적고객과 관계를 확립한 기업들은 여러분의 침입에 분개하며 여러분을 차단하기 위해 온갖 수단을 동원할 것이다. 고객들도 여러분을 시장에서 검증되지 않은 생소한 기업으로 취급하며 경계할 것이다. 아무도 여러분의 출현을 원하지 않는다. 여러분은 그저 침입자일 뿐이다.

이제는 점잖은 태도를 고수할 때가 아니다. 앞서 언급했던 것처럼 캐즘의 위험성은 생사의 기로에 처한 상황으로 이끈다. 여러분은 어떤 저항이 있더라도 반드시 주류시장에 진입해야 한다. 따라서 호전적인 자세로 전향하려고 한다면 아주 확실하게 공격하는 것이 좋다. 참고로 20세기 전반기에 일어난 한 사건을 되짚어보고자 한다. 바로 1944년 6월 6일을 디데이로 삼았던 연합국의 노르망디 상륙작전이다. 성공한 군사작전 사례들은 더 많을지 모르지만, 이 비교는 우리의 관심사와 가장 훌륭한 연계성을 보여준다.

이 비교는 직접적인 대입이 가능하다. 우리의 장기적인 목표는 현재 진지를 구축한 경쟁자(추축국)가 지배되는 주류시장(서유럽)에 진입해 장악하는 것이다. 우리의 제품으로 이 경쟁자가 장악한 주류시장을 탈환하려면 우리는 다른 제품들과 기업들(연합국)로 구성된 침투부대를 구축해야 한다. 이 시장에 진입하기 위한 최우선 목표는 초기시장 기반(영국)에서 주류시장의 전략적인 표적시장 부문(노르망디 해안)으로 전환하는 것이다. 우리와 우리의 목표 사이를 갈라놓은 장애물은 캐즘(영국 해협)이다. 우리는 침투부대로 공격시점(디데이)에 집중해 최대한 신속하게 캐즘을 뛰어넘고자 한다. 일단 우리가 표적 틈새시장에서 경쟁자를 몰아내면(교두보를 확보하면) 서둘러 인근의 시장 부문(프랑스의 여러 지역들)을 점령하면서 시장 전체를 장악할 것이다(서유럽의 해방).

바로 이것이 전략이다. 디데이 전략을 차용해 주류시장에 진입하라. 여러분이 처음부터 장악할 수 있는 특정한 틈새시장을 겨냥해 경쟁자들을 몰아낸 후에 그곳을 폭넓은 운영을 위한 기반으로 활용하면서 캐즘을 뛰어넘어라. 최대한 범위를 좁힌 표적에 압도적인 힘을 집중하라. 이 방법으로 연합국은 1944년에 성공을 거두었고 이후에 모든 첨단기술 기업들도 성과를 이루어 냈다.

신생기업이 더 넓은 시장으로의 진출에 앞서 실용주의자 고객들을 확보할 수 있는 비결인 노르망디 점령을 위한 핵심적인 요소는 한정된 틈새시장에 진출하기 위해 많은 지원을 이끌어내는 것이다. 초기의 과제를 단순화하면 기업은 시장변수를 제한할 수 있기 때문에 참고자료, 담보물건, 내부절차, 문서자료에서 견실한 기반을 효율적으로 개발할 수 있다. 이 시점에서 마케팅 과정의 효율성은 공략하는 시장 부문의 '유계성'과 상관관계가 있다. 경계가 명확할수록 메시지를 고안하고 전달하기 쉬우며 그 메시지는 입소문을 통해 빠르게 전파된다.

부족한 자원으로 실행하는 마케팅 프로그램들뿐만 아니라 신생기업들도 경쟁력을 갖추려면 경계가 명확한 시장에서 운영해야 한다. 그렇지 않으면 '파격적인' 마케팅 메시지가 너무 빨리 확산되면서 입소문의 연쇄효과가 사라지고 영업부의 판매는 '싸늘하게' 식어버린다. 도전적인 기업이 초기시장의 잠재적인 가능성을 앞서가는 전형적인 캐즘 징후이다. 이는 대체로 영업부진이나 수요침체로 해석되지만, 사실 경계가 너무 불명확한 시장으로 너무 빠르고 폭넓게 확장하려는 시도의 결과일 뿐이다.

디데이 전략은 이런 실수를 방지한다. 이 전략은 첫째, 쉽게 달성할 수 있고 둘째, 장기적인 성공을 거두기 위해 직접 활용할 수 있는 구체적인 목표에 집중시켜 기업 전체를 독려하는 효과를 지닌다. 대부분의 회사들이 캐즘을 뛰어넘지 못하는 이유는 주류시장에 존재하는 수많은 기회에 직면하게 되면 집중력을 잃고 눈앞에 나타나는 기회들을 모두 쫓다가 결국 실용주의자 구매자에게 시장성 있는 제안을 못하기 때문이다. 디데이 전략은 모두를 한 지점에 집중하도록 이끈다. 만약 노르망디를 점령하지 못한다면, 파리로 진군하는 방법은 걱정할 필요조차 없지 않은가? 모두가 작은 영역에 집중함으로써 우리는 즉시 성공할 수 있는 가능성을 대폭 증대할 수 있다.

불행히도 이 전략은 안정적인 듯하지만 신생기업의 경영진 입장에서 쉽게 수용하기 어렵기 때문에 이론상으로는 널리 인정받아도 실제로 이행되는 경우는 드물다. 여기서 조금 더 일반적인 시나리오를 살펴보자.

불을 지피는 방법

불을 지피는 일은 보이스카우트나 걸스카우트라면 누구라도 해결할 수 있는 문제이다. 일단 바닥에 신문지 더미를 깔고 불쏘시개와 통나무를 쌓은 후에 종이에 불을 붙인다. 이보다 쉬운 일은 없을 것이다. '틈새시장 접근법을 수용하지 않고 캐즘을 뛰어넘으려는 것은 불쏘시개 없이 불을 지피려는 것이나 마찬가지다.'

여기서 신문지 더미는 판촉예산을, 통나무는 주요 시장기회를 나타낸다. 통나무 아래에 아무리 종이가 많아도 정작 불쏘시개로 삼을 표적시장 부문이 없다면, 이내 종이는 다 써버리게 되고 통나무에는 불이 붙지 않을 것이다. 수억 달러에 이르는 거금을 벤처캐피털에 쏟아붓고 결국 아무 성과도 거두지 못한 웹밴(Webvan), 솔린드라(Solyndra), 베터 플레이스(Better Place) 같은 기업들은 너무 값비싼 대가를 치르고 그 교훈을 얻었다.

불을 지피는 일은 고도의 지능을 요구하는 작업은 아니지만 어느 정도 규율을 필요로 한다. 이것은 첨단기술 기업의 경영진에게 가장 부족한 자질이기도 하다. 그들은 대부분 마케팅 전략을 선택할 경우에 어떤 식으로든 틈새시장에 주력하지 않으려고 할 것이다. 결혼을 싫어하는 미혼남성들처럼 그들도 적절한 장소들에 대해 수긍하고 적절한 사항들을 말하지 모르지만, 결혼식 종이 울릴 때는 모습을 드러내지 않을 것이다. 왜 그런 것인가?

먼저 이것을 의지의 부족이 아닌 이해의 부족이라고 생각하자. 다시 말해, 그런 경영자들이 틈새마케팅에 대해 배워야 한다는 것은 아니다. 지난 25년 동안 MBA 마케팅 교과과정에서는 시장 세분화의 필요성과 그에 따른 장점에 대해 역설했다. 따라서 누구도 그것을 몰랐다고 말할 수도 없고 말하지도 않는다. 오히려 틈새전략이 일반적으로 최선책임에도 불구하고 우리는 당장 그것을 실행하기에 시간이나 여력이 없다고 주장한다. 물론 그것은 핑계에 불과하며 실상은 훨씬 더 단순하다. '우리는 어떤 이유로든 특정 시기에 특정 영업을 자제하도록 요구하는 어떤 규율도 없으며 그런 규율을 채택하지도 않을 것이다.' 요컨대 우리는 시장 주도형 기업이 아니라 판매 주도형 기업이라는 것이다.

그러면 이런 상황이 얼마나 좋지 않을 수 있을까? 판매는 좋은 것 아닌가? 상황은 저절로 진척될 수 있고, 우리는 뒤늦게나마 고객들에 의해 주도되는 우리 시장을 찾게 되지 않을까? 이 세 가지 질문에 대한 대답은 첫째, 극도로 좋지 않고, 둘째, 항상 그렇지는 않으며, 셋째, 결코 그렇게 되지 않는다는 것이다.

간단히 말해, '캐즘 기간에 판매 주도형 전략을 고수한 결과는 치명적'이다. 그 이유를 살펴보자. 시장개발 과정의 시기에 기업의 유일한 목표는 주류시장에 교두보를 확보하는 것이다. 다시 말해, 참고자료가 될 수 있고 우리를 주류시장의 다른 잠재고객들에 연계할 수 있는 실용주의자 고객기반을 창출해야 한다. 이

고객기반을 확보하려면 우리는 첫 번째 고객집단의 구매목표를 완전히 충족시켜야 한다. 그러려면 고객들에게 단순한 제품이 아닌 다음 장에서 언급할 완비제품(고객들이 원하는 결과를 달성하는 데 필요한 제품군과 서비스의 완벽한 조합으로, 우리가 고객에게 구매주문을 받으며 약속하는 사항이다)을 제공해야 한다. 이 조합에서 하나라도 제외되면 솔루션은 불완전해지고 판매약속은 지켜지지 않으며 고객들은 참고자료로 활용되지 못한다. 따라서 캐즘을 뛰어넘기 위한 우리의 절실한 목표인 이런 참고기반을 확보하려면 우리는 완비제품을 제공하거나 최소한 공급을 보장해야 한다.

하지만 완비제품의 공급에는 막대한 비용이 소용된다. 심지어 완비제품의 공급을 위해 제휴사와 협력사를 모집하더라도 자원집약적인 관리가 뒷받침되어야 한다. 우리가 지원을 담당할 경우에도 현재 회사에서 진행 중인 모든 프로젝트에 긴밀히 관여하는 가장 핵심적인 인재들이 투입되어야 한다. 따라서 완비제품의 공급은 효율적이면서 전략적으로 진행되어야 한다. 다시 말해, 완비제품을 활용해 다각적인 판매를 이룬다는 목표가 동반되어야 한다. 그런 성과는 오직 판매활동을 하나의 틈새시장에 집중할 경우에만 달성할 수 있다. 여러 시장을 공략하면 추가적인 용도를 분석해야 하기 때문에 핵심적인 자원이 소모되고 완비제품의 품질이 저하되며 캐즘에 머무는 기간이 연장된다. 판매주도형 전략을 고수하면 영원히 캐즘에 머물게 되는 것이다.

완비제품 효과만을 감안해도 판매 주도형 전략은 지양해야 한다. 하지만 그 유혹이 워낙 강하기 때문에 추가적인 자금의 투입까지도 합리화된다. 다음과 같은 상황을 생각해보자. 새로운 시장의 진입을 위한 핵심적인 사항들 중 하나는 구매자들 사이에서 확실한 입소문 평판을 구축하는 것이다. 여러 연구결과에 의하면, 입소문은 첨단기술 구매과정에서 판매주기의 초기와 말기에 구매자들이 최우선적으로 참고하는 정보로 확인되었다. 특정한 시장에서 입소문을 창출하려면 일단 상당수의 정보를 지닌 개인들이 있어야 하고 그들이 가끔씩 만나서 서로 의견을 주고받으며 제품이나 회사의 입지를 강화해야 한다. 이것이 바로 입소문이 확산되는 방식이다.

이런 교류과정의 조성에는 상당한 비용이 소요되는데, 특히 기술언론과 관련매체를 통해 그런 효과를 달성할 수 있는 초기 시장을 벗어난 경우에 두드러진다. 한편 앞서 언급했던 것처럼 실용주의자 구매자들은 업계의 관련자들이나 전문가 단체들과 교류한다. 화학자들은 다른 화학자들과, 변호사들은 다른 변호사들과, 보험사 중역들은 다른 보험사 중역들과 대화를 나눈다. 판매 주도형 방식을 통해 5개, 혹은 10개의 시장 부문마다 한두 명의 고객을 확보한다고 해도 입소문 효과는 전혀 창출하지 못할 것이다. 반면 하나의 시장 부문에서 네다섯 명의 고객을 확보하면 기대하는 입소문 효과를 창출하게 될 것이다. 따라서 시장 부문을 겨냥한 기업은 캐즘을 뛰어넘기 위한 마케팅 초기에 입소문 효과를 기대할 수 있지만, 판매 주도형 기업은 설령 입소문 효과를 거둔다고 해도 아주 뒤늦게나 가능할 것이다. 이런 입소문이 부족하면 제품의 판매가 몹시 어려워지면서 추가비용이 발생하고 판매예측이 곤란해진다.

캐즘을 뛰어넘으려고 할 때 틈새시장에 집중해야 하는 세 번째 이유는 시장의 선도적인 입지를 달성해야 할 필요성과 관계가 있다. 실용주의자 고객들은 시장의 선도자에게 구매하고자 한다. 그 이유는 간단하다. 완비제품은 다름 아닌 시장을 선도하는 제품을 중심으로 성장한다. 애플과 안드로이드 모바일기기에 적용되는 애플리케이션은 윈도 8이나 블랙베리에 비해 훨씬 더 많다. 시스코의 라우터와 스위치는 주니퍼(Juniper)에 비해 훨씬 광범위한 인재기반에게 지지를 받는다. 이런 부가가치 기반이 존재하면 제품의 가치가 증대될 뿐만 아니라, 판매사나 고객에게 추가비용이 전혀 발생하지 않기 때문에 지지를 얻기도 쉬워진다.

실용주의자들은 이런 효과를 확실히 인식하고 있다. 그 결과 항상 무의식적으로 어떤 기업이나 제품을 시장의 선도자로 만든 후에 온갖 수단을 동원해 그 지위가 유지되도록 한다. 그들이 시장의 초기에 구매결정을 연기하는(그로 인해 캐즘 현상이 발생한다) 주된 이유는 누가 선도자가 될지 파악하는 것이 중요하기 때문이다. 그들은 엉뚱한 기업이나 제품을 지지하고 싶어 하지 않는다.

캐즘을 뛰어넘으려는 시점에 여러분은 시장의 선도자가 아니다. 그러면 과연 얼마나 빨리 그 위치에 도달할 수 있는가? 이것은 간단한 수학문제이다. 어떤 시장에서 선도자가 되려면 가장 높은 시장점유율을 확보해야 하는데, 비록 나중에 30~35퍼센트까지 감소할지 모르지만 시장의 초기에는 50퍼센트를 상회해야 한다. 따라서 어떤 기간, 가령 향후 2년 동안에 창출할 수 있는 매출액을 산정하고 그 수치에 2를 곱하면 그것이 바로 여러분이 지배하리라고 예상할 수 있는 시장의 규모이다. 엄밀히 말하면 그것은 시장의 최대규모이다. 모든 매출이 하나의 시장 부문에서 비롯된다고 가정하기 때문이다. 결국 우리가 초기부터 시장의 선도적인 위치를 원한다면, 유일한 해결책은 '작은 연못 속의 큰 물고기' 방식을 채택하는 것뿐이다.

무엇보다도 시장 부문이 매우 중요하다. 이 방식의 또 다른 장점은 여러분이 시장을 '점유'할 수 있도록 이끈다는 것이다. 다시 말해, 여러분은 실용주의자들에 의해 선도자로 인정받은 후에 그들의 도움으로 계속 그 지위를 유지할 수 있게 된다. 이것은 경쟁자들에게 그들의 규모나 제품의 부가적인 특징에 관계없이 심대한 진입장벽이 존재한다는 의미이다. 물론 주류시장의 고객들은 여러분의 제품의 특징이 부족한 것에 대해 불평하고 개선을 통해 경쟁력을 갖추도록 요구할 것이다. 하지만 주류시장

고객들은 '점유된' 상태를 원한다. 그런 상황에서는 구매결정이 용이해지고, 품질이 개선되며, 완비제품을 소유하기 위한 비용이 절감되고, 판매사가 견실하다는 안정감이 생긴다. 그들은 관심을 요구하지만 여러분의 편에 서 있다. 그 결과 점유된 시장은 연금(호황기에는 초석, 불황기에는 피난처)과 같은 특징을 나타낼 수 있다. 수익은 훨씬 더 예측하기 쉽고 영업비용은 훨씬 더 낮다.

이 모든 이유(완비제품 효과와 입소문 효과를 거두고 시장의 선도자로 인정받으려면)로 캐즘을 뛰어넘으려는 시기에는 한두 개의 작은 시장 부문에서 지배적인 입지를 확보하는 데 집중해야 한다. 만약 이 목표에 전념하지 않는다면 주류시장에 진입할 가능성은 현저히 줄어들 것이다.

마이크로소프트는 예외인가?

여기서 한 가지 인정해야 할 사실이 있다. 마이크로소프트는 내가 그토록 강조하는 틈새시장 전략을 따르지 않았다. 그들은 디데이 전략을 실행하지 않았다. 오히려 캐즘을 무시하는 소위 '이블 크니블(Evel Knievel)' 전략을 채택했다. 그러면 어떻게 그들은 그런 엄청난 성공을 거두었으며, 왜 다른 상식을 지닌 사람들은 그들의 모델을 따르지 않았던 것인가?

법조계에는 위대한 사례들이 악법을 만든다는 격언이 있다. 마이크로소프트의 역사는 워낙 독특하기 때문에 다른 기업들이 전략결정의 사례로 채택하기가 사실상 불가능하다. 이 회사의 세 가지 주요 기술인 윈도, NT, 인터넷 익스플로러는 애초에 IBM에서 도용한 PC 운영체제에서 확장된 것들이다.

그들의 도용은 신들에게서 불을 훔쳐 인간에게 건넸던 프로메테우스 같은 행동이었다. 그것은 부정한 악행이 아니라 훌륭한 업적이었다. 하지만 여기서 중요한 사실은 마이크로소프트가 처음부터 사실상의 표준인 상황에서 운영되었다는 것이다. 마이크로소프트는 IBM이 창출한 수요의 돌풍 속에서 탄생했고, 이후의 모든 시장개발 활동은 그 유산의 부유한 상속자로서 진행되었다.

그 지위를 바탕으로 마이크로소프트는 새로운 기술을 직접 개발하지 않고 흡수할 수 있었다. 달리 말해, 다른 기업들이 최초로 도입한 신기술을 재빨리 따라하면서 성공을 거두었던 것이다. 애플의 매킨토시에서 비롯된 윈도와 넷스케이프의 네비게이터를 차용했던 인터넷 익스플로러는 모두 명백히 이 경우에 해당된다. 마이크로소프트 오피스도 마찬가지인데, 대표적인 제품인 워드, 파워포인트, 엑셀은 모두 도스에서 윈도로 전환되는 기간에 기존의 판매사들(워드퍼펙트, 어도비, 로터스)을 추월했다.

나는 여기서 마이크로소프트의 부족한 혁신성을 폄하하려는 것이 아니다. 오히려 그들의 시장개발 전략을 칭찬하고자 한다. 1990년대 클라이언트/서버 분야의 모든 고객들을 보유한 기업으로서 마이크로소프트는 캐즘의 실용주의자 진영에 영구적인 요새를 구축했다. 그리고 도시로 진입하는 출입구를 통제했다. 마이크로소프트는 이방인들이 불연속적인 혁신을 앞세우고 나타나면 출입구를 봉쇄했고 자신들이 동일한 형태의 혁신을 이루면 출입구를 개방했다. 그것은 게이츠의 문이었고, 그 지배권은 막대한 수익을 창출했다. 그들은 모바일과 클라우드의 출현을 수용하면서 10년 넘게 지속된 혼란으로 그 지위에 타격을 받았다. 하지만 지금도 마이크로소프트는 기술업계에서 모두가 부러워하는 현금 흐름을 과시하고 있다.

그러나 이처럼 엄청난 성공에도 불구하고 마이크로소프트는 우리에게 바람직한 선례가 되지 않는다. 마이크로소프트는 태생적인 환경이 남달라 캐즘의 양쪽 면에서 동시에 활동할 수 있었던 반면, 다른 기업들은 대부분 아무 도움도 없이 캐즘을 뛰어넘어야 한다. 사실 그들은 종종 마이크로소프트의 방해를 이겨내야 하기도 한다. 주류시장에 진입하는 것은 일종의 침입, 난입, 기만, 잠입 같은 행위이다. 전 세계를 공략할 계획을 세우고 모든 전장을 일시에 공격하는 전략은 이미 세계 전역에 군대를 갖춘 아주 위협적인 시장의 선도자에게는 효과적일지 모르지만 신출내기 도전자들에게는 그저 턱없이 어리석은 객기일 뿐이다.

우리는 신중하게 표적을 선택하고 맹렬하게 공격한 후에 참호를 파고 들어가 버텨야 한다.

틈새시장을 넘어

이런 모든 내용을 숙지하면서 우리는 또한 틈새시장 이후의 수명도 있다는 것을 인정해야 한다. 틈새시장은 꾸준히 새로운 시장 부문을 개발하며 스스로 재생되고 확장되지만, 주류시장을 지배하려면 결국 틈새시장을 넘어서야 한다. 실제로 틈새시장을 넘어서야만 큰 수익을 거둘 수 있다. 이것은 분명히 캐즘 이후의 현상이지만 처음부터 계획된 활동이 수반되어야 한다. 앞서 디데이 전략의 목적은 노르망디 해안의 점령이지만 궁극적인 목표는 서유럽의 해방이었던 것처럼, 우리가 확립하려는 마케팅 전략도 당장의 전술적인 선택에 지침이 되는 장기적인 비전이다.

초기의 표적 틈새시장을 넘어서기 위한 핵심적인 요소는 '전략적인' 표적이 되는 시장 부문을 선택하는 것이다. 즉 다른 시장들과의 연계성을 통해 여러 인접한 시장 부문으로 진입점을 창출할 수 있는 시장 부문을 선정하는 것이다. 예를 들면, 1980년대에 매킨토시가 처음 캐즘을 뛰어넘었을 때 표적 틈새시장은 『포천』500대 기업의 그래픽 디자인 부서들이었다. 아주 큰 표적시장은 아니었지만, 중역들과 마케팅 전문가들에게 프레젠테이션을 제공하는 중대한 업무를 책임지는 시장이었다. 이 시장 부문이 비교적 작다는 사실은 호재로 작용했다. 애플은 이 시장을 신속하게 장악하여 IBM PC를 원하는 IT 부서의 기대와 달리 기업 내의 공식적인 표준으로서 독점체제를 확립할 수 있었기 때문이다.

하지만 더욱 중요한 사실은 이 틈새시장을 장악하면서 애플이 마케팅부에서 시작해 영업부로 진출하는 식으로 기업 내 인접한 부서들로 시장을 확장할 수 있었다는 것이다. 마케팅부 직원들은 직접 프레젠테이션을 준비하면 제품전시회까지 꾸준히 자료를 보강할 수 있다는 것을 깨달았고, 영업부 직원들은 매킨토시를 사용하면 굳이 마케팅 담당자들에게 의지할 필요가 없다는 것을 알게 되었다. 더불어 그래픽 디자인 영역에서 마련한 이 교두보가 그래픽 디자이너들(제작회사, 광고대행사, 출판업자)과 연계되는 외부시장으로 확장되었다. 그들은 모두 다양한 그래픽 자료를 교환하기 위해 매킨토시를 사용했고, 그 결과 '비표준' 플랫폼으로 표준화된 완벽한 생태계가 탄생했다.

디데이 상륙지점을 공략하기 위한 전략적인 틈새시장을 확보하는 방식은 다음 장에서 다룰 것이다. 하지만 그에 앞서 캐즘을 뛰어넘기 위해 고도로 집중된 방식을 성공적으로 실행했던 대표적인 기업들을 살펴보기로 하자.

캐즘 뛰어넘기에 성공한 사례들

다음의 논의에서 우리는 캐즘 뛰어넘기에 성공한 세 가지 사례를 살펴보고자 하는데, 각 사례는 엔터프라이즈 컴퓨팅을 구성하는 '스택'에서 차이가 있다. 첫 번째 사례는 1990년대 초반에 출시된 콘텐츠관리 데이터베이스인 다큐멘텀(Documentum)으로, 최종 사용자들이 보는 단계보다는 낮지만 서버와 네트워크를 통제하는 시스템 소프트웨어보다 단계가 높은 소프트웨어이다. 이것은 다음 두 사례와 대비될 것이다. 두 번째 사례인 세일즈포스닷컴은 초기의 주력제품이 최종 사용자 애플리케이션이고, 세 번째 사례인 VM웨어(VMware)는 초기의 주력제품이 이와 정반대로, 하드웨어와 운영체제 위에서 운영되는 시스템 소프트웨어이다.

왜 이것이 중요한가? 무엇보다 애플리케이션 계열의 소프트웨어 프로그램은 '본질적으로 수직적인데', 그런 프로그램은 최종 사용자들과 직접 연결되며, 또한 최종 사용자들은 지역, 산업, 직업에 따라 조직을 이루는 성향이 있기 때문이다. 따라서 그들은 캐즘을 뛰어넘는 데 필요한 핵심적인 교두보를 쉽게 채택할 수 있다. 수명주기의 후반에 솔루션이 보편화되면 대체로 수평적인 접근법이 더 생산적이지만, 이것은 애플리케이션으로 충족시키기 매우 어려운 과제이다.

반면 인프라는 정반대의 역학관계를 나타낸다. 인프라는 '본질적으로 수평적인데', 그것은 안정적이고 표준화된 인터페이스를 제공하는 것이 가치로 취급되는 기계들 및 다른 프로그램들과 직접 연결되기 때문이다. 인프라는 수직적인 마케팅에 적합하지 않다. 상품으로서 인프라는 한 틈새시장에서 다른 틈새시장으로 전환되는 과정에서 크게 변화하지 않기 때문이다.

하지만 불행히도 실용주의자 고객들은 좀처럼 신기술을 채택하지 않는다. 대체로 이런 혁신은 하나의 틈새시장에서 시작되는데, 그 틈새시장은 아주 시급한 문제들로 인해 대중보다 앞서가게 된다. 대중은 이런 우발적인 사건을 좋아한다. 당장의 위험부담 없이 그 기술이 얼마나 큰 성과를 거두는지 자유롭게 지켜볼 수 있기 때문이다. 만약 교두보 전략이 제대로 수행된다면 그 틈새시장은 그동안 해결할 수 없었던 문제에 대한 최첨단 솔루션을 얻으면서 성공을 거둘 것이다. 그리고 판매사도 성공을 거두게 되는데, 실용주의자들로 이루어진 시장 부문들 중 적어도 한 곳에서 주류시장 제품으로 인정받기 때문이다.

따라서 '제품 자체의 틈새시장 속성 때문이 아니라 기술수용의 역학관계 때문에' 불연속적인 인프라의 판매사들도 캐즘을 뛰어넘기 위해서는 어색하더라도 수직적인 시장 접근법을 채택해야 한다. 그들에게 좋은 소식이라면 나중에 대량판매 시장이 출현하고 수직적인 마케팅이 유행하면 그 기회를 훨씬 더 쉽게 활용할 수 있다는 것이다.

그러면 우리가 조사한 자료에서 모든 캐즘 뛰어넘기의 시조라고 여겨질 만한 사례부터 살펴보기로 한다. 이는 의식적으로 기술수용 주기 모델을 적용해 대성공을 거둔 최초의 사례로, 클라이언트 서버 아키텍처가 막 유행하기 시작하고 아무도 인터넷에 대해 이야기하지 않던 시절에 일어났다.

다큐멘텀: 캐즘을 뛰어넘은 문서관리 애플리케이션

1993년에 제프 밀러가 다큐멘텀의 경영권을 인수했을 때 회사는 제록스로부터 분리되면서 방대한 문서관리기술을 '무상으로' 승계했음에도 3년 연속으로 200만 달러대의 형편없는 매출을 거두고 있었다. 캐즘에 빠진 기업의 전형적인 실적이었다. 하지만 밀러가 경영을 시작한 이듬해부터 매년 800만 달러, 2,500만 달러, 4,500만 달러, 7,500만 달러로 매출이 증가했다. 캐즘 뛰어넘기에 완전히 성공한 것이다. 과연 밀러와 경영진은 어떻게 했던 것인가?

사실 그들은 이 책의 초판을 읽고 시장개발 청사진을 구상했다. 회사가 캐즘에 빠져 있다는 것과 캐즘을 벗어나기 위한 최우선 과제가 교두보로 삼을 시장 부문을 선택하는 것임을 알았던 그들은 고객체험에 대한 조사를 실시하고 아주 작은 틈새시장을 선정했다. 『포천』 500대 제약회사들의 인허가 부서였다.

전 세계에 그런 부서는 고작 40여 개에 불과했고, 가장 큰 규모의 부서마저 인원은 수십 명 남짓한 정도였다. 어떻게 한 기업이 '모든 대기업에서 복잡한 문서를 다루는 모든 직원들'에서 전 세계를 통틀어 약 1,000명 정도로 시장의 범위를 축소하는 것을 합리화할 수 있었을까?

답은 캐즘을 뛰어넘기 위한 표적을 선택하면서 그 분야에 연관된 사람들의 수가 아니라, 그 사람들이 유발하는 고통의 양에 초점을 맞추었다는 것이다. 제약산업에서 인허가 업무의 경우에 그 고통은 아주 극심한 수준이었다. 그 집단은 전 세계 100여개의 허가기관에 제출할 신약승인 신청서를 처리해야 한다. 그들의 업무는 특허가 승인될 때까지 시작되지 않는다. 특허는 17년 동안 효력이 유지되는데, 다큐멘텀이 시장에 진입했을 무렵에 특허를 받은 약품은 매년 평균 4억 달러에 수익을 창출했다. 하지만 약품의 특허권이 사라지면 경제적인 가치는 급격히 감소한다. 특허는 신청에 소요되는 기간만큼 승인을 얻는 기간도 늦어진다. 제약회사들은 첫 번째 신청을 접수하기까지 수개월을 소비한다. 특허의 승인이 아니라 특허의 접수에만 수개월이 소요되는 것이다!

신약신청서는 25만~50만 페이지에 달하는 엄청난 분량에 임상실험 연구결과, 관련된 연구문헌, 제조 데이터베이스, 특허

청 규정, 연구실 실험일지 같은 수많은 자료가 포함된다. 이 모든 자료는 원본의 상태로 유지되어야 하며, 추후에 변경되는 모든 정보는 원본에 근거해 공시되고 검색된다. 그야말로 끔찍한 과정이며 제약회사는 막대한 비용을 지출하게 된다. 기본적으로 매일 100만 달러가 소요되는 것이다!

매일 100만 달러가 지출되는 이 문제에 뛰어든 다큐멘텀은 강한 의지를 보이는 고객을 확보했다. 그 관계는 IT 조직에서 비롯되지 않았는데, 그들은 기존의 문서관리 인프라를 꾸준히 개선하면서 기존의 판매사들과 협업하는 데 만족했기 때문이다. 오히려 고위 경영진이 다큐멘텀을 통해 그 과정을 새로운 수단으로 재구성할 수 있는 기회를 발견하고 직원들을 통제하면서 그들에게 새로운 패러다임을 지원하도록 지시했다. 이것은 캐즘을 뛰어넘을 때 나타나는 일종의 표준 형태이다. 대체로 담당부서가 주도하고(그들이 문제를 발견한다) 경영진이 우선순위를 정하고 (그 문제가 회사 전체에 고통을 유발한다) 기술진이 마무리한다(그들은 기존의 효과를 유지하면서 새로운 효과를 거두어야 한다).

다큐멘텀이 이 문제를 해결할 수 있다는 것을 입증했던 해에 상위 40개 제약회사 중 30여 개 회사들이 그 솔루션을 수용했다. 그 결과 회사의 매출은 800만 달러에서 2,500만 달러로 증가했다. 하지만 그 이후의 수익은 틈새시장 마케팅의 볼링핀 효과에서 비롯되었다.

제약업계에서 다큐멘텀은 모든 문서관리 업무의 표준이 되었고, 인허가 담당자에서 연구자를 거쳐 제조현장까지 확산되었다. 마침내 현장에서 공장의 건설과 보수를 담당하는 도급업체들은 다큐멘텀을 사용해 공장의 모든 시스템과 공정에 관한 문서를 정리하고 관리하면서 다른 업계의 공장들에서도 동일한 수요가 있다는 것을 인식하게 되었고, 화학공장과 정유공장에도 이를 도입했다. 이 제품이 석유산업에서 하위부문으로 여겨지는 정유공장에서 성공을 거두자, IT 산업에서도 그것을 상위부문인 개발과 생산에서 발생하는 주요 문제를 해결할 수 있는 수단으로 생각하기에 이르렀다. 관건은 임대방식, 계약현황, 계약관계자들 등이 포함된 임대 가능한 자산의 관리였다. 여기에는 서로 연관된 사항들이 복잡하게 뒤얽혀 있어서 문서관리 시스템이 없었을 때에는 주로 구두계약에 의존하거나 서류철로 관리되었다. 다큐멘텀이 또 다른 엄청난 성공의 문턱을 넘어선 것이다. 이처럼 연이은 성공으로 월스트리트도 이를 주목하게 되었고, 다큐멘텀이 스왑거래와 파생상품의 효율적인 관리에 도움이 될 것이라고 판단했다. 결국 금융서비스가 회사의 최대 고객으로 판명되었다. 여기서 중요한 사실은 캐즘을 뛰어넘는 과정에서 그 분야는 적절한 표적이 아니었다는 것이다. 애초에 수요의 측면에서 금융업계는 제약업계보다 시급하지 않았기 때문이다.

이런 연쇄효과를 통해 다큐멘텀은 1억 달러 이상의 수익을 거두었다. 바로 틈새시장 마케팅의 활용이 극대화된 것이었다. 이 모든 결과에는 두 가지 핵심적인 요소가 존재한다. 첫째 요소는 헤드핀을 쓰러뜨리고 교두보를 확보하면서 캐즘을 뛰어넘는 것이다. 첫 번째 핀의 규모는 중요한 사항이 아니지만, 그 문제를 해결해 얻을 수 있는 경제적인 가치는 매우 중요하다. 그 문제가 심각할수록 표적 틈새시장은 여러분을 더 빨리 캐즘에서 벗어나도록 이끌 것이다. 일단 캐즘에서 빠져나오면 다른 틈새시장으로 확장할 수 있는 기회가 급격히 증대되는데, 이제 실용주의자 고객집단을 확보하고 있어 새로운 판매사가 등장해도 크게 위협이 되지 않기 때문이다.

두 번째 요소는 최초의 틈새시장 솔루션을 활용할 수 있는 다른 시장 부문들을 준비하는 것이다. 그러면 캐즘을 뛰어넘으면서 재정적인 수입을 재구성할 수 있다. 이것은 단지 첫 번째 틈새시장에서 거두는 수입에 국한되지 않고 향후 모든 틈새시장에서 거둘 수 있는 수입 전체를 아우른다. 수입의 산출을 좌우하는 것은 헤드핀에 대한 견적이 아닌 볼링레인에 대한 견적이다. 이것은 더 크고 견실한 시장기회들을 두고 자금유치를 위한 경쟁을 벌여야 하는 대기업 기업가들에게 특히 중요한 사항이다. 만약 이사회에서 확장된 시장을 발견하지 못하고 그저 첫 번째 틈새시장만을 본다면 자금을 유치하지 못할 것이다. 반대로 이사회에서 최종적인 대량판매 시장(수직적으로 운영되면서 급속도로 성장한 시장의 최종결과물)만을 보여준다면, 자금은 유치할 수 있겠지만 단기간에 확실한 수치를 창출하지 못한다면 가차 없이 해고를 당할 것이다. 볼링핀 모델은 더 큰 성공을 지향하면서도 지출속도를 유지하고, 목표로 삼은 시장개발에 전념하며, 당면한 시장에 집중할 수 있도록 한다.

세일즈포스닷컴: 캐즘을 뛰어넘은 서비스형 소프트웨어 기업

패키지형 엔터프라이즈 애플리케이션의 초기부터 소프트웨어는 항상 고객기업의 데이터센터에 하나의 제품으로 공급되었는데, 그곳에서 기업의 컴퓨터에 설치되고 저장 시스템과 네트워킹 시스템에 통합되었다. 이런 방식을 위해 고객기업은 자본장비와 전담직원들에 대한 운영예산에서 상당한 투자를 실행해야 한다. 더욱이 시스템통합에도 많은 투자가 요구되는데, 특히 소프트웨어 비용의 3~4배, 간혹 10배가 넘는 비용이 소요된다. 소프트웨어가 설치될 무렵이면 종종 업데이트 버전이 출시되기도 하지만, 추가설치에 따르는 고통이 너무 크기 때문에 고객들은 대체로 최신 버전을 거부하고 업그레이드를 포기했다. 분명히 더 나은 방식이 있어야 했다.

세일즈포스닷컴을 창립하면서 CEO 마크 베니오프는 '소프트웨어의 종말'을 초래할 더 나은 방식이 있다고 선언했다. 후일 'SaaS'라는 약칭으로도 불리게 되는 '서비스형 소프트웨어(software-as-a-service)'라는 명칭의 그 개념은 판매사의 데이터센터에서 운영하는 단 하나의 소프트웨어로 인터넷을 통해 다수의 고객들이 동시에 이용할 수 있는 서비스를 제공한다는 것이다. 각 고객의 데이터는 다른 고객들의 데이터와 별도로 관리되었고 모든 운영은 최고의 전문가들이 다루는 최신 기술을 통해 이루어졌다. 고객들은 데이터센터를 운영하거나, IT 전문가들을 고용하거나, 시스템통합을 실행할 필요가 없었다. 적어도 그것은 고객들의 입장이 아닌 애플리케이션 생태계의 차원에서 기존의 모델을 탈피한 불연속적인 혁신이었다.

혁신에 반발이 뒤따르지 않는 경우는 결코 적지 않다. 여기에도 실제로 반발이 있었다. 엔터프라이즈 생태계는 그런 시스템은 근본적으로 불안정하며 오직 바보만이 엔터프라이즈 데이터를 '클라우드'에 저장할 것이라고 주장했다. PC 생태계도 그런 애플리케이션은 본질적으로 네트워크에 의존하며, 그 말은 현장 PC서버에서 운영되는 패키지형 PC 애플리케이션에 비해 응답시간도 불안정하고 복잡성도 크다는 것을 의미한다고 주장했다. 회의적인 분석가들은 그 개념이 시대를 앞서갔다고 언급하면서 갑자기 사라질 또 다른 닷컴열풍 정도로 치부했다. 사람들은 대부분 세일즈포스가 캐즘을 뛰어넘는 것은 고사하고 캐즘에 도달하기나 할지 의심했다. 하지만 세일즈포스는 이 글을 쓰는 시점에 매출이 40억 달러에 육박하며, 그 규모에도 성장률이 25퍼센트를 상회하면서 역사상 가장 빠른 속도로 성장한 소프트웨어 회사가 되었다. 그들은 어떻게 이런 성과를 거두었던 것인가?

흥미롭게도 그들은 수직적인 시장을 추구하지 않았다. 오히려 그들은 다음과 같이 시장 세분화에 집중했다.

- 그들은 고객서비스와 마케팅이 아닌 오직 영업사원들과 그들의 관리자들만 표적으로 삼았다.
- 그들은 중급시장 기업들을 표적으로 삼았다. 대체로 시장의 선도자들과 경쟁하기 위한 시스템을 필요로 하지만, 그에 따른 IT 투자를 감당하지 못하는 규모의 기업들이었다.
- 그들은 오직 미국에만 집중했는데, 어느 정도 고객들과 긴밀한 관계를 유지하려는 목적도 있었지만, 미국이 항상 엔터프라이즈 소프트웨어를 조기에 수용하는 국가이기도 했기 때문이다.
- 그들은 기술을 이해하는 산업들에 집중했다. 처음에는 첨단기술 기업들부터 시작해 통신회사들, 제약회사들, 금융서비스 회사들로 확장했다.

그들이 해결할 문제는 고객을 만드는 것이었다. 기업의 중역들에게 판매되어 재무와 분석을 위한 수단으로 활용되었던 기존의 영업관리 패키지들과 달리 세일즈포스는 무엇보다도 영업사원들에게 도움을 주기 위해 개발되었다. 영업사원들과 관리자들에게 공급경로를 직접 파악할 수 있는 시야를 제공하고 정확히 어떤 단계에 도달했는지 보여주며 다음 단계에 진입하기 위한 조치를 제시하는 것이다. 갱신을 위해 상당한 노력을 기울여야 하지만 일상에서 거의 도움이 되지 않는 경쟁자들과 달리 세일즈포스는 매우 생산적인 수단이었다.

당연히 영업사원들이 좋아할 수밖에 없었다. 영업사원들 사이에 입소문이 퍼지면서 세일즈포스의 구매는 급속도로 증가했는데, 일부 CIO들이 새로운 패키지로 추천했기 때문이 아니라 영업팀들이 CIO의 지원이나 심지어 CIO의 승인 없이 직접 계약할 수 있었기 때문이다. 결국 서비스형 소프트웨어는 회원제 서비스로 판매되기 때문에 세일즈포스의 이익은 제품을 사용하는 고객들을 유지해야 창출되었다. 세일즈포스는 직접 제품을 관리했기 때문에 고객들의 현황을 파악하고 그에 따라 서비스를 집중할 수 있었다. 반면 패키지형 소프트웨어 판매사들은 기업 차원의 뷔페식 라이선스 계약을 판매했지만, 사실상 대다수는 사용되지 않았고 누구도 그에 대한 조치를 취하려고 하지 않았다. 그 결과 세일즈포스는 진출하는 곳마다 비교적 반발 없이 확장할 수 있었다.

여기서 중요한 교훈은 여러분이 교두보로 삼고자 하는 시장 부문이 다음과 같다는 것이다.

- 중요하다고 할 수 있을 만큼 크면서도
- 승리를 거둘 수 있을 만큼 작고
- 여러분이 쓰고 있는 왕관의 보석들과 잘 어울려야 한다.

이것이 바로 세일즈포스가 제공했던 요소들이다. 공략목표를 한 부서의 활동과 예산으로 한정함으로써 세일즈포스는 판매, 서비스, 마케팅을 아우르는 애플리케이션을 추구했을 경우보다 더 많은 영역에서 더 빠른 속도로 승리를 거둘 수 있었다. 여러 부분을 아우르는 애플리케이션은 더 많은 승인을 필요로 하며, 그에 따라 담당자들을 많이 힘들게 하거나 최소한 그들의 성장을 더디게 할 것이다. 세일즈포스가 진출한 산업들은 모두 미국에 기반을 두었고, '기술을 이해했으며', 영업사원들은 다른 직종들보다 이직이 잦기 때문에 많은 다양한 교류가 이루어지면서 수요가 급속도로 확산되었다.

현직에 있는 사람들이 세일즈포스를 차단할 수 있는 방법은 거의 없었다. 그들이 시도할 수 있는 방법은 고작 사내에 도입되지 않도록 막는 것뿐이었다. 이 방법은 한동안 효과가 있었지만 마침내 메릴린치가 견디지 못하고 1만 명의 직원들을 위해 세일즈포스를 도입하자, 다른 금융서비스 회사들도 전투에 가담하면서 공격은 극도로 치열해졌다. 물론 그 무렵에 캐즘은 이미 저 멀리 지나갔다.

VM웨어: 캐즘을 뛰어넘은 불연속적인 인프라

VM웨어는 컴퓨터를 '가상화'하는 소프트웨어를 생산한다. 이 말은 무슨 의미인가? 기본적으로 VM웨어의 소프트웨어는 두 개의 다른 프로그램이 각각의 환경을 완벽히 통제하면서 동시에 운영될 수 있도록 컴퓨터를 장악한다. 이 개념을 뒤집어 두 대 이상의 컴퓨터를 동시에 장악해 하나의 큰 컴퓨터처럼 보이게 만들 수도 있다. 어떤 방식이든 애플리케이션은 실제 컴퓨터가 아닌 당장의 목적을 위해 고안된 '가상의' 컴퓨터를 포착한다.

그래서 그것이 어떻다는 것인가? 물론 이것은 불연속적인 혁신에 대해 항상 제기되는 질문으로, 그 대답은 기술수용 주기에 따라 순서대로 제시된다. 여기에 VM웨어의 사례를 소개한다.

한 대의 PC에서 윈도와 리눅스의 운영체제를 동시에 사용하고자 하는 기술전문가들로부터 VM웨어는 채택되기 시작했다. 이것은 휘발유와 천연가스를 모두 사용할 수 있는 자동차를 타고자 하는 것과 마찬가지이다. 물론 기술전문가가 아니라면 그런 제품들에 관심을 가질 가능성은 매우 희박하다. 하지만 여러분이 컴퓨터 코드를 다루면서 큰 조직에서 일하고 있다면, 표준 업무용 애플리케이션(주로 윈도 체제에서 가동되는)과 현재 여러분이 개발 중인 기술용 애플리케이션(주로 리눅스 계열의 체제에서 가동되는)을 모두 가동할 수 있는 PC를 필요로 할 것이다. 이런 경우에 한 장비에서 모든 업무를 처리할 수 있다는 것은 상당한 장점이다. 따라서 VM웨어는 PC 애프터마켓을 겨냥한, 인터넷에서 다운로드가 가능한 첫 번째 제품을 99달러에 출시하며 곧 기술 마니아들 사이에서 견고한 입지를 구축하게 되었다.

이후 출시된 두 개의 애플리케이션은 이 개념을 다소 확장한 것으로 소프트웨어의 활용범위를 증대하여 기술전문가들에게 호응을 얻고 있다. 첫 번째 제품은 한 대의 PC 서버에서 두 개의 윈도 애플리케이션을 동시에 가동할 수 있었다. 이론상으로 이 작업에는 VM웨어가 필요하지 않았지만(마이크로소프트 윈도 자체에서 그 기능을 지원했다) 실제로는 상당한 문제가 있었기 때문에 사람들은 그런 작업을 실행하지 않았다. 그 결과 많은 PC 서버들이 하나의 애플리케이션을 가동하는 것에 치중했는데, 만약 두 번째나 세 번째 애플리케이션을 자주 사용하지 않는 경우에는 자칫 비용이 증가할 수 있었다. VM웨어는 두 개의 운영체제를 동시에 사용하도록 개발되었지만, 그 두 개가 사실상 같아도 상관없었다. 또한 두 개의 애플리케이션을 동시에 가동해도(윈도에서는 부조를 일으키는 작업) 사용에 전혀 지장이 없을 만큼 안정적이었다. VM웨어의 기술적인 완성도를 입증하는 또 다른 작은 성과였다.

이 상황에서 또 다른 조건이 파생되었는데, 바로 하나의 애플리케이션을 두 개 이상의 서버에서 가동하는 것이었다. 여기서는 애플리케이션의 사용량이 너무 많아지면 하나의 서버로는 용량이 부족해진다는 것이 문제였다. 일반적인 해결책은 더 큰 서버를 구매하는 것이었다. VM웨어는 두 번째 서버에서 여유 용량을 무료로 사용하는 해결책을 제시했다. 예산이 넉넉한 상황이라면 이 문제는 걱정하지 않아도 된다. 하지만 닷컴열풍이 끝난 후에 IT 부서들은 적은 예산으로 많은 실적을 거두어야 하는 부담에 시달리고 있었다. 따라서 이는 VM웨어가 거둔 또 다른 성과였다.

이 모든 성공은 아직 캐즘에 빠지기 전의 상황으로 기술적인 노하우를 활용해 정상범위를 벗어난 문제들을 해결한 개인들의 활약에 힘입은 것이었다. 캐즘을 뛰어넘으려면 현재의 솔루션에 대해 반복적으로 어려운 문제를 일으키는 용례가 필요하다. VM웨어의 경우에 캐즘을 뛰어넘기 위한 용례는 소프트웨어 개발주기의 실험단계에서 나타났다.

생각해보라. 여러분은 코드를 개발하고 있는데, 본인의 장비에서 오류를 시험할 수 있다. 하지만 어느 시점에 이르면 그것을 생산하고 싶을 것이며 그 전에 제품 부하를 실험하고 싶을 것이다. 여러분은 사실상 그것을 생산하지 못하기 때문에 컴퓨터들을 병렬로 연결한 임의의 세트를 구현해야 한다. 더욱이 이런 세트는 그리 오랜 기간 사용할 필요가 없는데, 이후에 프로그램을 제품에 설치하면 더 이상 테스트벤치가 필요하지 않기 때문이다. 이 방식의 가장 큰 문제는 매우 소모적이라는 것이다. 하드웨어를 수집하는 과정과 그 시스템을 여러분의 생산환경과 일치하도록 정확히 설정하는 과정에서 모두 상당한 비용이 소요되기 때문이다.

VM웨어는 그 해결책을 찾아냈다. 누구나 기존에 보유한 하드웨어를 재사용할 수 있을 뿐만 아니라, 특별한 실험환경도 '필요로 하지 않기 때문에' 즉시 프로그램을 재실행할 수 있었다. 이것은 하나의 하드웨어로 무한하게 생산용례에 대한 모의실험을 수행할 수 있다는 것을 의미했고, 실제로 어느 정도 원하는 대로 모의실험을 실행할 수 있었다. 그것은 모든 시스템 관리자들에게 엄청난 성과였고, 그런 용례를 통해 VM웨어는 캐즘을 뛰어넘을 수 있었다.

일단 캐즘을 뛰어넘자 이 첫 번째 제품에서 추가적인 용례들이 쏟아져 나왔고, VM웨어는 이 글을 쓰는 시점에 50억 달러 기업으로 성장할 수 있었다. 시스템 관리자들의 요구가 해결되자 초점은 IT 운영관리자들에게 집중되었다. 이미 입소문은 퍼져 나갔다. 우리는 적은 비용으로 많은 성과를 거두어야 하는데, 어떻게 하드웨어에 대한 비용을 절감할 수 있을까? 그 해답은 PC를 '가상화'하는 것이었다. 활용되지 않은 용량이 엄청났다. 무려 90퍼센트에 달할 정도였다! 마치 누군가 트럭을 세우고 공짜 PC들을 내려놓기 시작하는 것이나 마찬가지였다. 과연 누가 VM웨어가 이 시기에 잡초처럼 자라날 것이라고 생각했겠는가?

이후에 용례들이 신뢰성("이메일 서버가 더 이상 정지되는 일이 없을 것 같아!")을 갖추면서 운영담당 부사장을 더욱 행복하게 했고, 신속성을 더하면서("이 클라우드 기능은 정말 대단한걸!") 정보관리 책임자의 얼굴에 미소를 짓게 만들었다. 가상화는 보편적인 컴퓨팅 전략, 모든 애플리케이션에 걸쳐 서버를 배치하는 기본적인 원칙이 되었다. 물론 이것은 캐즘을 뛰어넘은 이후의 상황이지만 처음부터 가졌던 꿈이었다는 것을 숙지하라. 여기서 중요한 교훈은 비록 그 꿈이 원대하고 모든 운영담당 부회장들과 CIO들과 연관될지라도 캐즘을 뛰어넘기 위한 도전의 진정한 영웅은 바로 소프트웨어의 생산환경에 대한 모의실험을 수행하는 틈새시장 문제를 지닌 시스템 관리자들이라는 점이다.

아이디어에서 실행까지

앞선 세 가지 사례들은 캐즘을 뛰어넘기 위한 아이디어에 대해 설명한다. 이제 그 실행에 대해 다루어야 할 시간이다. 다음 네 개의 장에서 우리는 그 작업을 네 단계로 구분해 살펴볼 것이다. 첫째, 우리는 공략지점, 도착지점, 교두보, 헤드핀을 선택하는 방법에 대해 살펴볼 것이다. 둘째, 어떤 유형의 제품으로 최초의 표적시장을 확보할 수 있을지, 한정된 자원을 지닌 신생기업으로서 우리가 그 제품을 어떻게 출시할 수 있을지 살펴볼 것이다. 셋째, 전체적인 상황을 살펴보면서 우리를 해안에서 밀어내 다시 캐즘으로 빠뜨리려는 힘을 파악하고, 우리가 성공을 거두기 위해 어떻게 위치를 선정할 수 있을지 살펴볼 것이다. 마지막으로 우리는 이 취약한 시기에 시장에 접근하기 위한 올바른 방식을 채택하기 위해 가격책정과 유통경로 같은 영업시스템을 살펴볼 것이다.

이 네 단계를 거치면서 유지해야 할 가장 중요한 태도는 기업의 역사에서 캐즘을 뛰어넘는 시기는 오직 한 번뿐이라는 사실을 명심하는 것이다. 그 시기는 선각자들에 대한 판매가 성공의 핵심이었던 과거와도 다르고, 틈새시장의 지속이든 대량판매 시장으로의 확장이든 둘 중 하나에 집중하게 될 미래와도 다르다. 이 두 단계 사이에 기술수용 주기의 다른 어떤 시기에도 사용되지 않는 특별한 기술이 요구되는 매우 중요한 전환시점이 존재한다. 바로 주류시장 침투이다.

4장

공략지점을 겨냥하라

전설적인 야구선수 요기 베라는 캐즘 뛰어넘기와 연관해 생각해
볼 수 있는 명언을 남겼다.

"지금 어디로 가고 있는지 모른다면 결코 그곳에 도착하지 못할 것
이다."

캐즘을 뛰어넘기 위한 기본 원칙은 공략지점으로서 구체적인
틈새시장을 겨냥하고 그 시장 부문에서 모든 자원을 집중해 최
대한 빨리 압도적인 선도자의 위치에 도달하는 것이다. 어떤 의
미에서 이것은 확실한 시장진입의 문제라고 할 수 있는데, 그에

대한 올바른 접근법은 잘 알려져 있다. 먼저 잠재고객들을 시장 부문으로 분류하라. 그다음 각 시장 부문이 지닌 매력을 평가하라. 목표대상이 점차 추려지고 '최종후보들'만 남으면 틈새시장의 규모, 유통경로의 확보가능성, 경쟁자들의 대응 같은 요소들을 평가하라. 그러고 나서 그중 하나를 선택해 전력으로 추진하라. 무엇이 가장 어려운가?

그 질문에 대해 경험에 근거한 대답을 하자면, 그 일을 잘해내는 사람은 없는 듯하다는 것이다. 실제로 캐즘 그룹을 찾아오는 사람들 중 시장 세분화 전략을 제시하는 사람은 거의 없으며, 아주 드물게 그런 전략을 제시하는 사람들도 대체로 확신을 갖지는 못한다. 그들은 영민한 사람들이며 그들 중 다수는 비즈니스 스쿨에서 공부했다. 그들은 시장 세분화에 대해 잘 알고 있기 때문에 그들의 전략이 고전하는 것은 학식이나 지식이 부족한 탓은 아니다. 오히려 그들은 데이터는 적고 위험부담이 큰 결정을 내려야 하는 난처한 상황에 자신감을 잃고 망설이는 것이다.

데이터는 적고 위험부담이 큰 결정

생각해보라. 우리는 이미 캐즘을 뛰어넘는 일이 위험부담이 큰 도전이라는 것을 알고 있다. 그것은 검증되지 않은 침투부대로 철저한 대비를 갖춘 적진에 돌진하는 것이나 다름없기 때문이다. 우리는 성공을 거두든지, 기업 자산의 많은 부분, 혹은 전부를 잃을 것이다. 이런 유형의 결정은 매우 중요하며 잘못된 결정에는 가혹한 형벌이 뒤따른다.

이제 그 사실을 염두에 두고 '유용하고 확실한 정보도 없이' 회사의 창립 이래로 가장 중요한 마케팅 결정을 내려야 하는 상황에 대해 생각해보라. 우리는 아직 진출하지 못한 표적시장 부문을 선택하는 것이기 때문에 당연히 그 분야에 대한 경험도 부족할 것이다. 더욱이 그 시장에서 불연속적인 혁신을 시도할 것이기 때문에 장차 일어날 상황을 경험에 근거해 예측한다는 것은 불가능하다. 따라서 우리가 진입할 시장도 우리의 제품을 접해보지 못했을 것이다. 앞서 우리의 제품을 체험했던 사람들(선각자들)은 심리통계적인 성향에서 새로운 표적고객들(실용주의자들)과 너무 큰 차이가 나기 때문에 매우 신중하게 결과를 추론해야 한다. 다시 말해, 우리는 데이터는 적고 위험부담은 큰 상황에 처해 있다.

만약 시장 세분화에 대한 기존의 사례연구를 참고한다면, 아마도 그것이 '기존의 시장'에서 조사된 시장점유율 문제에 근거한 작업이라는 사실을 알게 될 것이다. 달리 말해, 상당한 양의 데이터가 축적된 상황에서 연구가 이루어졌다는 것이다. 시장점유율 데이터를 조사할 수 없거나 표적으로 삼은 유형의 고객들과 면접조차 수행할 수 없을 경우에 참고할 만한 사례는 없다. 요컨대 자신이 직접 실행하는 수밖에 없다.

이 단계에서 저지를 수 있는 최악의 실수는 수치상의 정보를 핑계나 위안의 수단으로 활용하는 것이다. 우리는 그런 통계자료가 쓸모없는 허구라는 것을 알고 있지만, 수치상의 마케팅 데이터가 없으면 새로운 기만의 수단을 개발해야 하는 상황에 놓이게 된다. 그런 것들은 소시지와 유사하다. 제조과정을 알고 나면 먹고 싶은 마음이 사라지기 때문이다. 특히 신기술이나 신제품으로 장래가 촉망된다고 언론에 소개되는 유명 기업들이 발표하는 시장규모 예측조차 필연적으로 여러 가지 가정에 근거하고 있다. 그런 가정은 저마다 결과의 산출에 상당한 영향을 미치며 특정한 시장분석가의 주관적인 경험과 임의적인 판단이 투영된다. 모든 가정은 보고서로 잘 정리되지만 정작 인용하는 사람들은 그 내용을 간과하곤 한다. 그러나 일단 수치가 언론에 소개되면 상황이 복잡해진다. 그 수치가 사실이 되기 때문이다. 이것이 사실이 되는 이유는 새로운 수치가 등장하면 이내 이런 식으로 '확립된' 다른 수치들에 근거해 타당성을 구축하기 때문이다.

이 모든 것들은 사상누각이나 다름없다. 물론 그런 수치들이 전혀 쓸모없는 것만은 아닌데, 특히 재무관리자들이 거시적인 차원에서 첨단기술 시장을 다루어야 할 경우에는 요긴하다. 하지만 캐즘을 뛰어넘기 위한 마케팅 전략에 그런 수치를 활용하는 것은 지극히 어리석은 행동이다. 그것은 샌프란시스코 공항에서 페리 플라자까지 가는 길을 찾기 위해 세계지도를 펼치는 것이나 마찬가지다.

그럼에도 그런 시도를 하는 사람들이 드물지 않다. 통계수치가 차트나 그래프에 표시되고 허울 좋은 권위까지 더해지면 그것은 위험부담이 크고 정보가 적은 상황에서 견인차로 부상한다. 사람들이 데이터를 찾기 위해 혈안이 되기 때문이다. 결국 그들은 이렇게 말한다. "2016년에 시장규모가 10억 달러에 이를 거야. 우리가 그 시장의 5퍼센트만 차지한다면……." 이런 말을 들으면 지갑을 단단히 쥐고 조용히 그 자리를 떠나라.

캐즘 그룹을 찾아오는 대부분의 사람들은 이보다 더 많은 것들을 알고 있다. 그들은 통계수치에서 필요한 대답을 얻지 못한다는 것을 인지하고 있다. 그렇다고 해서 정보가 적고 위험부담이 큰 결정을 내려야 하는 상황이 조금이라도 수월해지는 것은 아니다. 결국 그들도 당황한다. 그들을 안정시키고 활동하도록 돕는 것이 바로 우리의 역할이다.

이런 상황에 적절히 대응할 수 있는 유일한 방법은 데이터의 부족을 하나의 조건으로 인정하는 것이다. 물론 중요한 데이터를 직접 수집해 이 어려운 상황을 타개할 수도 있다. 하지만 정보가 적은 상황에서 정보가 많은 상황으로 빠르게 전환되기란 쉽지 않다. 신속한 행동이 필요하다는 것을 감안하면 다른 관점에서 접근해야 한다. 이런 상황에서는 '분석적인 추리'보다 '정보에 근거한 직관'이 가장 믿을 만한 의사결정 수단이라는 것을 이해해야 한다.

정보에 근거한 직관

우리의 문화는 비언어적인 과정에 의지하는 방식에 대해 불안해하지만 이따금 좌뇌의 전술보다 우뇌의 전술을 활용하는 것이 더 효과적인 상황들이 존재한다. 위대한 운동선수들이나 예술가들, 뛰어난 지도자들, 혹은 탁월한 의사결정권자들에게 물어보라. 그들은 모두 비슷한 과정을 이야기한다. 중요한 결정을 준비하고 검토하는 동안에 분석적이고 논리적인 수단이 광범위하게 사용된다는 것이다. 하지만 실제 결정하는 그 순간은 직관적으로 이루어진다. 여기서 문제는 우리가 캐즘을 뛰어넘기 위해 어떻게 이런 증거를 합리적이고 예측 가능한 방식으로 활용할 수 있느냐는 것이다.

가장 중요한 사항은 직관, 특히 '정보에 근거한 직관'이 작용하는 방식을 이해하는 것이다. 수치상의 분석과 달리 직관은 일정한 신뢰도를 확보하기 위해 통계적으로 중요한 데이터 표본을 처리하는 방식에 의존하지 않는다. 그보다는 광범위하고 복잡한 실체의 원형이 되는 소수의 확실한 이미지들(데이터의 단편들)을 분리해 얻는 추론을 필요로 한다. 그런 이미지들은 우리의 머릿속에 내재된 수많은 자료들 중에서 튀어나온다. 그것들은 기억할 수 있는 이미지들이다. 따라서 이미지를 다루는 첫 번째 규칙은 기억할 수 없는 이미지는 가치가 없기 때문에 활용하려고 하지 말아야 한다는 것이다. 오직 기억할 수 있는 이미지들만 활용해야 한다.

햄릿이나 히스클리프, 덤블도어, 볼드모트 같은 기억에 남는 인물들이 튀어나와 인간성의 중요한 부분을 나타내는 상징이 되는 문학과 마찬가지로 마케팅에서도 모든 표적고객들은 X세대, Y세대, 고스족(기성세대에 저항하며 사회도피적인 성향을 지닌 젊은이들_옮긴이), 비버족(팝스타 저스틴 비버를 따라하는 10대들_옮긴이), 딩크족(자녀를 두지 않는 맞벌이 부부들), 헨리족(소득은 높지만 부자라고 할 수 없는 사람들) 같은 집단으로 가정될 수 있다. 그것들은 모두 한 개인의 정보에 근거한 체험의 총체와 '어우러지는' 훨씬 더 큰 후보 이미지들 중에서 선별된 이미지들(더 큰 실체를 나타나는 대용물)에 불과하다. 요컨대 각각의 이미지는 '설정된 모델'인 것이다.

이처럼 설정된 모델들을 '특성화된 이미지'라고 지칭하자. 그것들은 특징적인 시장행위를 나타내기 때문이다. 예를 들면 비버족은 쇼핑몰에서 물건을 구매하고, 대중가수를 흉내내며, 또래집단의 인정을 받으려고 하고, 부모의 간섭에 반발할 것이라고 예상할 수 있다. 이 모든 특성을 알고 있다면 특정한 마케팅 방식을 활용해 다른 방식들보다 더 효과적으로 그들의 구매를 유도할 수 있다. 우리가 구분하는 선각자들, 실용주의자들, 보수주의자들도 상당히 추상적이기는 하지만, 저마다 고유한 이미지를 나타낸다. 이런 명칭들도 저마다 불연속적인 혁신의 수용과 관련된 특징적인 시장행위를 나타내며 그것을 통해 우리는 마케팅 방식의 성공과 실패를 예측할 수 있다. 하지만 그 이미지들이 너무 추상적인 것은 문제가 된다. 보다 구체적이고 표적시장에 특화되어야 한다. 그것이 바로 '표적고객 특성화(target customer characterization)'의 역할이다.

표적고객 특성화: 시나리오의 활용

먼저 여기서 우리가 초점을 두는 사항이 표적시장 특성화가 아니라는 사실을 기억하라. 캐즘을 뛰어넘기 위한 대부분의 마케팅 세분화 작업에 문제가 일어나는 시기는 초기단계인데, 그 이유는 '표적고객'이 아닌 표적시장이나 표적부문에 초점을 맞추기 때문이다.

범주로서 정의되는 시장은 스마트폰 시장, 기가바이트 라우터 시장, 사무자동화 시장 등과 같이 인간적인 개념이 아닌 추상적인 개념이다. 시장의 명칭이나 시장에 대한 설명은 기억할 수 있는 이미지를 유발하지 못한다. 그것들은 개인의 직관력을 활성화시키지 못한다. 사실 용어의 관점에서도 결코 '시장'이 아니다. 그것들은 고객계층이 아닌 경쟁업체들의 집단을 지칭한다.

우리는 복잡한 동기를 지닌 실제 사람들에게 적용할 방법에 대해 더 많은 단서를 제공하는 것을 분석해야 한다. 하지만 실제 고객들은 아직 확보하지 못했거나 혹은 확보했어도 소수이기 때문에 가상의 고객들을 만들어야 할 것이다. 일단 그들의 이미지를 구상했다면 그것을 통해 그들의 요구에 대응하는 접근법을 개발할 수 있다.

표적고객 특성화는 이런 이미지를 구성하는 과정으로, 개인들이 생각하는 이미지를 도출해 시장개발을 위한 의사결정을 내리는 집단에게 제시한다. 그 방법은 고객의 유형과 제품의 용도에 따라 특성화된 이미지를 최대한 많이 도출하는 것이다. 이런 이미지들이 축적되기 시작하면 점차 서로 비슷해지기 시작해 그 수가 20~50개 정도 되면 거의 차이가 없이 똑같은 형태가 중복되기 때문에 실제로도 명확히 구분되는 이미지는 8~10개 정도 도출된다. 잠재적인 표적고객에 대한 기본적인 분석자료가 마련되면 우리는 여러 기술을 적용해 이런 '데이터'로 표적시장 부문 기회에서 우선순위를 추려낼 수 있다. 여기서 '데이터'라는 단어를 강조하는 이유는 우리는 여전히 정보가 부족한 상황이기 때문이다. 그저 조금 더 나은 '자료'를 지닌 것일 뿐이다.

3D 프린터: 실증적인 사례

3D 프린터에 대한 마케팅 방법에 관해 생각해보자. 이 글을 쓰는 시점에 3D 프린터는 언론의 엄청난 주목을 받고 있으며, 확실히 초기시장이 형성되어 있다. 3D 프린터의 원리는 여러분이 원하는 물체의 3D CAD 파일을 입력하면 기계가 고분자 화합물을 주입해 가공하거나 고분화 화합물을 적층시켜 모형을 제작하는 것이다. 장난감부터 보석, 장식품, 의료용 보형물, 산업용 주형에 이르기까지 온갖 유형의 인공물들이 시제품으로 제작되었는데, 결과물의 다양성과 정밀도는 깜짝 놀랄 만한 수준이다.

향후 수년 안에 3D 프린터가 기술 마니아들("이봐요, 내가 어제 만든 이 멋진 샌들 좀 보고 싶지 않아요?")과 선각자들("3D 프린터가 있으면 우리는 안경테 제조방식을 바꿀 수 있어요. 제조한 후에 공급하는 방식이 아니라 공급한 후에 제조할 수 있는 거죠! 재고를 절감하고 대량맞춤화를 실현할 기회라고 생각해보세요!")의 초기시장에서 성공을 거듭할 것이라고 가정하자. 치과교정업계의 차세대 선도자인 인비절라인은 의료기기의 제작을 위해 이 장비를 표준화하면서 업계에 혁명을 일으키고 있다. OEM 방식의 제조업체들은 대량생산에 앞서 시제품을 점검하는 과정을 빠르게 진행하기 위해 3D 프린터를 활용하고 있다. 영화배우 톰 크루즈의 차기 출연작에도 3D 프린터가 등장하는데, 전통적인 탐지장비에서 감지되지 않는 플라스틱 총을 제작하는 데 사용된다. 이제 주류시장에 진출해 전통적인 제조품들의 시장점유율을 차지해야 할 시기이다. 그러면 어디부터 시작할 것인가?

이것은 '시장은 많고 시간은 없는' 전형적인 사례에 해당되는데, 표적고객 시나리오를 구성하기에 가장 적합한 상황이다. 시나리오의 기본적인 형식은 다음 페이지에서 설명할 것이다. 완성된 시나리오는 한 페이지 분량으로 제한된다. 표본 시나리오는 소규모의 치밀한 전술적인 연습으로, 마케팅 전략이 수립되는 전반적인 과정에 있어서 중요한 의미를 지닌다. 따라서 이 사례를 다루면서 우리는 그 의미를 더 폭넓게 살펴볼 것이다.

표본 시나리오

1. 기본 정보

문서의 맨 위쪽에 최종 사용자, 기술적인 구매자, 경제적인 구매자에 대한 정보를 기록하라. 기업시장에서 핵심적인 정보는 산업, 지역, 부서, 직위이다. 소비자시장에서 핵심적인 정보는 연령, 성별, 경제적인 지위, 사회집단 같은 인구통계학적 사항이다.

이 표본 시나리오에서 우리는 새로운 가정용 설비를 출시하려는 조명기구 제조업체에 초점을 맞출 것이다. 업체의 계획은 도매업자들을 통해 비교적 부유한 고객들의 중개인 역할을 하는 인테리어 시공업체들과 설계업체들에게 제품을 판매하는 것이다. 이런 상황에서 핵심적인 기본 정보는 다음과 같다.

- 경제적인 구매자: 조명설비의 가격을 지불하는 고객.
- 최종 사용자: 고객의 선택을 유도할 인테리어 설계업체.
- 기술적인 구매자: 조명설비를 설치할 시설관리업체나 건축시공업체.

주의: 일반 소비자 시나리오에서 사용자, 기술적인 구매자, 경제적인 구매자의 세 가지 역할은 한두 가지로 통합되는 경향이 있다. 만약 사용자가 어린이라면, 경제적인 구매자는 부모이지만 기술적인 구매자는 예측할 수 없다(우리 집의 경우는 자녀이다). 만약 사용자가 성인이라면, 경제적인 구매자는 간혹 배우자인 경우도 있지만 기술적인 구매자는 사용자인 경우가 많다. 하지만 한 가지 주의해야 할 사항이 있다. 소비자시장에서 캐즘을 뛰어넘기란 매우 어렵다는 것이다. 캐즘 뛰어넘기에 성공한 사례들은 거의 기업시장에 국한되는데, 기업시장에서는 미숙한 제

품과 서비스의 문제를 경제적, 기술적 자원으로 보완할 수 있기 때문이다. 반면 소비자시장은 이미 기술이 수용되고 혁신이 새로운 사업모델에서 비롯된다면, 아예 캐즘이 발생하지 않을 수 있다(이 역학관계를 설명하는 대체시장 개발모델은 부록 2의 '4단 기어'를 참고하라).

다시 B2B2C 가치사슬을 설명하는 우리의 시나리오로 돌아오자. 공급업자와 설계업자 모두가 제조업체와 소비자 간의 중개인이 되는 환경에서 기본 정보에 내재된 의도는 마케팅팀과 R&D팀을 제품이 구매되고 사용되는 방식에 대한 특정한 사례에 집중하도록 하는 것이다. 이것은 '용례'라고 지칭된다. 이 부분에 과도하게 집중한다고 걱정하지 마라. 사실 구체적일수록 더 바람직하다. 골치 아픈 문제들은 항상 세부적인 사항들에 숨어 있다. 이 시나리오들은 그런 골치 아픈 문제들을 파악하기 위한 것이다.

2. 신제품 출시 전의 상황

여기서는 사용자가 곤경에 처하면서 경제적인 구매자가 매우 중요해지는 상황을 설명하고자 한다. 여러분이 이해해야 할 다섯 가지 요소는 다음과 같다.

• 상황: 불만의 순간에 집중하라. 무슨 일이 일어나고 있는가?

사용자는 무엇을 시도하려고 하는가?

- 기대치: 사용자는 무엇을 이루고자 하는가? 왜 그것이 중요한가?

- 시도한 방법: 신제품 없이 사용자가 어떻게 그 작업을 수행하는가?

- 방해 요소: 무엇이 문제인가? 어떻게, 왜 문제가 발생하는가?

- 경제적인 결과: 사용자가 그 작업을 효과적으로 수행하지 못하면 어떤 결과가 일어나는가?

조명설비 사례를 활용하여 우리는 다음과 같은 시나리오를 만들 수 있다.

- 상황: 데이비드 T는 인테리어 설계업자로 리모델링한 거실과 주방에 '완벽한' 설비를 원하는, 부유하지만 몹시 까다로운 여성을 고객으로 두고 있다. 그도 그런 작업에 매우 높은 기준을 적용하기 때문에 두 사람은 아주 특별한 제품을 찾기로 결정했다.

- 기대치: 그 두 곳에 디자인 테마를 강조하는 조명설비를 찾아서 구입한다. 목표는 몇 가지 다른 설비로 하나의 테마에 변화를 주면서 단순한 선과 오묘한 색이 어우러지는 형태를 조합

하는 것이다. 그러려면 한 명의 설계자가 일반적인 재료를 활용해 다양한 크기와 비율로 구성된 디자인을 고안해야 할 것이다.

• 시도한 방법: 데이비드는 며칠 동안 디자인 업체들을 돌아다니며 많은 이미지와 카탈로그를 수집했다. 그는 자료를 고객과 함께 검토하면서 고객이 원하는 사항을 어느 정도 감지했지만 안타깝게도 확실히 파악하지는 못했다. 몇 차례 거의 선택 직전까지 간 적도 있었지만, 전시된 모습을 보고 마음을 바꾸었다.

• 방해 요소: 이 방식의 문제는 데이비드와 고객이 모두 조명설비에 대해 '공동설계'를 하고자 하기 때문에 집 안의 다른 디자인 테마들과 완벽히 조화를 이루어야 한다는 것이다. 불행히도 설비는 이미 디자인된 상태로 출시되고, 이 업계의 관행은 출시된 제품들 중에서 선택하는 방식이다. 더욱이 완벽한 조합을 예시하기 위해 많은 제품을 전시해야 하기 때문에 엄청난 비용이 소요되는데, 이것은 카탈로그의 많은 제품들을 실물도 못 본 채로 구입해야 한다는 의미이다(만약 제품에 불만이 있으면 반품된다). 물론 이런 상황은 유통판매 모델의 고질적인 문제이다.

- 경제적인 결과: 데이비드의 고객은 행복하지 않다. 따라서 데이비드도 행복하지 않다. 그들은 무난하지만 '완벽하지' 않은 조건에서 절충해야 할 듯하며, 그로 인해 데이비드의 근본적인 브랜드 약속이 어긋나고 그의 수행능력에 대한 고객의 신뢰도가 저하된다. 더욱이 이 계약을 맡은 도매업자도 데이비드에게 기대하는 고객충성도를 얻지 못하는데, 그도 이 절충 과정의 일부분을 차지하기 때문이다.

3. 신제품 출시 후의 상황

이제 동일한 상황과 동일한 기대치로 신기술이 적용된 시나리오를 구성해보자. 여기서는 세 가지 요소만 이해하면 된다.

- 새로운 방식: 신제품으로 최종 사용자는 어떻게 작업을 수행하는가?
- 촉진 요소: 새로운 방식의 어떤 부분에서 사용자가 곤경을 벗어나 효과를 거둘 수 있는가?
- 경제적인 보상: 어떤 비용이 절감되며, 어떤 이익이 얻어지는가?

조명설비 사례로 우리는 다음과 같은 시나리오를 만들 수 있다.

- 새로운 방식: 데이비드와 고객은 거의 일주일 내내 인터넷에서 카탈로그들과 이미지들을 검토하고 마침내 디자인을 결정한다. 그것은 고객의 요구에 따라 데이비드가 스케치한 몇몇 실제 제품들을 다소 변경한 것이다. 그들은 이 디자인을 3D 프린터를 사용하는 조명설비 도매업체에 가져간다. 도매업체는 데이비드의 설계도를 스캔해서 CAD 파일로 전환할 수 있는 프리랜서 디자이너와 작업한다. 동시에 데이비드와 함께 제작할 설비의 적절한 재료와 마감재를 선택한다. 이제 3D 프린터에 CAD 파일을 입력하고 프린팅 재료를 주입하면 완성된 설비가 출력된다. 만약 고객이 출력된 설비를 다소 변경하고자 한다면 파일을 수정하고 다시 출력하면 된다. 더욱이 파일의 변수를 조정하면 동일한 디자인의 설비를 다른 비율로 제작할 수 있다.

- 촉진 요소: 3D 프린터는 주문자의 요구에 따른 제작이 가능하다. 이 방식은 비용을 절감할 뿐만 아니라 이미 생산된 제품들 중에서 선택해야 하는 불편도 제거한다. 3D 프린터가 매우 유연한 방식인 이유는 두 가지 입력물(CAD 파일과 프린팅 재료)이 모두 수정과 변경이 용이해 다양한 설계조건을 충족시킬 수 있기 때문이다. 일반 PC에서 가동되는 CAD 소프트웨어는 이제 자유로이 설계를 변경할 수 있을 만큼 성능이 우수하고,

PC와 가격대가 비슷한 3D 프린터는 제작물을 몇 시간 내에 출력할 수 있을 만큼 처리속도가 빠르다.

• 경제적인 보상: 데이비드의 고객은 결과물에 더없이 만족한다. 고객은 추가제작 비용뿐만 아니라 설계컨설팅 비용까지 흔쾌히 지불한다. 심지어 집 안의 나머지 조명설비들도 다시 설치할 것을 고려한다. 도매업체는 시범사례의 결과에 흡족해한다. 무엇보다 소량의 판매를 위해 대량의 제품을 구비할 필요가 없다는 점이 만족스러울 것이다. 한편 조명설비 제조업체들은 재앙의 징후를 지켜보면서 3D 프린팅에 적합한 디자인들을 발표하기 시작한다. 가격은 낮아지겠지만 이윤이 훨씬 높아지기 때문에 제조업체들은 결국 과거보다 적은 자본으로 더 많은 수익을 거두리라 기대할 것이다. 디자인은 단지 소프트웨어에 불과하기 때문에 인터넷에서 아주 쉽게 가상으로 전시할 수 있어 굳이 비싼 전시장에 인력을 배치할 필요가 없다.

시나리오 선별: 시장개발 전략 점검목록

표적고객 특성화는 캐즘을 뛰어넘기 위한 시장 세분화 전략의 핵심이다. 이 방법은 '데이터'를 제공한다. 상당한 양의 이런 시나리오 목록을 보유한 3D 프린팅 기업의 현장지식이 풍부한 직원 10명 정도와 하루를 보냈다고 가정해보자. 그 목록을 통해 우리는 모든 기존 고객들과 잠재고객들뿐만 아니라 과거에 알았을지도 모르는 다른 잠재고객들의 실제 용례들을 이해할 수 있을 것이다.

이것은 정식 세분화 조사가 아니다. 이를 수행하는 데에는 너무 오랜 시간이 소요되며 그 결과 또한 너무 형식적이다. 그보다는 우리 문화의 사업지식이 담긴 일화들을 축적하는 것이다. 대부분의 일화들과 마찬가지로 이 시나리오들은 허구와 거짓, 편견 등을 포함할 것이다. 그럼에도 이는 세분화 과정의 이 단계에서 사용하기에 가장 유용하고 정확한 형태의 데이터이다. 예를 들어, SIC 코드와 비교하면 그것들은 정확성과 사실성의 표본이나 다름없다. 하지만 여전히 매우 조악하기 때문에 정제소를 거쳐야 한다. 바로 '시장개발 전략 목록'이다.

이 목록은 시장침투 계획의 수립과 연관되는 사항들로 구성되며, 각 사항은 다음과 같은 캐즘을 뛰어넘기 위한 요소를 포함한다.

- 표적고객
- 구매를 자극하는 이유
- 완비제품

- 제휴사 및 협력사들
- 유통
- 가격책정
- 경쟁
- 포지셔닝
- 다음 표적고객

시나리오의 선별은 각 시나리오를 이 요소들에 대해 평가하는 과정으로 이루어진다. 그 과정은 사실상 두 단계로 진행된다. 첫 번째 단계에서 모든 시나리오들은 네 가지 '탈락' 요소에 대해 평가된다. 그중 한 가지 요소라도 낮은 점수를 받으면 그 시나리오는 이후에 교두보 부문의 고려대상에서 제외된다. 다시 말해, 그 틈새시장은 캐즘을 뛰어넘은 이후에 추구하기 좋은 표적일지 모르지만 캐즘을 뛰어넘기에 좋은 표적은 아니라는 것이다.

첫 번째 단계를 통과한 시나리오들은 나머지 다섯 요소에 대해 평가된다. 이 두 단계에서 점수는 각 요소별로 채점되며 시나리오들은 점수에 따라 순위가 결정된다. 이 과정의 막바지에 상위권으로 선정된 시나리오들은 최적의 캐즘 뛰어넘기 표적들로 인정된다. 그리고 마지막 논의를 거쳐 그중에서 '단 하나'의 최고의 교두보 표적이 선정된다.

위의 '단 하나'라는 단어와 관련해 캐즘 그룹에 많은 질문이 쏟아진 바 있다. "하나 이상의 표적을 겨냥하면 안 되나요?" 그 대답은 아주 간단하다. 안 된다. 한 번의 스윙으로 두 개의 공을 칠 수 없고 한 개의 돌로 두 마리의 새를 잡을 수 없는 것처럼 두 곳에서 캐즘을 뛰어넘을 수는 없다. 이 내용은 앞서 논의한 바 있지만 몇 번을 강조해도 지나치지 않다.

다시 점검목록으로 돌아오면, 캐즘 뛰어넘기에서 탈락을 좌우하는 네 가지 요소는 다음과 같다.

- 표적고객: 우리가 사용하고자 하는 판매경로에 접근할 수 있고 완비제품을 구매할 충분한 자금을 갖춘 확실한 경제적인 구매자가 있는가? 그런 구매자가 없다면, 영업인력은 후원자를 찾기 위해 사람들을 설득하느라 소중한 시간을 허비하게 된다. 결국 판매주기는 한없이 더뎌지고 프로젝트는 언제 중단될지 모른다.

- 구매를 자극하는 이유: 시나리오에서 제기된 문제를 해결함으로써 경제적인 구매자의 욕구를 자극할 만한 경제적인 효과가 있는가? 만약 실용주의자들이 그 문제에 대해 1년 정도 더 견딜 수 있다면 그들은 시간을 두고 지켜볼 것이다. 물론 그들은 꾸준히 해결책에 대해 관심을 가질 것이다. 따라서 영업사원들은 그들의 요청으로 분주해지겠지만 실제로 주문이 발생

하지는 않을 것이다. 고객들은 "훌륭한 프레젠테이션이군요!"라고 대답하지만, 그 진심은 "도움이 될 만한 부분이 있기는 하지만 굳이 구매할 이유는 없네요"일 것이다.

- 완비제품: 우리 회사가 제휴사나 협력사의 도움을 받으면 3개월 이내에 표적고객들의 구매를 자극하고, 다음 분기 말쯤에 시장에 진입하며, 그 후 12개월 이내에 시장을 장악할 만한 완벽한 솔루션을 제공할 수 있는가? 시간은 계속 흐르고 있다. 우리는 당장 캐즘을 뛰어넘어야 한다. 이 말은 우리에게는 당장 해결 가능한 문제가 필요하다는 의미이다. 죽 늘어진 실은 자칫 다리에 걸려 우리를 넘어뜨릴 수 있다.

- 경쟁: 이 문제가 이미 다른 기업에 의해 해결되었는가? 그 기업은 우리보다 먼저 캐즘을 뛰어넘고 우리가 표적으로 삼은 시장을 장악했는가? HP의 레이저프린터 시장 진출을 이끌었던 중역 딕 해크번은 '요새가 있는 언덕은 절대로 공격하지 마라'라는 격언을 좋아했다. 만약 다른 기업이 선점하고 있다면, 그 시장의 역학관계는 그 기업에 의해 주도되고 있는 것이다. 그곳에는 발을 들이지 마라.

시나리오들을 이 네 가지 요소별로 1점부터 5점까지 채점한 후에 총점을 구하면, 최저점수는 4점, 최고점수는 20점이 된다. 물론 점수가 높은 시나리오가 유리하다. 하지만 한 가지 주의할 사항이 있다. 어떤 요소에서든 다른 요소들에 비해 너무 낮은 점수가 나오면 탈락이 된다는 것이다. 따라서 그저 총점만 중요한 것이 아니다. 확실한 선정이 어려울 경우에는 '구매를 자극하는 이유'에서 높은 점수를 받은 시나리오들을 선택하라. 만약 경쟁자가 이미 그 시나리오들에 관심을 가졌다면 다른 시나리오들을 활용할 수 없는지 생각해보라. 가장 좋은 시나리오는 '완비제품이 필요해'일 것이다. 완비제품을 제공하기 쉽다면, 이미 누군가 제공하고 있을 것이다. 완비제품을 제공하기 어렵다는 사실은 그 솔루션을 개발하면 기업에 유리한 진입장벽을 구축할 수 있다는 의미이기도 하다.

나머지 요소들은 '기대' 요소의 범주에 속한다. 다시 말해, 투자와 시간만 주어지면 대체로 낮은 점수도 극복될 수 있다. 하지만 투자와 시간은 가장 부족한 자원이기 때문에 표적시장 시나리오에서 비용절감과 기간단축은 매우 중요한 장점이 된다. 여기에 그 요소들의 역할을 소개한다.

• 제휴사 및 협력사들: 완비제품을 갖추기 위해 다른 기업들과 이미 협력관계를 맺고 있는가? 만약 그렇다면, 그것은 대체로 초기시장 프로젝트에서 형성된 경우일 것이다. 그렇지 않다면

여러분이 아주 운이 좋았던 경우이다. 이런 제휴관계를 맺는 것은 완비제품 관리자에게 매우 중요한 과제이다.

- 유통: 표적고객들의 시선을 끌 수 있고 완비제품의 유통조건을 충족시킬 수 있는 판매경로를 확보하고 있는가?

  특정한 제품을 판매하려면 표적 틈새시장의 언어에 어느 정도 능통해야 하는데, 표적으로 삼은 구매자들, 사용자들과 관계가 확립되어 있으면 이 과정이 급속도로 진척된다. 기업들은 이 부분이 부족한 경우에 대체로 표적업계 외부에서 연줄이 많은 인물을 고용해 영업인력을 통솔하도록 한다.

- 가격책정: 완비제품의 가격은 표적고객의 예산과 문제점의 보완을 통해 얻는 가치를 감안해 적절한 수준인가? 유통업체를 포함한 모든 제휴사들에 관심과 충성도를 유지할 만한 충분한 보상이 주어지는가?

  여기서 중요한 사항은 제품 자체의 가격이 아닌 완비제품의 가격이라는 사실을 기억해야 한다. 서비스는 종종 제품과 비슷하거나 그 이상의 비중을 차지할 것이다.

- 포지셔닝: 회사는 표적 틈새시장의 제품과 서비스 공급자로서 신뢰할 수 있는가?

처음에는 신뢰를 주지 못할 것이다. 하지만 틈새시장 마케팅의 즐거움은 기존의 문제점을 보완하는 완비제품에 최선의 노력을 기울이면 이런 저항을 빠르게 극복할 수 있다는 것이다.

- 다음 표적고객: 만약 이 틈새시장을 장악하는 데 성공한다면, 그에 따른 볼링핀 효과를 기대할 수 있는가? 다시 말해, 고객들과 제휴사들이 인접한 틈새시장에 진출하는 데 도움이 될 것인가?

이것은 전략적으로 중요한 문제이다. 캐즘을 뛰어넘는 것은 그 자체로 끝이 아니며, 오히려 주류시장의 개발을 위한 시작이다. 우리에겐 수익을 거둘 수 있는 다음 틈새시장을 추가로 확보하는 것이 중요하다. 그렇지 않으면 틈새시장 마케팅의 경제학은 유지되지 않는다.

첫 번째 단계의 탈락조건을 통과한 시나리오들을 두 번째 단계의 요소별로 채점하고 순위를 정한 후에, 그 과정에서 얻을 수 있는 모든 '데이터'를 추려내라. 이제 결정을 내리고 실행해야 할 시간이다.

공략지점에 전념하라

틈새시장에 전념하는 것은 어려운 일이 될 수도 있다. 특히 기업가가 기술 마니아나 선각자일 경우에 더욱 두드러지는데, 실용주의적인 성향이 부족한 그들은 이 책에 제시된 시장의 역학관계를 믿지 못하기 때문이다. 이 단계는 그들에게 매우 중요한 시기이다. 신생기업은 캐즘을 뛰어넘지 못하면 사라지게 된다. 하지만 삶을 얻기 위해 자아를 포기해야 한다면 그 삶이 무슨 가치가 있겠는가? 대답하기 쉽지 않은 질문이다.

이런 어려운 문제에 직면하면 신속한 결정을 내리고 새로운 흐름을 타면서 올바른 방향으로 나아가기 위한 계획을 세우는 것이 최선이다. 바로 '급류타기 전략'으로, 결정을 내리지 못하고 주저하면 보트는 반드시 뒤집히게 되기 때문이다. 일단 확실한 결정을 내렸으면, 어떤 의심도 없이 그 방향으로 밀고 나아가야 한다. 그래야만 캐즘을 뛰어넘는다.

여기서 반가운 소식은 성공하기 위해 반드시 최적의 교두보를 선택할 필요는 없다는 것이다. 그저 자신이 선택한 교두보를 점령하기만 하면 된다. 시장 부문에 문제가 있다고 해도 여러분에게 도움이 될 표적고객은 존재할 것이다. 만약 풀어야 할 문제가 어렵고 시장 부문의 규모가 작다면 아마도 치열한 경쟁은 없을 것이다. 이것은 여러분이 반드시 필요한 완비제품에 주력할 수 있다는 것을 의미한다. 그 부분에 집중하면 성공을 거둘 것이다.

그러면 여러분에게 진로변경을 유발할 수 있는 요소는 무엇일까? 대체로 잘못된 추측에 근거한 시나리오가 가장 많이 문제를 일으킨다. 이런 상황을 예방하려면 이 과정의 초기에 성공적인 시나리오를 검증하기 위한 시장조사를 실시해야 한다. 하지만 이 조사가 완료될 때까지 마냥 기다려서는 안 된다. 캐즘에서는 항상 시간과의 싸움이 벌어진다. 심지어 불확실한 상황일지라도 속도를 늦추지 말아야 한다. 정체상태에 빠지면 기존의 판매사들에 휘둘리게 되고 현상유지에 급급해지기 때문이다.

당연히 규모는 중요하다

마지막으로 표적시장 부문에 집중하려고 하면 그 시장 부문에서 창출될 수익의 규모가 문제로 부각되기 마련이다. 이 시점에서 사람들은 대체로 규모가 클수록 좋을 것이라고 생각한다. 하지만 사실 그런 경우는 거의 드물다. 이제 그 이유를 설명하겠다.

시장에서 성공적인 기업, 지속하는 기업이 되려면, 중요한 비즈니스 프로세스를 실행할 수 있는 사실상의 표준이 되어줄 시장 부문을 확보해야 한다. 사실상의 표준이 되려면, 다음 해 그 시장의 신규 주문 중 적어도 절반, 혹은 그 이상을 확보해야 한다. 이것이 바로 실용주의자 고객들이 눈을 크게 뜨고 관심을 가질 만한 실적이다. 더불어 다른 시장 부문들에서도 주문을 얻어낼 것이다. 그러면 계산을 해보자.

여러분이 내년에 그 시장 부문의 주문 중 절반을 확보할 수 있다고 가정하라. 며칠 전만 해도 전혀 주력하지 않았던 시장이라는 점을 감안하면 엄청난 실적이다. 여러분의 매출목표가 총 1,000만 달러라고 가정하자. 그러면 500만 달러는 표적시장 부문에서 거두는 것이다. 또한 여러분이 시장선도자의 영향력을 제대로 발휘한다면 그 500만 달러는 적어도 그 시장 부문의 총 주문 중 절반이어야 한다. 다시 말해, 여러분의 회사를 내년에 매출 1,000만 달러 기업으로 만들고 싶다면, 1,000만 달러 규모보다 큰 시장 부문을 공략하지 말아야 한다. 동시에 그 시장은 500만 달러 이상 창출할 정도의 규모를 갖추어야 한다. 캐즘을 뛰어넘기 위한 표적시장의 규칙은 아주 간단하다. '중요하다고 할 수 있을 만큼 크면서도 승리를 거둘 수 있을 만큼 작고, 여러분이 쓰고 있는 왕관의 보석들과 잘 어울려야 한다.'

만약 표적시장 부문이 너무 크다면 그 시장을 하위세분화하라. 하지만 여기서 주의해야 할 사항이 있다. 반드시 입소문이 전파되는 경계를 고려해야 한다. 목표는 작은 연못의 큰 물고기가 되는 것이지 그저 진흙웅덩이 몇 군데에 걸쳐 있으려는 것이 아니다. 최적의 하위세분화는 일반적인 대집단 내의 특정한 이

해집단들에 근거한다. 그 집단들은 해결해야 할 특수한 문제를 지니고 있기 때문에 아주 긴밀한 네트워크를 형성하고 있다. 이런 특수한 문제가 없다면 지리적인 요소가 안전한 하위세분화 변수로 활용될 수 있는데, 지리적인 조건은 집단들이 형성되는 방식에 영향을 미치기 때문이다.

만약 표적시장 부문이 너무 작아서 다음 해 신제품 매출의 절반을 창출하지 못한다면, 그 규모를 확장시켜야 한다. 이 경우에도 세분화의 경계를 신중하게 고려해야 한다. 적절한 상위시장 부문이 없다면 안타깝지만 원점으로 돌아가 다른 표적시장을 선택해야 할지도 모른다.

요약: 표적시장 선별과정

우리는 이 장과 다음 세 장에서 다룰 내용이 본질적으로 전술적인 부분이라고 말한 바 있다. 여기서 전술은 주요한 사업의 전반에 걸쳐 반복적으로 수행될 수 있고, 수행되어야 하는, 구체적인 업무들과 작업들로 구성된다. 그 내용에 대한 요약으로 각 장의 끝부분에 점검목록을 덧붙여 한 집단이 이에 따라 관리하거나 혹은 집단이 내린 마케팅 결정의 최종산물을 시험하기 위한 수단으로 활용할 수 있게끔 할 것이다.

캐즘을 뛰어넘어 주류시장으로 진출하기 위한 진입점 역할을 담당할 표적시장 부문을 선택하는 데 활용할 점검목록은 다음과 같다.

1. 표적고객 시나리오 목록을 개발하라. 회사 내에서 원하는 사람이라면 누구라도 시나리오를 제출하도록 장려하되 가급적이면 고객을 상대하는 직원들의 의견을 이끌어내라. 새로 추가한 시나리오들이 기존의 시나리오들과 별다른 차이가 나지 않을 때까지 꾸준히 시나리오들을 추가하라.

2. 표적시장 선택을 담당할 소위원회를 구성하라. 최대한 적은 인원을 유지하되 결과에 거부권을 행사할 수 있는 사람은 모두 포함시켜라.

3. 시나리오들에 번호를 부여하고 한 편당 한 페이지 분량으로 정리하라. 이 목록을 바탕으로 세로 열에 평가요소, 가로 행에 시나리오가 들어가는 스프레드시트를 작성하라. 평가요소들은 탈락요소와 기대요소로 구분하라.

4. 소위원회의 각 위원에게 모든 시나리오들을 탈락요소에 따라 평가하도록 지시하라. 개별 등수를 집계해 전체 등수를 선정하라. 이 과정에서 심각한 이견이 발견되면 신중하게 논의하라. 이것은 동일한 시나리오에 대한 다른 관점들을 조율하는 작업으로 그 기회에 제대로 집중하게 할 뿐만 아니라, 향후의

공감대를 형성할 토대를 마련한다는 점에서 매우 중요하다.

5. 결과에 순위를 선정하고 첫 번째 단계를 통과하지 못한 시나리오들은 제외하라. 대체로 3분의 2 정도의 시나리오들이 제외될 것이다.

6. 나머지 시나리오들에 대해 나머지 선별요소들로 개별 등수와 전체 등수를 선정하는 작업을 반복하라. 상위권 소수만 남겨질 때까지 시나리오들을 계속 추려내라.

7. 결과에 따라 다음과 같이 행동하라.

- 위원회가 교두보 부문에 동의할 경우: 그것을 바탕으로 작업을 수행하라.

- 위원회가 최종후보들 중에서 결정하지 못할 경우: 한 사람에게 시장개발에 대한 볼링핀 모델을 만들 임무를 부여해 최종후보들을 통합하고 헤드핀을 지정하도록 하라. 그 헤드핀을 공략하라.

- 모든 시나리오가 탈락될 경우: 실제로 이런 상황이 발생한다. 그런 경우에는 캐즘을 뛰어넘으려는 시도를 중단하라. 성장하려는 시도도 중단하라. 초기시장 프로젝트를 지속하면서 지출속도를 최대한 늦추고 유망한 교두보를 찾아라.

5장

침투부대를 결성하라

그저 친절한 말만 할 때보다
친절한 말과 함께 총을 사용할 때
항상 훨씬 더 많은 것을 얻는다.

윌리 서턴

유명한 은행강도 윌리 서턴은 모든 군대의 지휘관들이 동감할 만한 사실을 말했을 뿐이다. 만약 공격을 시도하려고 한다면 그 행위를 뒷받침할 힘을 갖추어야 한다. 이 장의 주제에 맞게 풀어 말하자면, 마케팅은 '전쟁'이다.

침략을 시도하면서 누가 강력한 무기보다 근사한 구호를 선호한단 말인가? 누가 미사일과 탄약이 아닌 TV 광고를 원한단 말인가? 누가 인접 국가들과 협정을 체결하지 않고 성명을 발표한단 말인가? 바로 첨단기술 기업의 중역들이다.

첨단기술 기업의 중역들은 대체로 마케팅이 장기적인 차원의 전략적인 사고와 수많은 전술적인 판매지원으로 이루어지며, 그

사이에는 아무것도 없다고 생각한다. 하지만 사실 마케팅의 가장 강력한 효과는 바로 그 사이에서 발휘된다. 이것은 앞서 언급했던 용어인 '완비제품 마케팅'으로 지칭되는데, 침투부대를 결성하기 위한 기본적인 토대이다.

다음과 같은 시나리오를 생각해보라. 과거 영업사원 시절에 나는 꿈을 꾸었다. 그 꿈은 간단했다. 나는 최소 500만 달러 규모의 초대형 입찰을 앞두고 제안요청서(RFP)를 받았다. 도박판 용어로 소위 '확실한 패'를 쥔 것이다. 입찰담당자는 나와 오랜 시간 상담하면서 우리 제품에 유리한 판매조건을 파악했다. 그는 오직 우리 제품만이 만점을 받을 수 있도록 제안요청서를 구성했다. 이 계약은 내 차지가 되었다. 이윽고 나는 잠에 깨어났다.

물론 이것은 꿈일 뿐이다. 하지만 그 꿈은 현실에서 일어날 수도 있다. 그것은 '시장 배후조정(wiring the marketplace)'이라고 지칭할 수 있는데, 개념은 간단하다. 주어진 표적고객과 용도에 대해 오직 여러분의 제품만이 합리적인 구매가 될 수 있는 시장을 창출하는 것이다. 앞 장에서 살펴보았던 것처럼, 이 작업은 여러분의 제품에 대한 '구매이유'가 형성된 시장을 표적으로 선정하는 것에서 시작된다. 그다음 단계는 그런 구매를 유도하는 독점적인 지위를 확보하는 것이다.

그런 독점적인 지위를 확보하려면 두 가지 사항을 이해해야한다. 첫 번째는 완비제품을 구성하는 요소들이고, 두 번째는 여러분의 제품을 포함하여 완비제품을 제공하기 위해 시장을 조직하는 방식이다.

완비제품의 개념

모든 첨단기술 마케팅에서 가장 유용한 마케팅 개념이 바로 완비제품이다. 이 개념은 약 40년 전에 시어도어 레빗의 저서 『마케팅 상상력(*Marketing Imagination*)』에서 자세히 다루어졌는데, 10년 후에 빌 데이비도의 저서 『첨단기술 마케팅(*Marketing High Technology*)』에서도 중요한 비중을 차지했다. 완비제품의 개념은 아주 간단하다. 고객들에게 제시되는 마케팅 약속(가치제안)과 실제 제품의 품질 간에는 격차가 있다는 것이다. 이 격차를 해소하려면 다양한 서비스와 보조제품을 통해 제품이 보강되어 완비제품이 되어야 한다.

레빗이 제시한 완비제품 모델은 완비제품 완성도를 네 가지 단계로 구분한다.

1. 일반제품: 상자에 포장되어 출시되고 구매계약으로 보증되는 제품이다.
2. 기대제품: 소비자들이 일반제품을 구입하면서 기대치를 갖게 되는 제품이다. 이것은 구매목적을 달성하는 데 필요한 제품

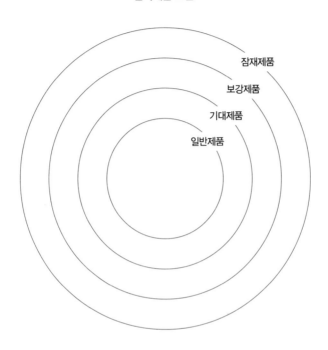

완비제품 모델

잠재제품
보강제품
기대제품
일반제품

과 서비스의 '최소한'의 구성이다. 예를 들면, 태블릿을 구매하면 가정용 와이파이 네트워크나 휴대용 연결기기가 필요하지만, 둘 다 별도로 구매해야 한다.

3. 보강제품: 구매목적을 '최대한' 달성할 수 있도록 보강하는 제품이다. 예를 들면, 태블릿의 경우에는 이메일, 브라우저, 달력, 퍼스널 디렉토리, 검색엔진, 앱스토어 같은 제품들이 포함된다.

4. 잠재제품: 점점 더 많은 보조제품이 출시되고, 시스템에 고객을 위한 보강이 이루어지는 성장에 대비한 제품의 활용 여지를 나타낸다. 애플 아이패드의 경우, 이 글을 쓰고 있는 시점에 소비자가 구매를 통해 범위와 가치를 확장할 수 있는 약 37만 4,090개에 달하는 애플스토어의 앱이 중요한 판매요소가 된다.

다른 사례를 들자면, 인터넷 브라우저 범주의 '일반제품'은 처음에 인기를 끌었던 모자이크를 시작으로 넷스케이프 네비게이터, 인터넷 익스플로러를 거쳐 가장 최근에 출시된 파이어폭스와 크롬 같은 다기능 장치일 것이다. '기대제품'은 IOS, 안드로이드, 윈도를 포함한 인기 있는 클라이언트 플랫폼에 호환성을 추가할 것이다. '보강제품'은 추가적인 기능을 제공하기 위한 외부의 플러그인 장치들을 포함할 것이다. '잠재제품'은 어쩌면 운영체제를 배제하는 수준에 이르면서 클라이언트를 재정의하게 될 수 있는데, 그런 환경에서는 특정한 기기용 앱이 필요하지 않으며 오직 HTML5 애플릿이 보편적으로 운영될 것이다. 서비스의 차원에서 '일반제품'은 최소한 인터넷 서비스 제공자여야 하고, '기대제품'은 기본적인 검색엔진을 갖춘 홈페이지여야 하며, '보강제품'은 버튼이나 다른 수단으로 제공되는 다양한 체험들이어야 하고, '잠재제품'은 소비자 구매를 완전히 재구성하는 것일지 모른다.

불연속적인 혁신이 도입되면 처음에 마케팅 전투는 그 핵심이 되는 제품인 일반제품의 수준에서 일어난다. '초기시장'을 차지하기 위한 전투의 영웅이 바로 일반제품이다. 하지만 시장이 발전하고 주류시장에 진입하면서 핵심이 되는 제품은 점점 더 비슷해지고 전투는 점차 외부영역들로 확산된다. 주류시장을 장악하는 방법을 이해하려면 우리는 과거 폴 하비가 '완비제품의 나머지(the rest of the whole product)'라고 말했던 것의 중요성에 대해 보다 면밀히 살펴보아야 한다.

완비제품과 기술수용 주기

먼저 완비제품 개념이 캐즘 뛰어넘기와 어떤 연관성이 있는지 살펴보자. 기술수용 주기를 전체적으로 바라본다면, 왼쪽에서 오른쪽으로 이동할수록 완비제품의 외부영역들이 점차 중요해진다고 일반화할 수 있다. 다시 말해, 기술 마니아들은 완비제품의 지원을 거의 필요로 하지 않는 고객이다. 그들은 시스템의 여러 부분을 조합하여 스스로 만족할 만한 완비제품을 고안하는데 매우 능숙하다. 실제로 그들은 기술제품을 통해 이런 즐거움을 만끽한다. 새롭고 흥미로운 가능성을 조합해 실제 활용할 수 있는 기능을 찾아내는 것이다. 그들의 좌우명은 확고하다. 진정한 기술 마니아는 완비제품을 필요로 하지 않는다.

반면 선각자들은 직접 완비제품을 개발하는 즐거움을 느끼지는 않지만, 자신의 업계에서 최초로 새로운 시스템을 도입하게 되면 최선을 다해 완비제품을 개발해야 한다는 책임을 인식한다. 시스템 통합 서비스에 대한 관심이 증가하는 것은 전략적인 우위의 근원으로서 정보시스템에 대한 선각자들의 지대한 관심이 고스란히 반영된 것이다. 다시 말해, 시스템 통합자들은 완비제품 공급업자들이라고 지칭할 수 있다. 고객들에 대한 그들의 책임인 셈이다.

캐즘의 왼편에 위치한 초기시장에 대한 설명은 이 정도면 충분하다. 캐즘을 뛰어넘어 그 오른편에 위치한 주류시장에 도달하려면 먼저 실용주의자 고객들의 요구를 충족시켜야 한다. 이 고객들은 처음부터 손쉽게 사용할 수 있는 완비제품을 원한다. 그들은 마이크로소프트 오피스 같은 제품을 좋아하는데, 사실상 모든 데스크톱과 노트북에서 그 제품을 지원하고 파일들도 무난하게 호환되며 어느 서점에서나 참고서적들을 구할 수 있고 세미나, 온라인 강의 같은 교습법도 보편화된 데다 이미 수많은 사무직원들이 워드, 엑셀, 파워포인트 같은 핵심적인 제품들을 사용하기 때문이다. 만약 구글 앱 같은 새로운 제품을 사용할 '좋은 조건의 제안'을 받는다고 해도, 실용주의자들은 완비제품이 불완전할지 모른다는 불안감 때문에 선뜻 교체하지 못하고 결국 기존의 제품을 고수할 것이다.

실용주의자들이 인텔의 아톰보다 ARM의 스마트폰 마이크로 프로세서를, 마이크로소프트의 빙보다 구글 서치를, RIM의 블랙베리보다 애플의 아이폰을, 엡손보다 HP의 프린터를, 후아웨이(Huawei)보다 시스코의 라우터를 선호하는 것도 같은 이치라고 할 수 있다. 만약 일반제품만 고려한다면 그들이 모두 저급한 제품을 선호할지도 모른다. 하지만 완비제품을 고려한다면 그들은 모두 우수한 제품을 선호한다.

내용을 요약해보자. '실용주의자들은 완비제품을 평가하고 구매한다.' 일반제품은 완비제품에서 핵심을 차지하는 부분이다. 절대 실수하지 마라. 하지만 시장에 한 개 이상의 경쟁제품이 있다면 일반제품 수준의 추가적인 R&D 투자는 수익의 감소로 이어지는 반면, 기대제품, 보강제품, 잠재제품 수준의 마케팅 투자는 수익의 증대로 이어진다. 이런 투자의 방향을 결정하는 방식은 완비제품 계획에서 수립된다.

완비제품 계획

이제까지 살펴보았던 것처럼 완비제품 모델은 캐즘 현상을 이해할 수 있는 식견을 제공한다. 초기시장과 주류시장의 가장 중요한 차이는 초기시장이 경쟁에 참여하는 대가로 완비제품을 구성하려는 책임을 기꺼이 지려고 하는 반면, 주류시장은 그렇지 않다는 것이다. 이 원칙을 깨닫지 못했던 많은 첨단기술 기업들은 몰락의 길을 걸었다. 기업들은 마치 트럭에서 건초더미를 쏟아내는 것처럼 대충 제품을 출시하는 경우가 허다하다. 완비제품에 대한 계획조차 세우지 않고 막연히 놀라운 품질로 많은 고객들의 마음을 사로잡아 그들이 다른 사람들에게도 이를 사용하도록 권할 것이라는 기대를 품는다. 그것은 홍해를 가른 모세의 기적을 바라는 것이나 다름없다.

보다 신중한 방법을 추구하는 사람들에게 완비제품 계획은 시장지배 전략을 개발하는 작업의 핵심이다. 실용주의자들은 강력한 시장선도자 후보가 나타날 때까지 지원에 대한 약속을 유보할 것이다. 일단 강력한 후보가 나타나면 그들은 다른 경쟁자들을 배제하면서 그 후보자를 적극적으로 지원하고 우수한 완비제품을 출시하기 위해 필요한 표준화를 이끌어낼 것이다.

우수한 일반제품은 이 전투에서 중요한 자산이지만, 승리를 위한 필요조건도 충분조건도 아니다. 오라클은 시장에서 표준으로 확립되었을 당시에 최고의 제품이 아니었다. 하지만 오라클은 실용적인 완비제품이 될 수 있는 최고의 사례를 제시했다. IBM 표준에 근거한 조회언어(SQL)는 하드웨어 플랫폼 전반에 걸친 호환성을 갖추었고, 적극적인 영업력으로 빠르게 시장에 진입했다. 그야말로 IT 부서의 실용주의자들이 원했던 제품이었다.

요컨대 완비제품 전투에서 승리를 거두는 것은 전쟁에서 승리를 거두는 것을 의미한다. 인식은 현실에 영향을 미치기 때문에 완비제품 전투에서 승리하는 듯한 모습은 전쟁에서 승리하기 위한 결정적인 무기가 된다. 반면 완비제품 전투에서 승리하는 모습을 '가장'하는 것은 패배를 초래하는 전술이다. 첨단기술 시장에서 사람들은 서로 많은 정보를 점검하고 확인하기 때문이다. 이런 차이는 포지셔닝을 다루는 다음 장에서 매우 중요한 부분이 될 것이다.

이제 우리는 캐즘을 뛰어넘기 위해 필요한 완비제품의 개발에 집중해야 한다. 그 이유는 완비제품이 표적고객들의 강력한 구매이유를 충족시킬 수 있기 때문이다. 완비제품을 이해하는 데는 그저 단순화된 완비제품 모델만 있어도 충분하다.

단순화된 완비제품 모델에는 오직 두 가지 범주만 존재한다. 첫 번째는 우리가 출시하는 제품이고, 두 번째는 고객들의 구매이유를 충족시키는 데 필요한 다른 모든 조건이다. 후자는 판매를 위해 제시한 '마케팅 약속'이다. 계약의 차원에서 기업은 이 약속을 지켜야 할 필요가 없지만, 고객관계의 차원에서는 그렇지 않다. B2B 시장에서 이 약속이 이행되지 않으면 아주 심각한 결과로 이어진다. 이 시장에서 구매는 참고자료에 의존하는 경

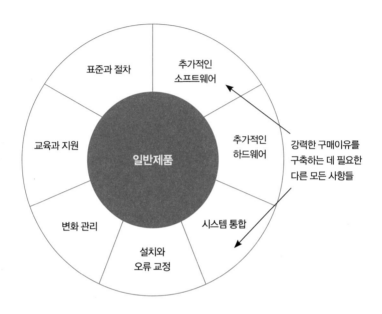

단순화된 완비제품 모델

표준과 절차

추가적인
소프트웨어

교육과 지원

일반제품

추가적인
하드웨어

강력한 구매이유를
구축하는 데 필요한
다른 모든 사항들

변화 관리

시스템 통합

설치와
오류 교정

향이 강하기 때문에 약속의 불이행은 자칫 부정적인 입소문을 유발해 영업생산성을 급격히 떨어뜨릴 수 있다.

일반적으로 첨단기술은 잠재적인 표적고객들에게 80∼90퍼센트 수준의 완비제품을 제공해왔으며, 100퍼센트를 제공한 경우는 거의 드물었다. 불행히도 100퍼센트에 못 미치면 어떤 수치라도 고객들은 나머지를 직접 충당해야 하거나 사기를 당한 기분을 느끼게 된다. 따라서 수치가 100퍼센트에 훨씬 못 미치면 일반제품이 아무리 우수할지라도 표적시장은 예상대로 개발되지 않는다.

첨단기술이 투자자들과 고객들에게 약속을 이행하지 못하는 이유를 추적해보면, 완비제품 마케팅에 대한 관심의 부족이 가장 주요한 원인일 것이다. 사실 이것은 주목할 만한 소식이다. 그 반대의 경우도 성립되기 때문이다. 표적고객들에 대한 완비제품 방정식을 풀어내면 첨단기술은 시장개발을 저해하는 가장 큰 장애물을 극복할 수 있다.

이제 그 방식이 효과를 거두는 사례를 살펴보자.

3D 프린터 시나리오

앞서 3D 프린터의 '신제품 출시 후' 시나리오를 다시 살펴보자.

- 새로운 방식: 데이비드와 고객은 거의 일주일 내내 인터넷에서 카탈로그와 이미지들을 검토한 후에 마침내 디자인을 결정했다. 고객의 요구에 따라 데이비드가 스케치한 몇몇 실제 제품들을 다소 변경한 것이다. 그들은 이 디자인을 3D 프린터를 사용하는 조명설비 도매업체에 가져간다. 도매업체는 데이비드의 설계도를 스캔해서 CAD 파일로 전환할 수 있는 프리랜서 디자이너와 작업하는 동시에 데이비드와 함께 제작할 설비의 적절한 재료와 마감재를 선택한다. 이제 3D 프린터에 CAD 파일을 입력하고 프린팅 재료를 주입하면 완성된 설비

가 출력된다. 만약 고객이 출력된 설비를 다소 변경하고자 한다면 파일을 수정하고 다시 출력하면 된다. 더욱이 파일의 변수를 조정하면 동일한 디자인의 설비를 다른 비율로 제작할 수 있다.

이제 이 시나리오를 그 안에 내재된 완비제품 약속의 관점에서 분석해보자.

- 도매업체는 데이비드의 설계도를 스캔해서 CAD 파일로 전환할 수 있는 프리랜서 디자이너와 작업한다.

여기에는 보편적으로 통용되는 그런 디자인에 대한 업계의 표준 파일형식이 존재한다는 의미가 내포되어 있다.

- 도매업체는 데이비드와 함께 제작할 설비의 적절한 재료와 마감재를 선택한다.

여기에는 데이비드와 고객이 요구하는 기준을 충족시킬 수 있는 제작용 재료가 이미 존재한다는 가정이 포함되어 있다. 이글을 쓰는 시점에 이 사항은 이 시나리오의 취약한 요소이다.

- 고객이 출력된 설비를 다소 변경하고자 한다면 파일을 수정하고 다시 출력하면 된다.

여기에는 그 재료가 재활용이 가능하거나 쉽게 폐기해도 될만큼 저렴하다는 가정이 내포되어 있다. 더불어 프린팅이 신속하게 이루어지기 때문에 프린트 순서가 밀려 방해되지 않는다는 가정도 포함되어 있다.

- 파일의 변수를 조정하면 동일한 디자인의 설비를 다른 비율로 제작할 수 있다.

여기에는 프린터가 출력할 수 있는 물체의 크기에 거의 제한을 받지 않는다는 가정이 포함되어 있다. 이 글을 쓰는 시점에는 이 사항 또한 이 시나리오의 취약한 요소이다.

여기서 중요한 사실은 한 명의 표적고객을 겨냥한 시나리오조차 완비제품으로 새로운 시장 기회를 개척하려는 제품관리자가 만족스러운 결론을 이끌어내기 위해서는 달성해야 할 일련의 약속을 포함한다는 것이다.

3D 프린터의 경우에 다른 잠재적인 표적고객과 표적용도를 쉽게 떠올릴 수 있다. 데이비드 같은 인테리어 디자이너 외에도 다음과 같은 업종을 생각할 수 있다.

- 기계의 부품을 개발하기 위해 시제품을 제작하려는 산업 디자이너: 그들은 실제와 같은 조건에서 부품을 개발하고 시험하기 위해 내구성이 있는 다양한 재료들을 필요로 할 것이다.
- 고객 맞춤형 장난감을 개발하려는 장난감 제조업자: 그들은 혼합물의 재료로 사용할 독성이 없고 생생한 원색을 원할 것이다.

- 부식되는 전시물의 모델을 제작하려는 박물관 큐레이터: 그들은 프린터로 복제할 3D 파일을 생성하기 위한 홀로그램 스캐너를 필요로 할 것이다.
- 주문용 신발을 제조하려는 신발 제조업자: 그들은 내구성도 우수할 뿐만 아니라 멋지고 편안한 소재를 필요로 할 것이다.
- 생산이 중단된 부품을 제작하려는 구식자동차 마니아: 그들을 위해서는 정밀한 CAD 파일을 수용하고 엔진의 스트레스를 견딜 수 있는 금속을 가공해야 한다.

이 짧은 목록에서도 나타나는 것처럼, '새로운 표적고객이 추가될 때마다 완비제품에 대한 새로운 요구가 추가될 것이다.' 다시 말해, 고객이 가치제안을 변경할 때마다 기대에 상응하는 이익을 얻기 위해 전체 제품과 서비스가 변경되어야 한다. 따라서 아무리 긍정적인 제품마케팅 관리자라도 모든 시장을 동시에 공략하지는 못하며, 모든 기회에는 그만큼 지원비용이 소요되기 때문에 기회들에 우선순위를 설정해야 한다는 것을 깨닫게 된다.

고객들의 구매이유를 충족시키기 위해 완비제품이 필요하다는 것을 감안하면 3D 프린터 하드웨어 판매자(특히 3D 프린터를 담당하는 제품관리자)는 그런 완비제품을 실제로 공급하기 위해 어떤 책임을 져야 하는가? 사실 이는 책임의 문제가 아니라 마케팅 성공의 문제이다. 만약 아무 노력도 없이 고객의 성공을 요행에

맡긴다면, 여러분은 자신의 운명을 개척할 기회를 포기하는 것이다. 반면 고객의 문제를 진심으로 고민하고 해결책을 궁리한다면, 여러분은 완비제품을 개발해 고객에게 공급할 수 있을 것이다.

이런 마케팅 제안은 캐즘을 뛰어넘는 시기에 가장 유용할 것이다. 캐즘에 이르기 전에는 선각자들이 시스템 통합을 시도하면서 완비제품을 개발할 것이라고 기대하곤 한다. 제품이 주류 시장에 정착한 후에는 제3자가 돈벌이의 기회를 포착하고 완비제품을 개발할지 모른다고 기대한다. 하지만 캐즘을 뛰어넘는 동안에는 '어떤 목적을 두고 요청하지 않는다면, 외부의 지원은 전혀 기대할 수 없다.'

실제 사례들

이것이 실제로 어떻게 작용하는지 이해하기 위해 특정 산업의 사례들을 살펴보자. 기본적으로 우리가 다루고자 하는 시나리오에는 두 가지 유형이 있다. 첫 번째는 경쟁이 이루어지는 상황이고 두 번째 그렇지 않은 상황이다. 전자의 경우는 영국에서 노르망디로 침투하려는 것과 같으며, 기존의 시장 선도자가 나치 독일군의 역할을 담당한다. 후자의 경우는 1492년에 태평양을 가로질러 신대륙에 상륙해 원주민들에게 물건을 판매할 상점을 개점하려는 것과 같다. 두 가지 모두 용기 없이는 실행할 수 없는 일이다.

아루바와 기업용 무선 네트워크

경쟁의 사례로 시작해보자. 지난 2006년으로 되돌아가 여러분이 기업에 와이파이를 보급하는 데 주력하는 무선 네트워킹 기업을 경영한다고 상상하라. 여러분이 들어본 적 있는지 모르지만 그 회사의 이름은 아루바(Aruba)이다. 하지만 그 회사가 목표로 삼은 경쟁업체의 이름은 들어보았을 것이다. 바로 '시스코'이다!

그 당시 아루바는 2005년 1,200만 달러에서 2006년 7,200만 달러로 급성장을 이어가고 있었지만, 워낙 작은 기반에서 시작한 기업이었다. 물론 그 정도도 매우 놀라운 수치지만 과연 400배나 규모가 큰 경쟁업체를 상대할 수나 있을까? 실리콘밸리 벤처기업의 세계에 들어온 것을 환영한다. 바로 그것이 여러분이 해야 할 일이다. 이제 질문은 한 가지뿐이다. 대체 어떻게 할 것인가?

첫 번째 규칙은 기존의 선도자를 깜짝 놀라게 할 혁신을 활용하는 것이다. 이 경우에 무선 네트워크는 시스코의 핵심사업인 유선 네트워크를 잠식할 심각한 위협요소로 여겨졌다(그 당시는 물론 지금도 그렇다). 더욱이 와이파이에 대한 새로운 표준이 발표되면서 최초로 유선통신에 버금가는 무선통신의 시대가 열렸다.

따라서 거의 10배의 가치제안이 이루어졌던 것인데, 이는 아마도 가장 실용적인 의미의 불연속적인 혁신일 것이다.

두 번째 규칙은 앞 장에서 다루었던 물고기와 연못의 비율 규칙을 바탕으로 '중요하다고 할 수 있을 만큼 크면서도 승리를 거둘 수 있을 만큼 작으며 여러분이 쓰고 있는 왕관의 보석들과 잘 어울리는' 시장 부문을 표적으로 삼는 것이다. 여기서 승리를 거둘 수 있을 만큼 작다는 것은 너무 시장이 작기 때문에 규모가 큰 기존의 선도자가 많은 시간을 할애할 수 없다는 의미이다. 큰 물고기는 작은 틈새시장들에서 경쟁하기 어렵다.

아루바는 이 규칙을 적용해 미국의 대학시장을 공략했다. 그 당시 대학에는 노트북을 가져오는 학생들이 증가하고 있었다. 이것은 명백히 최초의 BYOD(bring-your-own-device)시장 부문이었는데, 그에 따라 어디서나 이용할 수 있는 네트워킹 서비스를 필요로 했다. 더욱이 그런 학생들은 더 이상 검색과 이메일만 사용하지 않았다. 그들이 음악과 비디오도 이용하면서 차세대 무선 표준을 조기에 채택해야 하는 추가적인 압박이 발생했다. 마지막으로 대학들이 과감한 벤처기업의 차세대 기술개발을 지원하고자 했기 때문에 다른 많은 표적시장들보다 훨씬 원활한 협력이 이루어졌다. 전반적으로 이 시장을 표적으로 삼은 것은 탁월한 판단이었다.

이제 세 번째 규칙이다. 여러분을 댄스무대로 인도한 혁신적인 핵심제품의 주위에 표적고객들의 문제를 완전히 해결하기 위한 완비제품을 배치하라. 그러면 여러분은 오랫동안 무대 위에서 춤추게 될 것이다.

완비제품을 설계하는 방식은 표적고객의 용례를 거꾸로 검토하면서 중간에 공란들을 새로운 R&D, 인수, 제휴, 협력 등으로 채우는 것이다. 캠퍼스 전체에 네트워킹 서비스를 제공하는 대학 IT 부서의 경우에 핵심제품은 다음과 같이 구성된다.

- 기숙사부터 도서관, 강의실, 학생회관, 체육시설, 심지어 캠퍼스 밖의 술집에 이르기까지 모든 접속점에 설치된 수천 개에 달하는 많은 중계기들.
- 이 모든 트래픽을 통제하기 위해 중앙통제소에 설치되는 한 개 이상의 모빌리티 컨트롤러. 몇몇 회의실에 게스트 서비스를 제공하는 정도로 와이파이 네트워크가 유선 네트워크를 조금 연장하는 수준에서는 이 정도의 통제가 필요하지 않았다. 하지만 무선 네트워크가 주요 트래픽 전송수단이 되면서 필수적인 사항이 되었다. 예를 들면, 시험시간이 끝날 무렵에 모든 학생들은 동시에 답안지를 업로드하면 자칫 트래픽 과부하가 일어날 수 있다. 그로 인해 네트워크가 장애를 일으키거나 답안지가 손실되어서는 안 된다.
- 네트워크 정지 같은 문제를 해결할 뿐만 아니라 서비스 수준

을 조정하고 사용자들을 확인하고 접속을 허가하는 권한을 부여하여 네트워크 관리자들을 지원하는 네트워크 관리 시스템.

이 정도가 핵심제품의 구성이다. 그러면 완비제품의 구성에는 무엇이 필요할 것인가?

- 비록 애초의 계획만큼 공격적으로 설치되지는 않았지만 캠퍼스 내에는 유선 네트워크도 마련되어 있었다. 따라서 네트워크 관리 시스템은 새로운 장비와 기존의 장비 모두를 아울러야 했다. 아루바는 시스코의 라우터와 스위치를 관리할 정도로 성장한 네트워크 관리 시스템인 에어웨이브(AirWave)와 제휴하다가 결국 인수까지 했다.
- 더불어 대부분의 캠퍼스들은 이미 학생과 교수 디렉토리를 운영했는데, 대부분 마이크로소프트의 액티브 디렉토리를 사용했기 때문에 이 부분에서도 제휴가 중요한 사안이 되었다.
- 그리고 창의적인 학생들도 있었다. 한 네트워크 관리자는 아루바에 다음과 같이 말했다. "우리의 보안시스템은 세계를 학생들로부터 보호하는 것만큼 학생들을 세계로부터 보호하는 것에 크게 주력하지 않는다." 이제 냅스터(Napster)의 시대는 지나갔고 허가의 여부와 상관없이 비트토렌트(BitTorrent) 파일공유의 시대가 활짝 열렸다. 네트워크 관리자들은 명백한 위반

으로 차단되지만 않는다면 최소한 이런 트래픽을 수용해야 했다. 그 결과 아루바는 브래드포드(Bradford)와 제휴했고, 결국 흔히 통신회사들이 운영하는 네트워크 운영관리 센터까지 매입하게 되었다.

- 신입생 유치경쟁을 벌이는 과정에서 대학들은 학습과 오락의 용도로 디지털기기에서 직접 사용할 수 있는 콘텐츠, 특히 동영상 서비스를 제공하기 시작했다. 그에 따라 특수한 비디오 코덱의 공급이 필요해졌고, 아루바는 비디오 퍼니스(Video Furnace)라는 기업과 제휴했다.

- 시장이 꾸준히 성장하면서 아루바는 주요 고객들로 구성된 자문기구를 조직했는데, 그중 한 명이 무선을 사용해 유선을 연장하지 않고 정반대의 방식을 적용하자는 기발한 아이디어를 제안했다. 특히 그는 사람들이 집이나 다른 곳에서도 동일한 네트워크 관리시스템에 접근할 수 있도록 유선 VPN(가상의 사설 네트워크)에 연결될 수 있는 무선 접속포트를 도입하자고 제안했다. 따라서 아루바는 무선 접속포트를 개발하게 되었는데, 이후에 그것은 회사의 제품군에서 중요한 차별요소가 되었다.

아루바의 차별화를 상쇄하려는 경쟁자의 관점에서 보자면 완비제품에는 탈락요소가 없다. 그러나 전체적으로 생각하면 훨씬 더 큰 물고기를 요리하는 규모가 큰 경쟁자는 그런 결과를 달성하기 위해 그 가치보다 더 많이 집중을 해야 한다. 한편 고객의 관점에서 아루바 같은 기업들이 그들을 위해 더 많은 노력을 기울이려고 한다는 사실은 오래 지속될 만한 충성도를 형성한다. 이것은 기존의 경쟁업체들의 거센 반발에도 불구하고 신생기업들이 캐즘을 뛰어넘을 수 있도록 이끄는 중요한 원동력이 된다.

리툼과 고객을 통한 기술지원

이제 캐즘을 뛰어넘기 위한 다른 시나리오를 살펴보자. 사람들이 방어할 만한 요소를 아직 찾지 못한 탓에(나쁜 소식) 침투를 대비해 해안에 진지를 구축한 적군도 없는(좋은 소식) 경우이다. 여기서 판매사는 새로운 시장을 창출해야 한다. 이런 환경에서 주류시장의 핵심이 되는 실용주의자 구매자들은 선택할 만한 가치가 있는지 지켜보기 위해 새로운 제품을 거부하지 않는다. 그들이 거부하지 않는다는 것은 선뜻 수용하지도 않는다는 의미('장기적인 판매주기에 대해 말해보라!')이다.

이런 상황에서 기업가들은 시간과의 싸움을 벌이게 될 것이다. 16세기와 17세기의 대담한 탐험가들과 식민주의자들처럼 그들도 미지의 땅에 상륙한 후에 한정된 물품(운영자본)으로 자급자족할 때까지 버텨야 했다. 여기서 문제는 언젠가 누군가 식민지 구축에 성공할지 여부가 아니라, '그들이' 식민지 구축에 성공할지, 혹은 식민지를 구축하지 못하고 죽을지 여부이다. 우리가 플리머스록이나 제임스타운에 상륙했는가?

구체적인 사례를 살펴보자. 리튬(Lithium)은 소비자들과 고객들로 이루어진 온라인 커뮤니티를 구축해 마케팅, 판매, 고객지원 콘텐츠를 공동으로 제작하고 공유하는 SaaS(서비스형 소프트웨어) 기업이었다. 21세기 초반의 닷컴 열풍이 지난 후에 리튬이 설립되었을 때, 그 아이디어가 매우 참신해 눈길을 끌었다. 설립자들이 가상의 보상을 통해 자발적인 행위를 이끌어내는 방식을 터득했던 온라인 게임개발자들이었기 때문에 리튬은 유명해졌다. 리튬의 아이디어는 조기 수용자들에게 호응을 얻었지만 실용주의자들은 역시 관망하는 태도를 고수했다. 캐즘을 뛰어넘으려면 리튬은 현재의 상황에 불만을 가진 실용주의자 집단을 표적으로 삼아야 했다. 그들은 그런 집단을 기술지원 분야에서 찾았다.

기술지원 조직은 대체로 과도한 업무에 시달렸고, 정당한 평가를 받지 못했다. 여기서 문제는 대부분의 기술제품들이 다른 많은 기술제품들과 연동되기 때문에 오류가 발생하면 무엇이 잘못되었는지, 혹은 누가 잘못했는지 파악하기가 어렵다는 것이다. 그것을 파악할 만한 사람들은 고액의 급여를 받기 때문에 고객지원 상담직원으로 고용하기 어렵다. 상담직원들은 주어진 원고를 최대한 활용하며 일해야 한다. 고객지원센터에 전화를 해본 사람이라면 이러한 경우 고객체험이 얼마나 실망스러울 수 있을지 입증할 수 있을 것이다.

만약 우리가 그 모든 문제를 해결할 수 있다면 어떻게 될 것인 가? 만약 여러분이 온라인에 접속해 업계 최고 지식인들의 전문 적인 조언을 무료로 얻을 수 있다면 어떻게 될 것인가? 정말 기 가 막힌 일이 아닐까? 델은 그렇게 생각한다. HP, 레노버, 오토 데스크(Autodesk), 마이크로소프트도 마찬가지다. 고객을 통한 기 술지원의 세계에 들어온 것을 환영한다.

여기서 핵심적인 아이디어는 고객지원 상담센터에 의존하지 않고 고객들이 다른 고객들의 질문에 대답할 수 있는 온라인 커 뮤니티를 구축하는 것이다. 왜 그렇게 전문지식을 지닌 사람들 이 그런 일에 시간을 할애하는가? 기술 마니아들은 다른 사람들 을 돕는 것을 좋아하기 때문이다. 만약 게임 지향적인 보상과 사 회적인 평판을 얻을 수 있다면(비록 영어학자들이 좋아하지 않는 단어지 만 오늘날 사람들은 이것을 '게임화[gamification]'라고 지칭한다) 이 방식은 더 욱 효과적일 것이다.

여기서 핵심제품은 고객들이 서로 질문하고 대답하면서 답변 의 수준을 평가하는 브랜드화된 웹사이트이다. 이 안에서 최고 의 답변자들이 등장하고 그들에게는 최고 지위의 보상이 주어진 다. 이 방식은 계속 반복되는 똑같은 질문에 대답할 시간도, 인 내심도 없는 난처한 엔지니어들의 도움을 받아 비전문적인 콜센터 직원들이 상담해주는, 허술한 지식기반으로 운영되는 다른 곳들과 비교해 대단히 파격적이다.

하지만 사실 이런 기능을 수행하는 위키(wiki) 같은 사이트를 구축하는 것은 그리 어렵지 않다. 그러면 회의적인 실용주의자들의 호응을 얻을 수 있는 완비제품을 구축하기 위해 리튬이 할 수 있는 일은 무엇인가? 냉정히 말하자면 리튬은 처음부터 그들에게 적합한 한 가지 요소를 갖추고 있었다. 콜센터를 웹사이트로 대체하면 무려 10배에 달하는 엄청난 비용이 절감된다. 대부분의 기술기업에서 콜센터는 비용센터나 다름없기 때문에 이에 대한 비용절감은 항상 최우선 순위에 있다. 여기서 리튬은 그 이상의 혁신을 이루면서 캐즘을 뛰어넘고, 틈새시장에서 선도자의 위치에 올라설 수 있었다(참고로 나는 2012년에 이 회사의 이사회에 합류했다는 사실을 밝혀둔다).

- 고객들이 '비공식 지식기반(tribal knowledge base)'을 창출하는 데 도움을 주었다. 리튬은 고객들에게 계속 성장하는 사용자 기여형 콘텐츠를 관리할 수 있도록 컨설팅을 제공했고, 그 결과 커뮤니티의 대화가 정보기사로 활용되고, 그 콘텐츠가 더 쉽게 검색되고 소비될 수 있었다. 이런 크라우드소싱 방식은 고객만족도를 증대하고, 적절한 답변을 얻는 시간을 단축시키며, 상담전화 의존도를 감소시킨다. 또한 고객충성도, 특히

대부분의 중요한 콘텐츠에 기여하는 극소수의 고객충성도를 상승시킨다.

- 지원을 '휴대용기기'로 확장했다. 대부분의 웹 콘텐츠는 휴대용기기에서 소비하기 어렵지만, 소비자들이나 고객들은 대답을 필요로 할 경우에 즉시 사용할 수 있기를 원한다. 그러면 최종 사용자들의 생활이 더욱 편리해질 뿐만 아니라, 하나의 기기로 두 가지 기능을 모두 사용할 수 있기 때문에 상담전화 의존도도 급격히 감소한다.

- 서비스를 기업의 CRM(고객관계 관리) 시스템에 통합했다. 그 결과, 리튬을 이용하는 고객들이 기업의 직원들과 연결되면서 직원들은 대답되지 않은 질문들을 처리하고, 개발자들에게 보고할 의견과 정보를 포착하고, 시스템 전체를 추진하는 지식기반까지 개선할 수 있게 된다.

- 지원을 소셜 웹(페이스북, 트위터, 구글 플러스 등)으로 확장했다. 이것은 기술을 통해 소비자와 고객에게 최적의 기기와 환경을 이용할 수 있도록 유도하는 '옴니 채널' 운동의 일환이다. 고객들은 다른 사이트들과 사람들을 추가함으로써 지식기반과 커뮤니티 인맥을 끊임없이 확장할 수 있다.

핵심제품을 확장해 완비제품을 창출함으로써 리튬은 직접적인 표적고객(소비자기술 기업들)과 간접적인 고객(도움을 필요로 하는 소비자들과 전문지식을 공유하고자 하는 기술 마니아들)의 요구를 모두 충족시켰다.

제휴사 및 협력사들

제휴사 및 협력사들과의 '전략적 제휴'는 첨단기술 마케팅에서 항상 인기 있는 아이템이었다. 어떤 사람은 다음과 같은 페이스북 광고를 보게 될 것이라고 예상한다.

> 확실한 유통경로와 오래된 제품군을 갖춘 규모가 크고 재정이 탄탄한 기업이 자금은 부족하지만 유망한 신제품을 지닌 기술력이 뛰어난 진취적인 중소기업을 찾고 있습니다. 사진은 요청할 경우에……

하지만 대체로 이런 유형의 제휴는 주먹구구식보다 파워포인트 프레젠테이션을 통한 방식이 바람직하다. 일단 기업문화에서 너무 차이가 나기 때문에 서로 어우러지기 어렵다. 결정주기도 확연히 다르기 때문에 기업가들 간에 큰 혼란이 일어나고 우세한 경영진은 선심성 반응을 보이기 시작한다. 설상가상으로 양측은 제휴협상 과정에서 이런저런 오해를 일으킬 소지가 다분하며 상황이 악화되면 여러 이유를 내세워 서로를 공격할지 모른다. 특히 기업가들이 출구전략으로 적대적 인수를 노리는 경우에 그런 상황이 발생할 가능성이 높다. 따라서 완벽한 논리에도 불구하고 대체로 그런 인수합병은 성공하기 어렵다.

물론 일부 전략적 제휴는 엄청난 성공을 거두기도 했다. 클라이언트 서버 ERP(전사적 자원관리) 시스템을 출시하면서 IBM을 최고의 엔터프라이즈 기업에서 끌어내리고자 했던 SAP와 휼렛패커드와 앤더슨 컨설팅 간의 관계를 생각해보라. 혹은 윈텔 독점(wintel duopoly)이라고 불리며 지금까지도 PC 업계를 좌우하는 인텔과 마이크로소프트 간의 제휴를 생각해보라. 가장 최근에 시스코, EMC, VM웨어는 협업을 통해 클라우드 컴퓨팅을 위한 통합 컴퓨팅 환경을 조성했고, 현재 상당한 성공을 거두고 있다.

이 모든 제휴관계들은 막강한 위력을 발휘했고 시가총액에 큰 변동을 일으켰다. 하지만 그 관계들이 거의 비슷한 규모의 회사들 간에 이루어졌다는 것에 주목하라. 이런 조건에도 불구하고 실제로 판매가 이루어지는 현장에서 그런 전략적 제휴를 체결하고 유지하려면 복잡한 변수가 많기 때문에 경험이 풍부한 조직들조차 어려움을 겪는다. 틈새시장 부문의 표적고객에게 강력한 구매이유를 형성하려고 하는 제품관리자의 영역은 확실히 아닌 셈이다.

한편 제품관리자들에게 효과적인 방식은 전술적인 '완비제품' 제휴이다. 이런 제휴의 목표는 오직 한 가지뿐이다. '특정한 표적시장 부문에서 그 시장에 특화된 강력한 구매이유를 바탕으로 완비제품 인프라를 신속히 형성하는 것.' 기본적인 약속은 완비제품을 공동으로 개발하고 출시하는 것이다. 이 방식은 확실한 고객만족을 이끌어내기 때문에 완비제품 관리자에게 이익이 된다. 또한 굳이 마케팅을 실행하지 않아도 시장이 확장되기 때문에 완비제품 제휴사들에게도 이익이 된다. 양측이 계약을 충실히 이행한다면 당연히 성공을 기대할 만하다.

완비제품 제휴는 제품마케팅 관리자의 수준에서 쉽게 시작되고 관리된다. 대체로 특정 고객의 사이트에서 우연히 잠재적인 지지자를 접하게 된 영업사원들이나 고객지원 담당자들을 통해 회사는 처음으로 관심을 갖는다. 하지만 그들도 고객의 구매목적을 충족하기 위해 완비제품 솔루션을 구상하는 과정에서 제휴를 예상할 수 있다. 다시금 중요한 사항은 이것이 다른 목적에서 비롯된 전략적 제휴가 아닌 완비제품의 필요성에서 비롯된 전술적 제휴라는 것이다(전략적 제휴의 가장 주요한 이유는 실행 역량이 부족한 직원들이 너무 많기 때문이라고 개인적으로 느낀다).

제휴사 및 협력사들: 로켓 퓨얼의 사례

전술적 제휴가 몇몇 특정한 상황에 어떤 효과를 거둘 수 있을지 이해하려면 먼저 디지털 광고 분야에서 급속한 성장을 이루었던 모어 데이비도 투자사의 로켓 퓨얼(Rocket Fuel) 사례를 생각해보라. 새로운 디지털 경제에서 시도되는 대부분의 사업과 마찬가지로 로켓 퓨얼도 디지털 광고 캠페인을 기획하고 개시하고 점검하고 준비한다. 이 생태계에서 로켓 퓨얼의 역할은 적절한 시기에 적절한 대상 앞에 적절한 광고를 제시함으로써 디지털 광고의 양을 증대하는 것인데, 그 모든 과정은 기계학습에 의해 점점 더 효과가 증대되는 인공지능 알고리즘에 의해 수행된다. 이것은 당연히 매우 전문적인 능력이다.

전문적인 상품은 차별성의 '핵심'에 고도로 집중해야 하는데, 그것은 상황에 신경을 쓰면 가치와 규모를 판단하는 능력이 약화된다는 것을 의미한다. 결국 이런 진로를 채택하는 기업들은 어디서든 기존의 시스템과 구성원들을 활용할 방법을 찾아야 한다. 여기에는 완비제품의 구성에 반드시 필요하고 경제적으로 로켓 퓨얼의 가치제안과 연계되지만, 협력활동에 적극적으로 참여하지 못하거나 참여하려고 하지 않는 많은 '과묵한' 제휴사와 협력사들을 필요로 한다.

여기서 핵심적인 전술은 다른 시스템들에(발행자들이 목록을 입력하면 광고자들이 실시간으로 입찰할 수 있는 디지털 애드 익스체인지[digital ad exchange] 같은 컴퓨터 시스템이든, 효과적이고 효율적인 업무의 진행에 필요한 예산을 보유한 광고대행자들과 매체구매자들 같은 업계의 관계자들이든 간에)

접근하기 위한 아주 깔끔한 인터페이스를 구축하고 그들이 여러분에게 다가오도록 하는 것이다. 로켓 퓨얼의 경우에 그들의 목표는 그저 똑같은 금액으로 더 큰 효과를 이끌어내는 '평범한' 미디어 파트너처럼 보이는 것이다.

직접적으로 관여하는 주도자들 외에도 여러분의 표적시장에서 채택을 촉진할 수 있는 지엽적인 협력관계들이 존재한다. 로켓 퓨얼의 경우에 인터랙티브 애드버타이징 위원회가 계약을 표준화하는 데 핵심적인 역할을 담당하면서 소규모 기업도 굳이 법무팀을 갖추지 않고 광범위한 활동을 펼칠 수 있게 되었다. 그리고 DART와 아틀라스(Atlas) 같은 광고 서버들의 정보제공력은 로켓 퓨얼이 기반을 두는 가치제안의 성과 측정기준에 투명성을 더하면서 "나는 광고예산의 절반이 허비된다는 것을 알고 있지만, 그 절반이 무엇인지 알지 못한다"라고 말하는 상황은 없어졌다. 이제 로켓 퓨얼의 고객들은 회사에서 요구하는 투자를 하지 않고도 제휴한다.

이 모든 현상은 소비자의 관심이 온라인으로 집중된다는 것을 깨달은 광고업계가 로켓 퓨얼과 오디언스 사이언스(Audience Science), 비저블 메저스(Visible Measures) 같은 기업들(이 분야에서 MDV 투자사의 기업들 중 세 곳의 이름을 꼽자면) 주위로 모여든다는 것을 보여주는데, 이 생태계의 구성원들은 모두 새로운 매개체를 통한 소비자들과의 교류에 큰 관심을 지니고 있기 때문이다. 여기서 교훈은 명확하다. 빨리 가고 싶다면 혼자 가고, 멀리 가고 싶으면 함께 가라. 인터넷 시대에는 그 두 가지를 동시에 해야 하는데, 그것이 바로 완비제품 제휴사들이 차별화할 수 있는 영역이다.

그렇다고 해도 로켓 퓨얼은 특별한 사례에 해당된다. 디지털 상거래에서 빠르게 성장하는 모든 사업들이 빅 데이터와 분석에 의해 좌우되는 것은 아니다. 일부 사업들은 거의 사람들에 의해 좌우된다! 일례로 인퓨전소프트(Infusionsoft)를 살펴보자.

제휴사 및 협력사들: 인퓨전소프트의 사례

인퓨전소프트는 MDV에서 투자한 또 다른 서비스형 소프트웨어 기업으로 소규모 기업들(일반적으로 직원 25명 이하의 기업들이며 대다수는 직원이 고작 1~2명에 불과하다)에 판매와 마케팅 서비스(기술업계에서는 CRM으로 지칭된다)를 제공한다. 이 회사는 소규모 기업의 소유주들이 온라인 마케팅으로 전환하도록 돕기 위해 설립되었는데, 이 능력은 적절히 활용되면 효과적일 수 있지만, 디지털이나 마케팅, 혹은 그 두 가지 모두에 익숙하지 않은 경우에는 채택하기 몹시 부담스럽다.

이런 특성 때문에 인퓨전소프트는 처음부터 난관에 부딪혔다.

수용에 소극적인 표적고객들을 어떻게 그들과 아무 관련도 없는 기술에 관심을 갖도록 할 것인가? 하지만 만약 표적고객이 온라인과 관련된 사업을 한다면, 온라인 마케팅만큼은 효과를 거둘 것이다. 이 회사는 중소기업 소유주들에게 세미나를 통해 새로운 온라인 방식을 홍보하는 '중소기업 마케팅 전문가들'과 협력하면서 이 문제를 해결했다. 이 전문가들은 많은 잠재고객들을 유치할 능력이 있었다. 잠재고객들이 온라인 마케팅을 도입하도록 돕는 방법으로 그들과 꾸준히 접촉하는 것보다 더 나은 방법이 있겠는가? 소프트웨어는 강연을 촉진했고, 교육은 소프트웨어를 촉진했다. 물론 이것은 조기수용자들의 모임이었지만 인퓨전소프트가 첫 성장의 이정표를 세우는 데 기여했다.

하지만 캐즘을 뛰어넘기 위해 회사는 마케팅을 혁신하여 초기 시장을 초월해 실용주의자 대중에 접근해야 했다. 인퓨전소프트는 많은 유망한 교두보 시장을 실험했고, 특히 전문연설가들(보다 일반화된 형태의 마케팅 전문가 부문), 헬스클럽들, 치과의사들(이 두 부문은 모두 온라인 광고에 적용할 수 있는 '리텐션 마케팅' 목적을 지닌다)을 대상으로 성공을 거두었다.

이처럼 성공을 거둔 실험들도 있었지만, 실패했던 실험도 있었다. 회사는 고객들에게 운영에 소요되는 과도한 선수금을 부과하지 않고 요금 전액을 유예하면서 많은 잠재고객들의 가입을 유도했다. 불행히도 그들 중 대다수는 얼마 지나지 않아 해약했다. 참담한 결과였지만 그만큼 완비제품에 대한 중요한 교훈을 남겼다. 온보딩은 기술적 과정과 사업적 과정의 재구성의 차원에서 모두 세심한 조정이 필요했다.

저가형의 온보딩 서비스를 추가함으로써 인퓨전소프트는 해약을 억제하면서 목표한 유지율을 달성할 수 있었다. 하지만 이것은 또 다른 문제를 야기했다. 어떻게 회사에서 수익성이 낮은 콜센터 환경을 조성하지 않고도 증가하는 수요를 충족시킬지 판단할 수 있는가? 이 문제는 회사가 순수한 마케팅 서비스를 완전한 CRM 상품으로 확장하면서 더욱 심각해졌다.

여기서 반가운 소식은 자연이 진공을 싫어한다는 것이다. 인퓨전소프트의 고객들이 온보딩 서비스와 처음 몇 차례의 마케팅 캠페인에 대해 수천 달러를 지불할 의향이 있다는 사실은 그 생태계의 서비스 공급자들에게도 변함이 없었다. 그리고 그들 중 다수가 경쟁에 뛰어들며 동일한 서비스를 공급하기 시작했다.

그러자 회사는 실행촉진 워크숍을 주최하면서 25명의 고객들을 초청해 여러 전문가들과 함께 이틀에 걸쳐 '마케팅 해커톤'을 실행했다. 그 과정에서 인퓨전소프트의 성공 코치들 외에도 카피라이터들, 대본작가들, 영상촬영가들, 소프트웨어 기획자들, 웹마스터들은 물론 인퓨전소프트의 기술지원팀까지 마케팅 전략과 전술을 개발하는 데 도움을 주었다. 일부 고객들은 불과 이틀 만에 다른 사람들이 1년 동안 이루어낸 것보다 큰 성과를 거둘 수 있었다. 완비제품에 이르는 과정을 수월하게 조율하는 것은 확실히 결정적인 성공요소였다.

이 계기로 회사는 교육 및 인증 프로그램을 개발했고, 지난 2년 동안 회사와 별도로 활동하는 '인퓨전소프트 인증 컨설턴트'를 200명 넘게 배출했다. 누이 좋고 매부 좋은 관계였기 때문에 이 컨설턴트들은 적극적으로 인퓨전소프트를 추천하면서 최근 회계연도에 회사의 신규고객 중 절반 이상을 가입시켰다.

여기서 교훈은 확실하다. 전략적 제휴는 종종 계약을 지속하고 관계를 유지하기가 몹시 어렵다. 그러나 강력한 구매이유가 형성된 특정한 표적시장을 겨냥한, 완비제품을 중심으로 구축되는 완비제품 제휴는 그렇지 않다. 그러면 이 원칙이 어떻게 전략적 제휴 시나리오에 적용될 수 있는지 살펴보자.

제휴사 및 협력사들: 모질라의 사례

확실히 나는 전술적인 방식을 선호하지만, 부득이 포괄적인 방식을 채택해야 할 경우에 첨단기술 업계에서는 업계를 조정하는 방식의 사례들이 존재한다. 이것은 2011년에 모질라(Mozilla)가 유명한 파이어폭스 브라우저를 데스크톱에서 모바일로 확장하면서 직면했던 문제였다.

파이어폭스는 마이크로소프트의 인터넷 익스플로러 7.0의 오류를 교정하기 위해 출시되었던 오픈 소스 웹브라우저이다. 그 기술의 특성상 사용자들의 컴퓨터는 스팸메일 발송자들에게 극도로 취약해졌고, 모질라의 기술팀은 '사람들의 선택(people's choice)' 항목을 개발하기 위해 노력했다. 이 방식은 성공을 거두어 첫해 1억 회의 다운로드 실적을 기록하면서 인터넷 익스플로러와 구글 크롬에 이어 전 세계에서 세 번째로 인기 있는 브라우저가 되었다. 이 방식은 한편으로 마이크로소프트와 구글에게 최신 버전에서 '추적금지(Do Not Track)' 기능을 선택사양으로 채택하도록 자극하면서 모질라의 대중화 사명을 촉진했다.

사명은 완수되었는가? 아직 멀었다. 향후 수년 이내에 인터넷을 처음 사용할 20억 명의 사람들과 아직까지 인터넷에 한 번도 접속해보지 못한 개발도상국의 사람들은 어떻게 할 것인가? 그들은 분명히 모바일기기를 사용할 것이다. 어떤 브라우저가 그들의 표준이 될 것인가?

대중화 사명을 지속하기 위해 모질라는 모바일업계가 스마트폰 환경에서 작동하는 모바일 브라우저를 고안하도록 조정해 애플과 구글 안드로이드 기기들과 직접 경쟁하고, 생태계 전체가 이 오픈 소스 플랫폼을 사실상의 표준으로 지지하도록 조직해야 한다. 모바일은 보수적인 통신회사들부터 온갖 혁신적인 기술업체들에 이르기까지 매우 광범위한 부문이다. 캘리포니아 마운틴

뷰에 위치한 소규모 비영리 기업이 어떻게 그처럼 커다란 캔버스 위에 일관된 그림을 그리고자 할 수 있었을까?

여기에 그들이 실행했던 사항들을 소개한다.

1. '20억 명의 차세대' 사용자들을 겨냥하면서 그들은 무료 오픈 소스 소프트웨어 이상을 감당할 수 없다는 제약을 받아들였다. 또한 이미 보유한 기술을 바탕으로 최신 기능보다 가격 대비 성능이 최적화된 제품을 선호하고 비용이 최소화된 플랫폼을 필요로 하는 사람들을 표적고객으로 삼았다.

2. 이 사업에 착수하기 위해 핵심적인 모바일 운영회사 두 곳(텔레포니카[Telefonica]와 도이체 텔레콤[Deutsche Telekom])과 제휴했는데, 그 당시 CEO인 게리 코바치는 "그들이 수표를 끊기 때문이다"라고 설명했다.

3. 그들에 대한 지지를 활용해 파이어폭스가 구동되는 기기를 공급할 핵심적인 단말기 제조업체 두 곳(ZTE와 TCL)과 제휴했다.

4. 이 생태계가 경영과 실무 차원에서 모두 일관성을 유지하도록 1년이 넘는 기간에 걸쳐 사장단 회의, 협의회, 다자간 기획회의를 개최했다.

5. '특수항목'을 지지하는 온갖 압박에도 불구하고 플랫폼의 표준에 관한 필수항목을 유지하기 위해 투쟁했고, 그 결과물은 전 세계적으로 통용될 수 있었다.

6. 신제품을 발표하는 2013 모바일 월드 콩그레스에서 코바치는 23명의 다른 CEO들과 만났고, 그들은 모두 최소한 1개 국가에서 파이어폭스가 구동되는 단말기를 출시하기로 계약했다.

대기업의 시대에 개인의 권리를 옹호하는 것이 사명인 조직으로서 나쁘지 않은 성과였다.

여기서 핵심적인 교훈은 이 책에 요약된 시장개발 단계들이 그들의 모든 행동에 적용되었다는 것이다.

- 그들은 강력한 구매이유(인터넷의 모든 콘텐츠에 대한 무료 접속뿐만 아니라 개인적, 가족적, 사업적 목적의 의사소통)를 형성한 표적고객(인터넷에서 제공될 수 있는 서비스를 생애 최초로 구매할 개발도상국들의 소외된 국민들)으로부터 시작했다.
- 그들은 완비제품을 고안하고, 그 제품과 관련해 통신회사들과 OEM 단말기 제조업체들이 중요한 제휴사가 될 것이라고 판단했다.
- 곧이어 그들은 향후 20억 명의 잠재고객들에 대한 이익과 개발도상국들에서의 사업이익을 공유할 제휴사들을 찾았고, 그들에게 집중된 인기를 활용해 상당한 규모의 판매기회를 창출하면서 세계적인 수준의 OEM 기업 두 곳의 관심을 이끌어냈다.
- '경쟁을 창출해야 할' 시점(다음 장에서 다루게 될 사항)이 되면 이 생

태계 전체는 엄청난 위세를 과시하는 막강한 두 대기업 애플과 구글 때문에 통신회사들과 OEM 기업들이 점점 더 불안해하며 견제세력의 진입을 지지할 것이라는 사실을 알고 있었다.

마지막으로 그들은 결코 자신들에 대한 스토리를 만들거나 가치 제안을 하려고 하지 않았다. 세계와 업계에 대한 서비스에는 항상 노력이 뒷받침되었기 때문에 사람들은 단지 '좋은 거래'가 아닌 자신의 이익을 위해 구매를 할 수 있었다. 이것은 완비제품 관리에 성공하기 위한 핵심이다.

우리가 로켓 퓨얼, 인퓨전소프트, 모질라의 사례에서 검토한 제휴활동의 최종적인 결과는 '시장의 창출'이다. 시장은 단순한 구매자와 판매자 이상을 의미한다. 그것은 소위 '가치사슬'이라고 불리는 것을 창출하기 위해 연동하는 이해관계로 얽혀 있는 환경이다. 캐즘을 뛰어넘으려는 모든 기업에게 완비제품을 창출하기 위해 제휴관계를 체결하는 것은 가치사슬을 형성하고 활성화하는 일이다. 일단 가치가 창출되면 자유시장 체제가 이를 저절로 강화하기에 완비제품 관리자는 그저 굿이나 보고 떡이나 먹으면 된다.

요약하자면 완비제품 인프라 개발을 가속화하기 위해 전술적인 제휴에 의해 완비제품을 구체화하는 일은 캐즘을 뛰어넘기 위한 침투부대를 구축하는 과정의 핵심이다. 침투부대는 고객에게 강력한 구매이유를 부여하는 역할을 담당한다. 이런 침투부대는 첨단기술 시장에서 아직 무척 드물기 때문에 캐즘 기간의 높은 위험부담에도 불구하고, '완비제품 전략을 원활히 수행하는 기업은 주류시장에서 성공을 거둘 가능성이 매우 높다.'

요약: 완비제품 관리에 관한 조언

1. 완비제품의 구체화를 위한 도넛 도표를 사용하라. 여러분의 회사에서 1차적인 책임을 지고자 하는 모든 영역들을 채워라. 나머지 영역들은 고객이나 제휴사, 혹은 협력사를 통해 채워야 한다.
2. 완비제품이 최소한의 품목으로 간소화될 수 있는지 검토하라. 이것은 KISS(Keep It Simple, Stupid, 단순화하고 간소화하라) 이론이다. 불필요한 부속물을 정리하지 않으면 완비제품을 관리하기 어렵다.
3. 모든 참여자들의 관점에서 완비제품을 검토하라. 모든 판매사들이 이익을 거두도록 하고 불공정한 이익을 취하는 판매사가 없도록 막아라. 여기서 불공정한 사항이 생기면 완비제품 계획은 순식간에 수포로 돌아갈 것이다. 기업들은 자연히 서로를 의심하게 되고 여러분의 모든 계획을 사기라고 생각할

것이다.

4. 기존의 협력 사례들을 보다 공식적인 프로그램으로 전환하면서 완비제품 관계를 서서히 발전시켜라. 무엇보다 고객을 포함한 모두가 이익을 거둘 수 있는 믿을 만한 사례들이 확립되지 않으면 협력을 공식화하지 마라. 또한 같은 부문에서 같은 업무에 활용하기 위해 직접 경쟁하는 제휴사들을 모집하지 마라. 그들은 여러분의 프로그램에 전력을 다하지 않을 것이다.

5. 대규모 제휴사들과는 상향식으로 작업하도록 하라. 소규모 제휴사들과는 하향식으로 작업하라. 두 경우 모두 목표는 고객에게 실제 영향을 미치는 결정이 이루어지는 지점에 최대한 근접하기 위한 것이다.

6. 공식화된 관계들이 확립되면 이를 의사소통을 위한 통로로만 활용하라. 이에 의지해 협력을 촉진하지 마라. 제휴관계는 다른 기업들의 특정한 개인들이 서로를 신뢰하려고 할 때 비로소 효과를 발휘한다.

7. 만약 대규모 제휴사들과 작업하고 있다면, 지역판매소 수준의 관계를 구축하는 데 역량을 집중하고 대기업 임원들에게 시간과 노력을 허비하지 않도록 주의하라. 반대로 소규모 제휴사들과 작업하고 있다면, 그들의 한정된 자원에 신경을 쓰면서 여러분의 회사에서 그들에게 유리한 활동을 하도록 지원하라.

8. 마지막으로 가장 관리하기 까다로운 제휴사가 바로 여러분의

회사라는 것을 알게 되더라도 놀라지 마라. 만약 제휴관계가 공정하다면 수익 지분을 더 확대해야 한다고 주장하는 회사 내부인의 말을 믿을 수 있을 것이다. 투쟁을 벌이는 과정에서 여러분의 고객들이 가장 확실하고 든든한 동지가 되어주기를 기대하라.

6장

전투를 규정하라

침투를 개시하기 전에 조직을 재편성하라. 우리는 이미 강력한 구매이유를 유발하는 문제에 시달리는 표적시장 부문을 공격지점으로 확정했다. 또한 그 문제를 제거하는 데 필요한 완비제품을 구상하고 그에 따른 제휴사와 협력사들도 이미 모집했다. 이제 가장 큰 장애물은 경쟁이다. 우리가 교두보 확보에 성공하려면 경쟁자들이 누구인지, 현재 그들이 우리의 표적고객과 어떤 관계를 이루고 있는지, 우리의 표적시장 부문에서 그들을 밀어내기 위해 어떻게 최적의 입지를 구축할 수 있을지 이해해야 한다.

이것이 바로 전투를 규정하는 것이다. 기본적인 교전규칙은 '전투를 규정할 수 있는 부대는 그 어떤 부대라도 이길 수 있다'

는 것이다. 우리가 전문적인 영역을 구축하거나, 승리를 위한 경쟁력 있는 기준을 확립하는데도 패배하는 이유는 무엇인가? 안타깝게도 우리가 이를 제대로 하지 못하기 때문이다. 간혹 우리는 자신의 강점과 약점, 혹은 경쟁자들의 강점과 약점을 잘못 알기도 한다. 하지만 표적고객들의 진정한 요구사항을 잘못 알거나 고객들의 요구를 충족시키는 책임을 맡는 것을 두려워하는 경우가 더 많을 것이다.

그러면 고객을 위해 어느 정도까지 해야 하는가? 캐즘을 뛰어넘으려는 경우에 실용주의자 고객들이 보고자 하는 중요한 사항은 '확실한 경쟁'이다. 만약 여러분이 선각자들을 위한 새로운 가치제안을 개발한 직후라면 경쟁이 존재할 가능성은 희박하며, 혹시 존재한다고 해도 실용주의자들이 인정할 만한 형태는 아닐 것이다. 이제 여러분이 해야 할 일은 경쟁을 창출하는 것이다.

경쟁을 창출하라

기술수용 주기의 진행과정에서 경쟁의 본질은 극적으로 변한다. 이런 변화는 너무 급격하기 때문에 확실한 경쟁이 존재하지 않는 지점이 그 주기에서 한 번 이상 나타난다고 말할 수 있다. 불행히도 경쟁이 존재하지 않는 지점에서는 시장도 존재하지 않는다. 따라서 먼저 우리는 캐즘 뛰어넘기와 연관되는 경쟁의 중요성을 다시 생각해야 한다.

초기시장의 개발에 대한 지금까지 우리의 경험을 살펴보면 경쟁은 제품보다는 새로운 운영방식에서 비롯되었다. 저항은 현상유지를 위한 노력, 위험부담에 대한 두려움, 혹은 강력한 구매이유의 부재에서 벗어나려는 관성으로부터 작용한다. 초기시장에서 우리의 목표는 이런 저항을 극복하기 위해 선각자 후원자들을 모집하는 것이다. 그러면 그들은 회사 내에서 프로젝트 자금을 두고 경쟁하는 실용주의자들과 경합을 벌인다. 실용주의자들의 솔루션은 자금을 투자해 문제들을 하나씩 차근차근 해결하는 것이다(반면 선각자들은 고르디아스의 매듭을 단칼에 베어버린 알렉산더 대왕처럼 강력한 힘[엄청난 비용]으로 한 번에 문제를 해결하려고 한다). 실용주의자들은 회사에 문제와 관련된 위험부담과 그 비용을 알리기 위해 노력한다. 반면 선각자들은 통솔력을 발휘하며 과감하고 단호하게 행동한다. 경쟁은 제품의 차원이 아닌 기업 안건의 차원에서 일어난다.

이것이 바로 초기시장에서 경쟁이 작용하는 방식이다. 이것은 결코 주류시장의 경쟁방식이 아닌데, 주류시장에서 활동하는 선각자들이 많지도 않을 뿐 아니라 선각자들은 주류시장이 형성되기 전에 활동하는 것을 좋아하기 때문이다. 이제 우리는 진정한 실용주의자들의 영역에 진입했다. '실용주의자들의 영역에서 경

쟁은 공동의 범주 안에서 제품과 판매사의 비교평가에 의해 규정된다.'

이런 비교평가는 구매과정에서 실용주의자들을 안심시킬 만한 합리적인 분위기를 조성하는데, 그것은 다양한 요소들을 측정하고 채점하는 평가표에서 비롯된다. 이런 평가표를 통해 도출된 결론은 궁극적으로 주류시장의 규모를 형성하고 부문을 구분할 것이다. 여전히 윈도가 대세를 이루는 전통적인 데스크톱 PC는 사무자동화를 위한 최선책으로 여겨지는 반면, 애플이 상당히 잠식한 노트북은 이동 중 업무에 더 유용하고, 구글 안드로이드가 우위를 점유한 스마트폰은 매일 24시간 온라인에 접속하기 좋다. 이런 상황에서 점차 유선 네트워크보다 무선 네트워크에 대한 선호도가 증대되었고, 시스코는 그 변화를 감지했다. 이런 추세는 확실한 경쟁과 확실한 선도자가 나타날 때까지 구매에 나서지 않는 실용주의자 구매자들에게는 흥겨운 음악이나 마찬가지다. 그것은 인정된 핵심제품을 중심으로 합리적인 완비제품 인프라를 지지할 정도로 시장이 성숙했다는 징후이기 때문이다.

요약하자면, 실용주의자들은 비교할 수 있는 상황이 될 때까지 구매를 꺼린다. 따라서 경쟁은 '구매를 위한 기본적인 조건'이다. 확실한 경쟁 제품이 존재하지 않는 초기시장에서 주류시장의 진입을 목표로 시작했다면, 여러분은 경쟁을 창출하기 위해 노력해야 한다.

경쟁을 창출하는 것은 주류시장에 진입하기 위한 전투에서 가장 중요한 마케팅 커뮤니케이션 결정이다. 경쟁 창출은 이미 실용주의자 고객들에게 어느 정도 신뢰성이 확립된 구매 범주 내의 제품의 포지셔닝에서 시작한다. 그 범주에는 다른 합리적인 구매선택들도 공존해야 하는데, 이미 실용주의자들에게 익숙한 구매선택들이라면 이상적일 것이다. 이런 환경에서 여러분의 목표는 제품을 명백하게 올바른 구매선택으로 포지셔닝하는 것이다.

여기서 가장 큰 위험은 경쟁을 조작하는 것인데, 다시 말해 지나치게 자기중심적인 환경을 창출하는 것이다. 여러분은 확실히 자신이 압도하는 경쟁상대를 창출할 수 있지만 불행히도 그런 환경은 실용주의자 구매자들에게 신뢰를 주지도 못하고 매력적이지도 않다. 예를 들면, 나는 르네상스 영문학 박사를 취득한 최고의 첨단기술 마케팅 컨설턴트라고 주장할 수 있다. 그 주장은 신뢰성이 있을 수도 있지만 그리 매력적이지는 않다. 반면 나는 사상 최고의 마케팅 컨설턴트라고 주장할 수도 있는데, 그것은 매력적인 주장일 수 있지만 결코 신뢰성이 있는 주장은 아니다(물론 나는 어떻게 최고의 컨설턴트라는 사람이 그렇게 자기중심적일 수 있는지 모르겠다).

그러면 어떻게 자기중심적이거나 부적절한 경쟁상대를 창출하지 않을 수 있는가? 가장 중요한 사항은 선각자들이 아닌 실용주의자들의 가치와 관심사에 집중하는 것이다. 이 경우에는 경쟁 포지셔닝 나침반(Competitive Positioning Compass)을 올바른 개념 모델로 이용할 수 있다. 이 모델은 기술수용 주기의 모든 영역에서 표적고객들의 가치제안을 창출하기 위해 고안된 것이다. 무엇이 그들에게 가장 합리적인 경쟁상대일지 파악하고, 그 환경에서 그들의 가치제안 중 가치특성들의 비교순위를 선정한 후에 이를 토대로 포지셔닝 전략을 개발해야 한다. 여기에 그 과정을 소개한다.

경쟁 포지셔닝 나침반

첨단기술 마케팅에는 기술, 제품, 시장, 기업이라는 네 개의 가치 영역이 존재한다. 제품이 기술수용 주기를 따라 이동하면 고객들에게 가장 큰 가치를 지니는 영역도 변한다. 기술 마니아들과 선각자들이 결정을 주도하는 초기시장에서 핵심적인 가치 영역은 기술과 제품이다. 실용주의자들과 보수주의자들이 결정을 주도하는 주류시장에서는 시장과 기업이 핵심적인 가치 영역이다. 이런 맥락에서 캐즘을 뛰어넘는다는 것은 제품 위주의 가치에서 시장 위주의 가치로의 전환을 나타낸다.

경쟁 포지셔닝 나침반은 이런 역학관계를 설명한다. 이 모델에는 많은 정보가 포함되어 있다. 이를 하나씩 살펴보도록 하자.

경쟁 포지셔닝 나침반

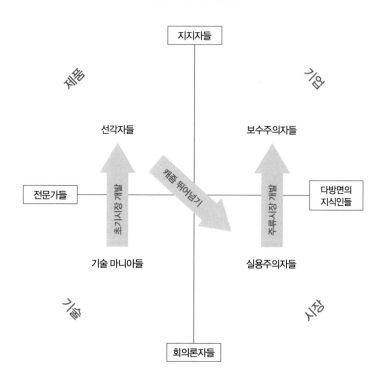

- 나침반에 표시된 방향은 두 개의 축으로 구분된다. 수평축은 첨단기술 문제들에 대한 구매자들의 관심과 이해의 범위를 나타낸다. 대체로 초기시장은 근본적으로 시장 입지나 기업 위상보다 기술과 제품 문제에 더 많은 관심을 두는 전문가들에 의해 지배된다. 반면 주류시장은 특정한 제품의 용량과 속도보다 시장 지배력과 기업 안정성에 더 많은 관심을 두는 다방

면의 지식인들에 의해 지배된다.

- 수직축은 두 번째 척도이며 의심에서 지지에 이르는, 제안된 가치제안에 대한 구매자들의 태도를 나타낸다. 시장은 의심의 상태에서 시작해 지지의 상태로 발전된다. 초기시장의 경우에 기술 마니아들은 회의적인 문지기들이며 주류시장의 경우에는 실용주의자들이 그 역할을 담당한다. 일단 그들이 인정하면 동료들(선각자들과 보수주의자들)도 부담없이 구매한다.

- 이 모델은 여러분의 가치제안을 지지하는 사람들이 여러분의 제품과 회사에 관심을 갖는다는 사실도 나타낸다. 여러분을 의심하는 사람들은 그런 관심을 갖지 않는다. 그것은 대체로 의심이 팽배한 시장의 초기에 제품이나 회사의 장점에 치중해 홍보하는 것은 실수라는 의미이다. 여러분은 그런 요소들을 선전할 만한 자격이 없다. 시장의 구성원들은 아직 여러분이 변화를 이끌어낼 만큼 오래 버틸 것이라고 믿지 않기 때문이다.

- 그러나 회의론자들의 마음을 얻을 수 있는 방법은 존재한다. 아무리 회의적인 전문가들이라도 혁신적인 신기술에는 항상 주의를 기울인다. 따라서 처음부터 제품에 대한 지지를 얻지는 못할지라도 그들에게 제품의 기술을 이해하도록 독려하고 그런 이해를 통해 제품 자체를 인정하도록 유도할 수 있다. 기술을 인정하면 그만큼 제품도 더 지지하게 된다.

- 마찬가지로 회의적인 다방면의 지식인들도 검증되지 않은 기

업에 관심을 갖지 않을지 모르지만 새로운 시장개발에는 항상 관심을 갖는다. 만약 여러분이 다방면의 지식인들에게 아직 충족되지 않은 새로운 시장 요구사항(여러분이 제품을 포지셔닝하고 마케팅을 실시할 수 있는)이 존재한다는 것을 보여줄 수 있다면, 그들은 그 시장기회를 인식하면서 여러분의 기업도 인식할 수 있다.

• 첨단기술 부문에는 두 가지 '자연스러운' 마케팅 흐름(초기시장 개발과 주류시장 개발)이 존재한다. 초기시장은 강력한 기술적 우위를 입증하여 그것으로 제품의 신뢰성을 구축하면서 개발하고, 주류시장은 시장 지배력의 우위를 입증하여 그것으로 회사의 신뢰성을 구축하면서 개발해야 한다.

• 반면 '캐즘 과도기'는 부자연스러운 흐름을 나타낸다. 캐즘을 뛰어넘으려면 선각자들이 지지하는 환경에서 실용주의자들이 의심하는 환경으로 돌아가야 한다. 그것은 제품을 지향하는 익숙한 환경에서 시장을 지향하는 낯선 환경으로, 비슷한 생각을 하는 익숙한 전문가 집단에서 의심이 많은 낯선 다방면의 지식인 집단으로 이동하는 것을 의미한다.

이제 이 모든 사항들을 결부해 경쟁을 창출하도록 하자. 만약 우리가 오른쪽 하단부의 회의적인 실용주의자들의 마음을 얻고자 한다면, 새로운 경쟁상대에 대한 모든 대화는 시장 지향적인 문제들에 기반을 두어야 한다. 그것이 바로 실용주의자들이 관심을 두는 사항이다. 달리 말해, 마케팅의 초점을 제품 위주의 가치특성들에서 시장 위주의 가치특성들로 전환해야 한다. 여기에 각각의 대표적인 목록을 소개한다.

제품 위주	시장 위주
근사한 제품	가장 완전한 완비제품
사용의 용이성	믿을 만한 사용자 체험
뛰어난 구조	표준에 대한 호환성
제품 가격	완비제품 가격
고유한 기능	상황에 따른 가치 목적에 대한 부합성

5장에서 살펴보았듯이, 완비제품과 제휴사와 협력사들에 초점을 맞춘 기반은 시장 지배력의 전제를 왼쪽 목록에서 오른쪽 목록으로 옮기는 것이었다. 다시 말해, 기존의 선도적인 지위가 없기 때문에 운영이 가능한 시장 부문의 범위에서 가치특성을 창출하고 진정한 시장 지배력을 이끌어내는 것이다. 이제 실용주의자 구매자들의 지지를 얻기 위해 성과를 알려야 한다.

요약하자면, 캐즘을 뛰어넘는 시기에 표적고객들의 가치제안의 기반은 바로 시장 중심의 가치체계(제품 중심의 가치체계에 의해 대체되지 않으며 이에 의해 보완된다)가 되어야 한다.

그 가치제안은 표적고객들이 경쟁상대를 인식하는 방식과 그 경쟁상대로 지목되는 새로운 진입자에게 부여하는 위치에 관한 모델이 될 것이다.

보다 구체적으로 설명하자면, 경쟁을 창출하기 위해서는 두 경쟁자를 지표로 활용해 시장에서 여러분 회사의 고유한 가치제안을 파악할 수 있도록 해야 한다. 그 두 경쟁자 중 첫 번째를 우리는 '시장 대안(market alternative)'이라고 지칭할 것이다. 그들은 여러 해 동안 표적고객들에게 구매를 이끌어낸 판매자이다. 그들이 다루는 문제가 이제 우리가 다루게 될 문제이며, 그들에게 할당되는 예산이 새로운 진입자로서 우리가 차지해야 할 수입이 된다. 그런 예산을 차지하려면 전통적인 방식의 고질적인 한계를 타개할 수 있는 불연속적인 혁신을 활용해야 한다.

두 번째 참고 경쟁자를 우리는 '제품 대안(product alternative)'이라고 지칭할 것이다. 그들도 우리처럼 불연속적인 혁신을 활용하는 기업이며 기술 선도자로서 포지셔닝을 시도할 것이다. 그들의 존재는 이제 이 새로운 혁신을 수용해야 할 시기라는 견해에 신뢰성을 부여한다. 여기서 우리의 의도는 그들의 기술을 인정하면서도 시장 부문에 특화된 집중을 통해 차별화하는 것이다.

이제 몇 가지 구체적인 사례를 통해 이 방식이 작용하는 과정을 살펴보자.

경쟁의 창출: 박스의 사례

21세기에 들어 소비자 컴퓨팅이 도입되면서 다수의 새로운 제품들이 클라우드 컴퓨팅 서비스를 선점하기 위해 쏟아져 나왔다. 그중에서 가장 성공한 제품은 소비자들이 사진, 음악을 공유할 수 있는 아주 단순한 파일공유 소프트웨어인 드롭박스(Dropbox) 였다. 그 제품은 워낙 사용하기 쉬웠기 때문에 기업에서도 활용하기 시작했다. 하지만 소비자의 사용편이성에 집중한 점을 감안하면 드롭박스가 IT 부서에서 요구되는 만큼 엔터프라이즈 특성에 크게 투자하지 않았던 것은 놀랍지 않은 사실이었다. 따라서 보다 기업 중심의 대안을 개발하기 위해 연구하기 시작했고 그 결과 엔터박스(Enter Box)가 탄생했다.

이 회사가 직면했던 문제는 기업들이 이미 널리 보급된 마이크로소프트의 셰어포인트(SharePoint)라는 최종 사용자 파일공유 소프트웨어를 가지고 있다는 것이었다. 동시에 드롭박스는 소비자 브랜드로 더 유명했다. 이런 상황에서 어떻게 박스가 승리를 거둘 수 있었을까?

예상과 달리 이것은 완벽한 포지셔닝 상황이나 다름없었다. 셰어포인트는 유력한 '시장 대안'인 반면, 드롭박스는 유력한 '제품 대안'이었기 때문이다. 교차점에 포지셔닝을 하는 것만으로 드롭박스의 사용편이성이 셰어포인트의 기업 표준과 만난다. 이

	기존의 기술	새로운 기술
표적시장	시장 대안	**여러분**
더 넓은 시장		제품 대안

것은 두 영역 모두에 최선이다.

이런 교차는 위와 같이 간단한 모형으로 쉽게 묘사된다.

이 도표에서 두 대안은 여러분의 '참고 경쟁자(reference competitor)'
이다. 박스의 경우에 마이크로소프트를 시장 대안으로 지정하면
동일한 용례와 기업 내부의 동일한 예산을 목표로 삼아야 한다.
더불어 드롭박스를 제품 대안으로 지정하면 불연속적인 혁신은
엄청난 사용편이성이 되어야 한다. 회사는 이런 전제를 실천해
야 하고 승리를 위해 치열한 경쟁을 벌여야만 무엇을 해야 할지
혼동하는 일이 없다.

경쟁의 창출: 워크데이의 사례

1990년대에 클라이언트 서버 소프트웨어 시대가 시작되며 PC가 최종 사용자 접속단말기로 대체되던 시기에 엔터프라이즈 애플리케이션 패키지로 대성공을 거둔 최초의 기업은 피플소프트(PeopleSoft)였다. 이 회사는 인사부서를 표적으로 삼아 최초로 상용화되는 상호소통 기능을 제공하면서 캐즘을 뛰어넘었다.

하지만 10년 동안 시장이 '최고급 소프트웨어'에서 '통합형 소프트웨어'를 선호하는 방향으로 전환되면서 피플소프트는 규모가 훨씬 큰 두 경쟁업체인 오라클과 SAP에게 뒤처지게 되었다. 2002년 기술업계의 침체기에 오라클은 적대적 인수를 감행했고, 결국 피플소프트를 합병했다.

하지만 피플소프트의 창업자들은 포기하지 않았다. 그들은 엔터프라이즈 소프트웨어에서 또 다른 전환이 이루어지는 것을 감지할 수 있었는데, 어쩌면 그것은 클라우드 컴퓨팅 위에서 가동되는 서비스형 소프트웨어인 클라이언트 서버로의 전환보다 더 심대한 것일 수도 있었다. 그것은 아직 초기단계였지만 다시금 인사관리 시장에 변화를 일으키기 시작했다.

새로운 솔루션을 알리기 위해 그들은 무엇을 해야 했을까? 이미 시장은 그들을 피플소프트의 창업자들로 알고 있었기 때문에 그들은 그 제품을 시장 대안으로 활용하기만 하면 되었다. 또 그들은 제품 대안으로 전 세계에서 가장 유명한 서비스형 소프트 웨어 기업인 마크 베니오프의 세일즈포스닷컴을 지목했다.

그 메시지는 명백했다. '우리는 피플소프트의 고객기반을 추구할 것이다. 바로 '우리'가 매각했고 현재 오라클이 보유하고 있는 사람들 말이다. 우리는 그들에게 과거의 클라이언트 서버 패러다임과 결코 비교할 수 없는 서비스형 소프트웨어의 모든 혜택(부과형 요금제, 지속적인 제품 출시, 저렴한 전환비용)을 제공할 것이다.'

앞서 박스의 경우에도 언급했던 것처럼 워크데이(WorkDay)는 여전히 오라클 같은 기존의 강자와 힘겨운 전투를 벌이고 있다. 하지만 참고 경쟁자들을 신중하게 활용하면 그들은 가치제안을 설명하기 위해 고전할 필요가 없다.

여기서 그다지 행운이 따르지 않았던 두 기업을 살펴보면서 이 부분을 마무리하자.

경쟁 창출의 실패: 세그웨이와 베터 플레이스의 사례

출시 당시에 세그웨이는 구글 글래스와 유사했다. 기괴한 형태의 특별한 기술이었다. 아직 실물을 본 적이 없는 사람들에게 설명하자면, 세그웨이는 기다란 잔디 깎는 기계처럼 생겼는데, 그 위에 서서 몸을 원하는 방향으로 기대면 모터가 구동하며 그쪽으로 이동한다. 이 제품은 작동하는 동안에 탑승자의 균형을 유지해주는 매우 뛰어난 회전운동 기술을 바탕으로 탄생할 수 있었다.

이 회사는 당시 세계 최대의 벤처캐피털 회사였던 클라이너 퍼킨스(Kleiner Perkins)의 지원을 받으며 새로운 소형 이동수단으로 대대적인 홍보를 펼치며 출시되었다. 집배원, 경찰관, 검침원, 방문판매원 같은 도보에 의존한 직업을 지닌 사람들은 이제 걷지 않고도 이동할 수 있게 되었다. 그러나 계단을 만나면 곤란한 문제가 발생했고, 그로 인해 사용범위가 명확히 제한되었다.

하지만 평지가 훨씬 더 많고 그에 따른 투자를 할 수 있음에도 왜 그 제품은 아무 진전도 이루지 못했는가? 한 가지 이유를 말한다면, 시장에서 제품의 위치를 설정할 만한 참고 경쟁자를 찾지 못했기 때문이다. 실제로 시장 대안이 전혀 존재하지 않았다. 다시 말해, 목표로 삼을 소형 이동수단 예산이 없었다. 그나마 가장 근접한 제품이 오토바이나 전동 휠체어, 혹은 골프카트 정도였지만 그 어느 것도 참고할 만한 수준은 아니었다. 제품의 측면에서 다른 시장 부문에서 이런 혁신적인 기술을 활용하는 기업이 없었기 때문에 다른 영역에서 성공을 거두기 위해 상호 참고할 방법도 없었다.

세그웨이는 워낙 독특한 제품이었는데, 그런 위치는 캐즘을 뛰어넘고자 하는 시기에 좋지 않게 작용한다. 전기자동차 부문에서 훨씬 더 좋은 위치에 있는 듯했던 샤이 애거시의 베터 플레이스도 이와 똑같은 경우에 해당되었다.

베터 플레이스는 획기적인 가치제안을 기반으로 설립되었다. 전기자동차는 확실히 전도유망한 제품이었지만, 충전시간이 너무 길었기 때문에 제한적인 용도로 사용할 수밖에 없었다. 하지만 배터리를 교환할 수 있다면 어떻게 될 것인가? 운전자는 충전소에서 배터리만 새로 교환해주면 계속 운전할 수 있다. 물론 운전자가 불량품 배터리로 인해 곤란해질 수 있는 위험부담이 존재한다. 이 문제를 해결하기 위한 방법은 인프라를 철저히 공공시설로 운영하면서 이동전화 소비자들이 분 단위로 요금을 지불하는 것처럼 전기자동차 소비자들도 마일 단위로 요금을 지불하도록 하는 것이다.

그 아이디어는 무려 8억 5,000만 달러의 투자를 유치했을 만큼 기발했다. 하지만 실제로 진척되지는 않았다. 이미 확실한 제품 대안이 있었기 때문이다. 바로 다른 전기자동차들이었는데, 현재까지 시장에서 가장 큰 성공을 거둔 전기자동차는 테슬라다. 반면 시장 대안은 없었다. 대중교통, 집카(Zipcar), 이동전화는 모두 유사성을 지닐 뿐이다. 다른 영역으로 용도를 변경할 만한 예산도 없었다. 더욱이 제품의 측면에서 르노가 최초의 전기자동차로 우위를 선점했음에도 불구하고 최종결과물이 소비자들에게 호응을 일으킬 만큼 매력적이지 않았던 탓에 경제적으로 인프라를 활용할 수 없었다. 모든 노력은 서서히 한계에 부딪혔고, 결국 2013년에 허사로 돌아가고 말았다.

요약

이 안타까운 사례들을 다루면서 나는 당부의 말로 마무리하고자한다. 만약 여러분이 경쟁을 선택하고자 하는데 하나의 확실한 시장 대안이나 여러분의 혁신적인 기술을 활용할 믿을 만한 2차판매자를 찾지 못한다면, 이 내용이 단서가 될 것이다. 그것은아직 여러분이 캐즘을 뛰어넘을 준비가 되지 않았을지 모른다는것을 의미한다.

캐즘을 뛰어넘으려면 표적 교두보 부문이 필요하며, 그 시장부문에 여러분의 제품을 구매할 예산이 이미 존재해야 한다. 물론 그 예산은 '엉뚱한 명칭'으로 불리게 될 것이다. 중대한 업무를 해결하기 위한 엉성하고 비효율적인 임시방편에 할당될 것이기 때문이다. 하지만 그런 예산은 반드시 존재해야 한다. 그렇지않으면 이듬해에 여러분의 제품을 구매하는 데 사용할 자금을마련하도록 시장에 설명하느라 한 해를 고스란히 허비하게 될것이다.

시장 대안을 현명하게 선택하는 것은 이 문제를 타개할 수 있는 해결책이다. 하지만 확실해야 한다. 이 사항을 이해한다면 경쟁상대를 지목하는 즉시 전투가 시작될 것이다. 그 시장 대안은누구가 되었든 여러분이 목표로 삼은 자금을 가져갈 계획을 지니고 있다. 실제로 그 예산은 '그 회사'의 예산으로 간주되며 그 회사는 여러분의 행동을 반기지 않을 것이다.

바로 그 시점에서 제품 대안이 필요해진다. 여러분은 모든 관계자들에게 현재 기술의 변화가 이루어지고 있고, 기존의 솔루션은 따라오지 못한다는 것을 확실히 입증해야 한다. 그들의 전성기에 업계지는 상호소통 방식이 아니었다. 그들의 전성기에 광고메일 프로그램은 골프코스에서 확인할 수 없었다. 그들의 전성기에 콜센터는 소비자들의 질문에 24시간 내내 답변을 제시하지 못했다. 여러분의 의도는 기존의 제품의 능력을 폄하하려는 것이 아니다. 실제로 여러분은 그 제품을 존중해야 한다. 표적고객들이 그 업체들과 오랜 관계를 유지했기 때문이다. 그보다는 새로운 변화가 시작되고 있으며, 여러분이 그 기술을 유효성이 입증된 기존의 솔루션 공급자들과 같은 목적으로 만들고자 한다는 것을 알려야 한다.

결국 시장 대안들은 예산과 시장 범주를 강조하고 제품 대안들은 차별화를 강조한다. 이것은 지금부터 다루게 될 주제인 포지셔닝과 매우 흡사하다.

포지셔닝

무엇보다도 경쟁의 창출은 포지셔닝에서 아주 중요한 분기점이
된다. 포지셔닝은 첨단기술 마케팅에서 가장 많이 언급되지만
가장 이해받지 못하는 요소이다. 다음의 원칙만을 기억한다면
여러분은 가장 흔히 나타나는 포지셔닝 실수를 저지르지 않을
수 있다.

1. 무엇보다도 포지셔닝은 동사가 아닌 명사이다.
다시 말해, 포지셔닝은 회사나 제품과 연계된 특성으로 이해하
는 것이 가장 바람직하며 그런 연계를 믿도록 사람들에게 시도
하는 마케팅 왜곡으로 이해해서는 안 된다.

2. 포지셔닝은 구매 결정에 가장 큰 영향을 미치는 요소이다.
그것은 구매자들에게 축약형 이미지로 작용하면서 최종선택뿐
만 아니라 최종선택을 두고 대안을 평가하는 방식까지 형성한
다. 다시 말해, 평가는 종종 이미 확립된 포지셔닝의 합리화에
불과할 수도 있다.

3. 포지셔닝은 여러분의 말이 아닌 사람들의 머릿속에 존재한다.
만약 여러분이 포지셔닝에 대해 설득력 있게 말하고 싶다면, 근
사한 홍보문구를 그대로 차용한 말이 아니라, 다른 사람들의 머
릿속에 실제로 존재할 듯한 말로 포지션을 설명해야 한다.

4. 사람들은 포지셔닝의 극적인 변화에 지극히 보수적이다.

사람들은 자신의 머릿속에 있는 관념에 혼란을 일으키는 것을 좋아하지 않는다. 대체로 가장 효과적인 포지셔닝 전략은 변화의 요구를 최소화하는 것이다.

위에 제시된 모든 사항을 고려하면, 포지셔닝을 동사(포지셔닝을 명사로 만들기 위해 고안된 활동들)처럼 말하는 것이 가능하다. 여기서 성공을 위한 핵심적인 요소 한 가지를 소개한다. 대부분의 사람들이 포지셔닝을 이런 식으로 생각할 때는 제품을 더 쉽게 판매하는 방식에 대해 생각한다. 하지만 정확한 목표는 그들이 '더 쉽게 구매하도록' 만드는 것이다.

기업들이 제품을 더 쉽게 판매하는 방식에 집중하는 이유는 그들이 걱정하는 부분이 판매이기 때문이다. 그들은 진흙을 계속 벽에 던지다보면 일부는 벽에 달라붙는다는 이치에 따라 판매와 관련된 온갖 사안을 마케팅 커뮤니케이션에 접목한다. 잠재고객들은 이런 무차별 공세에 거부감을 느끼는데도 불구하고 영업사원들은 더 적극적으로 그들에게 다가간다. 그러나 말로는 고객들의 가치와 요구를 배려하는 듯할지라도 실제로는 고객들을 현혹하려는 판매자의 의도에 치중해 있으며 그런 사실은 잠재고객들에게 고스란히 간파된다. 이것은 극심한 반감을 유발하는데, 기업이 제품의 쉬운 구매가 아닌 쉬운 판매를 시도하기 때문이다.

생각해보라. 대부분의 사람들은 판매행위에 반발하고 구매행위를 즐긴다. 제품의 쉬운 구매에 집중하면 고객들의 진정한 요구사항에 집중하게 된다. 그러면 고객들은 그런 의도를 감지하고 자발적인 구매로 보답할 것이다. 따라서 쉬운 구매는 쉬운 판매로 전환된다. 결국 포지셔닝의 목표는 표적고객들의 머릿속에 '이런 상황에 맞는 최고의 구매'라는 공간을 창출하고 그 공간을 완전히 점유하는 것이다. 이처럼 파란 신호등이 켜지고 경쟁하는 대안이 존재하지 않을 때 구매가 쉬운 제품이 탄생한다.

이 최고의 구매 공간의 본질은 표적고객에 따라 달라진다. 실제로 그 공간은 제품이 기술수용 주기를 이동하면서 형성되고 점차 확장된다. 이 과정에는 네 가지 기본적인 단계가 존재하는데, 이는 네 가지 심리통계적 유형과 일치한다.

1. 이름을 만들고 범주를 규정하라.

잠재고객들은 이름이 없는 제품을 구매할 수 없고 범주를 알지 못하면 그 제품을 찾을 수 없다. 이것은 기술 마니아들에게 구매가 쉬운 제품을 만드는 데 필요한 최소한의 포지셔닝이다.

여기서 목표는 그 범주의 다른 기술들과 구별되는 적절한 수식어를 사용해 본질적으로 올바른 범주에 속하도록 불연속적인 혁신을 기술적으로 정확히 설명하는 것이다. 생물학계의 목록을 작성한 카롤루스 린네를 생각해보라.

여기에 이름과 범주를 규정한 세 가지 사례를 소개한다.

- 베리나타(Verinata)는 다운증후군을 선별하기 위해 산모의 혈액 샘플에서 추출한 태아 세포를 분리하고 분석하는 유전자검사이다.
- HANA는 온전히 메모리에서 작동하는 데이터베이스 시스템으로, 디스크를 사용한 라이팅과 리딩, 혹은 데이터 웨어하우스로의 데이터 리호스팅과 관련된 데이터 병목현상을 제거한다.
- 니시라(Nicira)는 소프트웨어 정의 네트워크(SDN)로, 네트워크 구성과 제어 평면이 라우터와 스위치 장비에서 분리되어 서버를 운영하는데, 서버에서 하나의 제어점을 통해 네트워크 전체를 관리할 수 있다.

만약 여러분이 이런 범주에 대해 기술적인 지식이 없다면, 이런 포지셔닝에 관한 설명은 여러분에게 큰 의미가 없을 것이다. 하지만 그 분야의 전문가들에게는 명확한 의미를 지닌다. 이런 이유에서 기술 마니아들과 소통해야 하는 것이다.

2. 사용대상과 사용목적을 규정하라.

고객들은 누구를 위한 것이고 무엇을 위한 것인지 알기 전에는 제품을 구매하지 않을 것이다. 이것은 선각자들에게 구매가 쉬운 제품을 만드는 데 필요한 최소한의 포지셔닝이다.

선각자들은 새로운 혁신의 존재에 관심을 갖지 않는다. 다만 그 혁신의 잠재적인 영향력이 궁금할 뿐이다. 새로운 혁신이 그들의 환경에서 극적인 경쟁력 우위를 창출할 만한 어떤 획기적인 변화를 일으킬 수 있는가?

만약 이 기준을 위의 세 사례에 적용한다면, 우리는 다음과 같은 포지셔닝 설명을 고안할 수 있다.

- 출산을 앞둔 산모들과 산부인과 의사들, 보험회사들을 위해 베리나타는 양수검사보다 통증이 적고 안전하고 저렴하면서도 업계에서 가장 정확도가 높은 임신선별검사를 제공한다.
- 비즈니스 프로세스 소유주들과 그들을 지원하는 IT 기업들에게 HANA는 진행 중인 거래에 실시간 분석을 실행하면서 그에 따른 최적의 결과가 나오도록 재조정할 수 있다.
- 클라우드 컴퓨팅 환경에서 운영되는 네트워크 관리자들에게 니시라는 하나의 네트워크 패브릭에 신속한 재구성을 실행해 다수의 중대한 애플리케이션을 구동하는 데 필요한 고도의 실행능력을 제공할 수 있다.

여기서 아이디어는 가치제안에서 '무엇을 위해?'와 '누가 관심을 갖는가?'에 초점을 맞추는 것이다. 만약 그 '누구'가 영향력과 예산을 지니고 있고 그 '무엇'이 상당한 보상이라면, 초기시장 구매를 후원하는 위험부담은 감수할 만한 가치가 있다.

3. 경쟁과 차별화

고객들은 경쟁환경에서 확인하기 전까지 제품에 무엇을 기대할 수 있고 얼마를 지불하게 될지 알지 못한다. 이것은 실용주의자들에게 구매가 쉬운 제품을 만드는 데 필요한 최소한의 포지셔닝이다.

물론 이것은 캐즘을 뛰어넘은 이후의 상황이다. 이제 그 범주는 다수의 기업들이 동일한 예산을 차지하기 위해 경쟁할 만큼 시장성을 확보하고 있기 때문이다.

앞서 우리는 캐즘을 뛰어넘으려는 시기에 시장 대안과 제품 대안을 비교하면서 경쟁을 '창출'하는 방법에 대해 논의했다. 그것은 특별한 경우에 해당한다. 기업가들이 함께 작업하는 마케팅 에이전시들에게 익숙한, 보다 일반적인 경우는 보다 정립된 시장에 적합하다. 그럴 경우에 목표는 제품의 채택 서열에 따라 포지셔닝하는 것이다. 다음 사례들에 대해 생각해보라.

• 스마트폰 범주에서 애플 아이폰은 디자인의 선도자이고 구글 안드로이드폰은 가격 대비 성능의 선도자인 반면, RIM의 블

랙베리폰은 지는 별이고 마이크로소프트 윈도 8폰은 뒤늦은 진입자이다.

- 엔터프라이즈 협업 소프트웨어 범주에서 자이브(Jive)는 IT 중심의 활용분야를 장악하고 있고, 야머(Yammer)는 최종 사용자 활용분야를 주도하고 있으며, 세일즈포스의 채터(chatter)는 고객 지향적인 커뮤니케이션 애플리케이션을 선도하고 있다.
- 퍼블릭 클라우드 컴퓨팅 서비스에서 아마존 웹 서비스는 월등한 시장 선도자인데, 랙스페이스(Rackspace)는 오픈 소스 대안을 제공하고 있고, 마이크로소프트는 클라우드 호스팅 방식의 엔터프라이즈 소프트웨어 제품에 주력하고 있다.

이런 구분은 '나 같은 수용자들'이라는 참고점을 창출함으로써 다방면의 지식인들에게 기술 구매결정을 승인하는 데 도움이 된다.

4. 재정과 미래

고객들은 그 제품 범주에 꾸준히 투자할 지속력을 갖춘 기업인지 알기 전에는 완전히 안심하고 제품을 구매하지 못한다. 이것은 보수주의자들에게 구매가 쉬운 제품을 만드는 데 필요한 마지막 포지셔닝이다.

마이크로소프트, IBM, 오라클, 인텔, SAP, EMC, 시스코는 모두 장기간 사업을 지속해온 블루칩 기업들로 보수주의자들도 기대와 신뢰를 보낸다. 델과 HP는 최근 몇 년 동안 지속된 실적 부진으로 곤란한 상황에 처했다. 선(Sun)은 오라클에 인수되어야 할 형편이었을 만큼 한참 뒤처졌다.

이 네 가지 포지셔닝 전략은 포지셔닝 나침반의 네 개 분면과 일치한다. 이 부분의 핵심적인 교훈은 포지셔닝이 자신이 아닌 고객들의 심리상태와 관련된 사항이라는 것이다. 최악의 포지셔닝은 타인의 관점에서 자신을 바라보지 못하는 기업들에게서 비롯되기 마련이다.

포지셔닝 절차

포지셔닝이 '동사'로 간주되는 경우에, 그것은 네 가지 핵심적인 요소로 이루어지는 의사소통 과정을 나타낸다.

1. 주장

여기서 핵심은 기본적인 포지션 설명(해당 표적시장 부문에서 확실한 시장 선도자라는 주장)을 이 장의 후반부에 소개하는 두 문장의 형태로 줄이는 것이다.

2. 증거

만약 논란을 일으킬 소지가 있다면 확실한 선도자라는 주장은 의미가 없다. 여기서 핵심은 어떤 논란도 일축할 수 있는 충분한 증거를 제시하는 것이다.

3. 의사소통

주장과 증거로 무장했다면 여기서 목표는 적절한 시기에 적절한 고객들을 포착해 적절한 메시지를 전달하는 것이다.

4. 피드백과 조정

하프타임에 경기 전략을 수정해야 하는 축구감독처럼 마케터들도 포지셔닝이 경쟁에 노출되면 마케팅 전략을 수정해야 한다. 경쟁자들은 초기에 오류를 찾아낼 수 있기 때문에 그런 오류는 제거하거나 보완해야 한다.

마지막 요소는 포지셔닝을 그저 일회성 행위가 아닌 역동적인 과정으로 만든다. 결국 마케터들은 제품의 수명주기 동안 똑같은 고객들과 수없이 소통해야 한다는 의미이다. 따라서 한 번의 찬사를 이끌어내는 것보다 신뢰로 지속되는 관계를 확립하는 것이 성공을 거두기 위한 핵심이다.

주장: 엘리베이터 테스트

위의 네 가지 요소 중에서 가장 어려운 것이 주장이다. 아이디어가 부족하기 때문이 아니라, 적절한 시간 내에 아이디어를 표현하지 못하기 때문이다. 그래서 엘리베이터 테스트가 필요하다. 여러분은 엘리베이터에 타 있는 시간 동안 제품을 설명할 수 있는가? 벤처투자자들은 항상 이 테스트를 활용해 투자가능성을 심사한다. 만약 테스트에 통과하지 못하면 그들은 투자를 승인하지 않는다. 그 이유는 다음과 같다.

1. 입소문을 타고 전파되지 못한다.
말이라는 매개체에서 사고의 단위는 고작 한두 문장에 불과하다. 그 범위를 초과하면 사람들은 머릿속에 담아두지 못한다. 이미 우리는 이런 입소문을 첨단기술 마케팅의 성공에서 가장 중요한 요소로 규정했기 때문에 입소문을 창출하지 못하면 실패할 수밖에 없다.

2. 마케팅 커뮤니케이션에 일관성이 없다.
사람들은 팸플릿, 프레젠테이션, 광고에 사용될 문구를 작성할 때마다 다른 관점에서 주장을 선정하고 다른 형식의 포지셔닝을 제안할 것이다. 그 형식이 아무리 뛰어날지라도 기존의 형식을 보강하지 못할 것이며 시장은 여러분의 포지션을 알게 되면 불편해할 것이다. 포지션이 불확실한 제품은 구매가 매우 어렵다.

3. R&D가 일관성이 없다.

포지셔닝에는 워낙 많은 방향이 존재하기 때문에 엔지니어링과 제품마케팅도 다양한 경로를 채택할 수 있는데, 그런 경로들은 실제 시장 경쟁력에 도움이 될 수도 있고 도움이 되지 않을 수도 있다. 승리를 보장하는 확실한 제안은 드물지만 참담한 패배를 유발할 제안은 허다하다.

4. 제휴사 및 협력사들을 모집하지 못한다.

그들은 어떤 의미 있는 약속을 할 만큼 여러분의 목표에 대해 확신하지 못한다. 그들은 서로, 혹은 업계의 다른 사람들에게 "굉장한 기술이야. 너무 대단해서 출시할 엄두도 못 내지"라고 말할 것이다.

5. 경험이 있는 사람들에게 투자를 받기 어렵다.

앞서 언급했던 것처럼 노련한 투자자들은 엘리베이터 테스트를 통과하지 못하면 여러분에게 확실한 마케팅 전략이 없기 때문에 투자할 가치가 없다고 판단한다.

그러면 엘리베이터 테스트를 통과할 수 있는 확실한 방법은 무엇인가? 핵심적인 사항은 여러분이 장악하고자 하는 표적시장 부문과 그 시장에서 활용할 가치제안에 근거해 포지션을 규정하는 것이다. 이것은 선각자들에게 호응을 이끌어내고 초기시장 경쟁을 일으키는 '사용대상'과 '사용목적'에 관한 포지셔닝이다. 더불어 여러분은 앞서 우리가 시장 및 제품의 참고 경쟁자들을 다루며 언급했던 '경쟁과 차별화' 포지셔닝을 활용해 주류시장의 미래도 준비하고 싶을 것이다.

여기에 이 모든 사항을 짧은 두 문장으로 압축하는 검증된 공식을 소개한다. 이 공식을 여러분의 기업과 핵심제품에 시험해보라. 그저 다음의 괄호를 채우기만 하면 된다.

- 누구(표적고객들 – 교두보 시장 부문에만 한정된다)를 위한 것인가?
- 누가 (기존의 시장 대안)에 불만을 갖는가?
- 우리 제품은 (제품 범주)이다.
- 우리 제품은 (강력한 구매이유)를 제공한다.
- 우리 제품은 (제품 대안)과 다르다.
- 우리는 (여러분의 용도에 적합한 핵심 완비제품 특징)을 집약했다.

앞서 우리가 살펴보았던 몇 가지 사례에 이 공식을 적용해보자.

베리나타
- 고령 임산부들과 그 밖의 사람들을 위한 것.
- 다운증후군을 선별하기 위한 양수검사의 대안을 원하는 사람들.

- 베리나타는 태아 DNA에 대한 유전자 분석을 제공한다.
- 이 방식은 자궁에 주사바늘을 삽입하지 않는다.
- 태아의 기형을 선별하는 다른 유전자 테스트들과 다르다.
- 베리나타 테스트는 시장에서 가장 정확도가 높다.

HANA

- 온라인 소매업자들과 그 밖의 사람들을 위한 것.
- 구매를 진행하는 소비자들에게 고가 제품의 판매와 끼워 팔기를 더 잘할 수 있도록 소매업자들을 도우려는 사람들.
- HANA는 온라인 거래 처리를 위한 데이터베이스이다.
- 이 제품은 최고의 제안을 결정하기 위해 실시간 분석을 지원한다.
- 시장 선도자인 오라클의 데이터베이스 솔루션과 다르다.
- HANA는 거래 처리와 분석을 위해 두 개의 다른 환경을 병합해 관리할 필요가 없다.

이런 문구를 작성하면 종종 부각해야 할 사항이 아니라 포기해야 할 사항에 대해 생각하게 된다. 이제 베리나타의 경우에 가장 저렴한 테스트라는 말은 전혀 언급되지 않는다. HANA의 경우에 인-메모리 데이터베이스가 소매업 이외에 다른 많은 용도로 사용될 수 있음에도 소매업자들에게 초점을 둔다. 두 경우 모두 효과를 증대하기 위해 추가적인 가치 성명을 포함하는 것이 더 좋지 않을까?

그 대답은 절대 '아니오'이다. 사실 이것은 대부분의 포지셔닝 노력을 수포로 만드는 요인이다. 포지셔닝의 목표는 '표적고객들의 머릿속에 공간을 창출하고 점유하는 것'임을 기억하라. 앞서 언급했던 것처럼 사람들은 누군가가 자신의 머릿속에 변화를 일으키는 것을 극도로 싫어한다. 그들은 누군가가 너무 많은 공간을 차지하는 것을 원하지 않는다. 이것은 그들이 메르세데스 벤츠('최고급품, 보수적인'), BMW('뛰어난 성능의 세단, 여피족'), 링컨('미국의 최고급품, 진부한'), 렉서스('새로운 얼굴, 현재 최고의 구매') 같은 일종의 축약형 참고자료를 사용할 것이라는 의미이다. 이것이 차별화된 성명을 통해 얻을 수 있는 공간이다. 마치 한 문장 이하로 전송하는 전보와 비슷하다. 만약 여러분이 한 가지 특성으로 그 공간을 채우는 선택을 하지 않는다면, 시장은 여러분에게 유리하게 돌아가지 않을 것이다. 시장은 포지션을 잠식하기 위한 경쟁이 벌어지는 곳이기 때문에 호락호락하게 생각해선 안 된다.

다른 항목으로 넘어가기에 앞서 주장에 관한 마지막 요점을 말하자면, '포지션 성명은 광고를 위한 홍보문구가 아니다.' 광고대행사들은 홍보문구를 제안하지만 마케팅 그룹은 그렇지 않다. 포지션 성명의 기능은 아무리 광고가 창의적일지라도 전략에 충실하도록 광고를 조절하는 것이다. 만약 광고의 요점이 주장의 요점과 일치하지 않는다면 아무리 훌륭할지라도 주장이 아닌 광고가 바뀌어야 한다.

입증책임의 전환

첨단기술 마케팅에서 가장 난처한 상황은 어떤 요령을 막 터득했는데, 기술이 시대에 뒤진 구식이 되는 것이다. 이런 상황은 증거를 제시하는 것처럼 단순한 작업에서도 마찬가지다. 첨단기술 분야의 다른 모든 것들과 마찬가지로 그런 증거도 기술수용주기를 따라 전환되어야 한다. 이것은 경쟁 포지셔닝 나침반의 구조 안에서 요약될 수 있다.

나침반의 왼쪽을 거쳐 오른쪽으로 이동하면 시장이 기술 마니아들에서 선각자들, 실용주의자들, 보수주의자들로 전환되는 동안 바람직한 증거의 변화도 추적할 수 있다. 여기서 주목해야 할 핵심적인 사항은 캐즘을 뛰어넘게 되면 제품에서 시장으로 전환이 이루어진다는 것이다. 이것은 그동안 이 책에서 언급했던 내용을 확실히 입증하는데, 실용주의자들이 제품 자체보다 그 제품에 대한 시장의 반응에 더 많은 관심을 둔다는 것이다.

첨단기술 기업이 이런 전환을 이루기 어려운 이유는 바람직한 증거의 주요한 요소들을 직접 통제하지 못하기 때문이다. 이

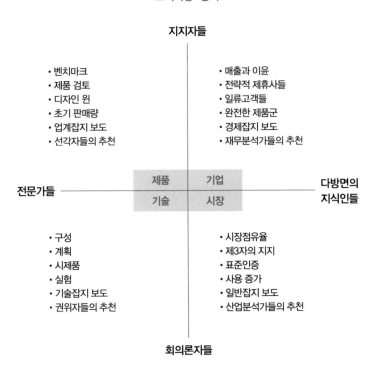

포지셔닝: 증거

지지자들

• 벤치마크
• 제품 검토
• 디자인 원
• 초기 판매량
• 업계잡지 보도
• 선각자들의 추천

• 매출과 이윤
• 전략적 제휴사들
• 일류고객들
• 완전한 제품군
• 경제잡지 보도
• 재무분석가들의 추천

전문가들 ── 제품 / 기업 / 기술 / 시장 ── 다방면의 지식인들

• 구성
• 계획
• 시제품
• 실험
• 기술잡지 보도
• 권위자들의 추천

• 시장점유율
• 제3자의 지지
• 표준인증
• 사용 증가
• 일반잡지 보도
• 산업분석가들의 추천

회의론자들

것은 적절한 특징을 갖추거나 적절한 벤치마크를 확보하는 문제가 아니라 전혀 사심이 없는 다른 사람들이 여러분의 제품을 그저 말뿐만 아니라 실제로도 추천하도록 만드는 문제이다. 이것은 실용주의자들에게 여러분이 아직 시장 선도자가 아닐지라도 장차 그렇게 되리라는 것을 나타내는 완비제품을 구축하기 위한 실제적인 투자이다.

요약하자면, 실용주의자 구매자들에게 시장 지배력을 입증하는 가장 확실한 증거는 시장점유율이다. 그런 확실한 수치가 없다면 실용주의자들은 여러분의 회사와 거래하는 제휴사와 협력사들의 수준, 협업의 충실도를 검토할 것이다. 여기서 원칙은 추종자들을 통해 선도자를 파악하는 것이다. 이 구매자들이 찾는 증거는 서로 간의 제품에 대한 공동영업과 상호참조, 상대방이 없을 때조차 이루어지는 지속적인 상호지원 같은 공동마케팅의 징후이다.

이런 사항은 캐즘을 뛰어넘기 위한 커뮤니케이션 전략으로 이어진다. 여러분은 완비제품 지원에 관한 이런 증거를 개발해야 할 뿐만 아니라, 모든 사람들이 알게끔 그 증거를 전파해야 한다.

완비제품 출시

완비제품 출시의 개념은 널리 알려진 제품 출시의 관행에서 파생된 것이다. 다시 말해, 새로운 첨단기술 제품이 도입될 때면 출시일 전에 먼저 업계의 분석가들과 유력한 언론의 편집자들에게 브리핑을 실시한 후에(그들의 견해가 참고자료로 활용될 수 있다), 공식발표를 앞두고 기업의 중역들을 언론사로 초대하고, 그 발표 자체로 행사를 마무리하는 것이 출시의 관행이다.

이런 제품 출시는 제품 자체가 '새로운 소식'일 경우라면 효과적이다. 초기시장의 개발을 위한 적절한 수단이기 때문이다. 하지만 캐즘을 뛰어넘기에는 적절하지 않다. 그 시점에 제품은 새로운 소식이 되지 않는데, 만약 실용주의자 구매자들을 확보할 계획이라면 오히려 그 편이 나을 수도 있다. 언론은 버전 2.0이라고 요란하게 선전하는 기사에 관심을 갖지 않는다. 설령 오라클, SAP, 마이크로소프트라고 해도 예외는 없다. 만약 그 메시지가 '이제 막 출시된 우리 회사의 신제품을 보세요'가 아니라면, 어떤 내용이 되어야 하며 어떻게 발표할 것인가?

지금 효과를 거둘 만한 메시지는 '한창 뜨고 있는 이 새로운 시장을 보세요'일 것이다. 그 내용은 새로운 시장에 대한 설명으로 이루어지는데, 전통적인 솔루션들로 쉽사리 해결되지 않는 문제에 대한 새로운 접근법을 토대로 새로운 제휴사와 협력사들이 완비제품의 일부를 공급하면서 점차 존재감을 드러내며 증가하는 소비자들을 만족시킨다는 것이다. 이 스토리에서 우리를 유혹하는 부분은 우리가 한창 형성되고 있는 새로운 추세를 보고 있으며 그 시류에 편승하는 사람들은 누구나 큰 성공을 거두게 되리라는 것이다. 이 스토리는 진취적인 소규모 기업들에게 어울릴 만하다. 그들이 스스로 성취할 수 없는 신뢰성을 부여하기 때문이다. 그들의 제품이 완비제품에서 핵심제품일 필요는 없으며 그저 마이크로소프트 엑스박스 360에 내장된 ATI의 GPU(그래픽 처리장치)나 애플 아이폰의 심장부에 이식된 **ARM**의 기술처럼 필수적인 요소면 된다.

그러면 마케팅 커뮤니케이션은 어떻게 여러분이 그런 위치를 차지할 가능성을 증대할 수 있는가? 첫째, 마케터들은 적절한 커뮤니케이션 장소를 선택해야 한다. 대체로 완비제품 스토리에 적합한 장소는 두 가지인데, 첫 번째는 비즈니스 언론이다. 완비제품 스토리, 특히 제휴와 협업을 통해 특정 기업에 상당한 결과가 창출된 경우가 비즈니스 업계의 기본적인 메뉴이다. 이런 성과를 지속적으로 달성하면서 결국 특정한 시장 부문을 장악하고자 결성된 기업들이 상당한 관심을 이끌어낸다.

만약 그 기업이 신생기업이라면 비즈니스 언론은 신중한 태도를 나타낸다. 이런 경우에는 우선 금융분석가 집단 내에서 기업 자체가 아닌 기업이 포착한 시장기회에 근거한 참고자료를 확보하는 것이 중요하다. 대체로 금융분석가들은 새로이 부상하는 시장기회에 대한 브리핑을 접할 기회가 많고, 그런 맥락에서 새로운 진취적인 벤처에 관심을 가져달라는 요청을 받을 수 있다. 그들이 그 시장에 투자하면 비즈니스 언론은 그들을 스토리 개발을 위한 참고점으로 활용할 수 있다.

이런 스토리를 비즈니스 언론에 소개할 경우에는 시장의 다른 행위자들을 최대한 많이 포함시키는 것이 중요하다. 한 가지 효과적인 전술이라면 고객들, 분석가들, 제휴사들, 유통사들 같은 다수의 대변인들이 참여하는 기자회견을 개최하는 것이다. 더 구체적인 방식은 그 시장의 개발을 이끄는 주요 사안에 관한 협의회를 후원하는 것이다. 어떤 방식이든 핵심적인 목표는 현재 일어나는 편승효과를 알리는 것이다.

마지막으로 비즈니스 언론을 통한 커뮤니케이션은 뚜렷한 목적을 두고 실행되어야 한다. 기술적 차원에서 소개되는 기술 스토리는 주요기사들 사이에 여백을 메우는 용도로 활용되는 삽화나 단신처럼 그저 흥미만 유발할 뿐이다. 기술 스토리가 '비즈니스 스토리'가 되려면 첨단기술을 초월한 내용을 다루어야 한다. 스토리의 소재는 새로운 형태의 기회이거나 이제는 산업의 발달로 효과적으로 처리할 수 있게 된 문제인 경우가 많다. 그런 발달은 기술적인 혁신을 통해 촉발되며 그 내용은 스토리의 일부를 차지하겠지만 스토리의 주된 내용은 그런 발달이 완비제품 인프라 전반으로 확장되는 과정이 될 것이다.

의사전달 매체로서 비즈니스 언론의 큰 장점은 거의 모든 구매상황에 걸쳐 인정되는 높은 신뢰성이다. 이것은 벤처기업에게 양날의 검이기도 하다. 비즈니스 언론은 신뢰성을 유지하기 위해 확실히 검증되기 전에는 섣불리 벤처기업을 추천하지 않는다. 다시 말해, 기사화되기까지 오랜 시간이 걸린다. 하지만 일단 매체에 소개되고 나면 다시 소개되기는 훨씬 쉽다. 회사가 비즈니스 언론에서 입지를 확대하면, 이후에는 더욱 제품 지향적인 기사들이 게재된다.

따라서 처음에 완비제품 스토리와 관련해 비즈니스 언론의 편집자들과 관계를 구축하는 것은 캐즘을 뛰어넘기 위한 핵심적인 전술이다. 비즈니스 언론 외에 완비제품 메시지를 전달하기 위한 다른 커뮤니케이션 경로는 '수직적 미디어(vertical media)'라는 용어로 불릴 수 있는 것인데, 특정한 산업이나 직업을 전문적으로 다루는 매체를 뜻한다. 특정한 시장 부문에 주력하는 박람회, 협의회, 전문협회의 회의, 발표회는 모두 실용주의자들과 보수주의자들, 집단 내에서 관계를 유지하는 데 높은 가치를 두는 사람들의 관심을 이끌어낸다. 너무 노골적으로 판매 메시지를 강요하지 않는다면, 판매사들의 참여에도 비교적 개방적이다.

완비제품과 관련된 사안들은 이런 유형의 커뮤니케이션에 가장 적합하다. 그 방법은 업계의 많은 사람들을 한자리에 초청해 판매사의 시장에서 기술혁신의 현황을 간략히 보고하는 것이다. 적절히 구성된다면 이런 모임은 소비자가 아닌 판매사나 판매사의 제품을 핵심적으로 다룬다. 이런 모임은 소비자들의 요구와 그 요구를 충족시키는 대안에 주목한다. 따라서 확실히 판매사에 유리한 측면이 존재하지만, 판매사를 영업사원이 아닌 컨설턴트로 포지셔닝하기 때문에 판매사에 유리하다고 느끼게 하지 않는다.

무엇보다 완비제품 출시작전의 목표는 여러분의 회사와 제품을 위해 긍정적인 입소문을 창출할 관계를 개발하는 것이다. 여기서 가장 먼저 기억해야 할 사항은 그런 관계를 개발하려면 시간이 필요하다는 것이다. 핵심적인 영향력을 발휘하는 사람들이 누구인지 파악하고, 어느 정도 대등한 위치에서 그들을 알아가고, 그 관계가 양자에게 모두 적절하고 유익하도록 업계의 사안들을 처리하는 데에는 시간이 필요하다. 기억해야 할 다른 사항은 일단 그런 관계가 수립되면 그것은 어떤 경쟁자에게도 호락호락하지 않은 강력한 진입장벽의 역할을 한다는 점이다. 실용주의자들과 보수주의자들(모든 주류시장의 핵심)은 자신들이 아는 사람들과 거래하고자 한다.

요약: 경쟁 포지셔닝 점검목록

효과적으로 전투를 규정해 실용주의자 구매자들과의 거래를 성사시키려면, 다음과 같은 사항들을 실행해야 한다.

1. 여러분의 필수적인 가치제안에 의해 확립된 시장 부문 안에서의 경쟁에 집중하라. 그 가치제안은 여러분의 존재이유를 구성하는 표적고객, 제품, 강력한 구매이유가 결합된 것이다.
2. 실용주의자 구매자들에게 가치제안을 달성할 수 있는 합리적

인 방법과 다른 대안이 되는 것들을 제공하기 위한 경쟁을 창출하라. 인위적으로 정당한 경쟁자를 배제하는 등의 환경 개입을 하지 마라. 그것은 실용주의자 구매자들이 가장 싫어하는 행위이다.

3. 기본적인 경쟁력 주장을 두 문장 공식에 맞추어 줄이고 회사의 모든 커뮤니케이션을 항상 그 공식에 따라 관리하면서 커뮤니케이션에 집중하라. 특히 경쟁력 주장의 두 번째 문장을 강조하라. 거기서 주요한 경쟁자와 경쟁에서 차별화하는 방법을 드러내야 한다.

4. 완비제품 솔루션의 품질과 제휴사와 협력사들의 수준을 통해 경쟁력 주장의 타당성을 입증하라. 그러면 실용주의자 구매자들은 여러분이 경쟁상대에 비해 확실한 선도자이거나 조만간 그런 선도자가 되리라고 결론을 내릴 것이다.

7장

침투를 시작하라

이 장에서는 디데이 전략의 마지막 단계가 가동된다. 바로 유통과 가격책정이다. 캐즘을 뛰어넘기 위한 침투가 시작되면 유통은 임무를 수행하기 위한 자동차가 되고 가격책정은 그 자동차의 연료가 된다. 마케팅 결정에서 새로운 주류시장 고객들과 직접 연계되는 접점은 이 두 가지 사안뿐이다. 따라서 유통과 가격책정에 대한 결정은 전략적으로 엄청난 영향을 미친다. 특히 유통의 경우에는 제대로 할 수 있는 기회가 단 한 번뿐이다. 이런 이유에서 우리는 이 두 가지를 침투계획 순서의 마지막에 배치하면서 다른 모든 사항들을 먼저 실행할 수 있게끔 했다.

'캐즘을 뛰어넘는 시기에 기업의 최우선 목표는 주류시장에 진입할 유통경로를 확보하는 것이며, 그 경로는 실용주의자 고객들에게 편해야 한다.' 이 목표는 매출, 수익, 언론, 심지어 고객만족도보다 중요하다. 이런 요소들은 나중에 조정할 수 있지만 유통경로는 반드시 확립되어야 한다. 달리 말해, 유통경로가 확립되지 않으면 더 이상 아무것도 이룰 수 없다. 마지막으로 유통경로의 확립이 최우선 목표라고 가정했을 때 같은 기간에 가격책정의 기본적인 기능 또한 같은 결과를 달성하는 것이다. 달리 말해, 캐즘 기간에 가격책정의 최우선 사항은 고객들이나 투자자들을 만족시키는 것이 아니라 유통경로를 자극하는 것이다.

요약하자면, 캐즘을 뛰어넘는 시기에 우리는 '고객 지향적인 유통경로'를 찾으면서 '유통 지향적인 가격책정'을 실행할 것이다.

고객 지향적인 유통

첨단기술 제품의 판매, 마케팅, 유통의 세계는 지난 10년 동안 월드와이드웹의 영향력이 증가하면서 급격하게 변하고 있다. 하지만 변하지 않은 것은 그런 유통경로들에서 표적으로 삼은 고객들이다. 기본적으로 그 집단은 다섯 개의 계층으로 구분되는데, 각각의 계층에 어울리는 최적의 접근법이 존재한다.

1. 기업의 중역들

기업의 중역들은 사내에 광범위하게 적용되는 복잡한 시스템과 관련된 거액의 구매결정을 내린다.

2. 최종 사용자들

최종 사용자들은 지역적, 개인적으로 적용되는 개인, 혹은 작업 집단 기술과 관련된 비교적 소액의 구매결정을 내린다.

3. 부서장들

부서장들은 부서 내에 적용될 특정한 용례의 솔루션과 관련된 중간 정도 액수의 구매결정을 내린다.

4. 엔지니어들

엔지니어들은 회사의 고객들에게 판매될 제품과 서비스에 대한 디자인 결정을 내린다.

5. 소규모 비즈니스 소유주이자 운영자들

소규모 비즈니스 소유주이자 운영자들은 제한된 자본과 가치 회수의 필요성을 감안하면 그다지 많지 않은 액수의 구매결정을 내린다.

각각의 계층은 선호하는 유통경로를 지니고 있다. 그것들이 어떻게 작용하는지 살펴보자.

직접판매와 기업 구매자

주요한 시스템을 구매하는 기업 구매자들은 수십만, 혹은 수백만 달러에 달하는 자금을 지출한다. 이런 맥락에서 그들은 자신의 핵심적인 요구와 가장 적합한 판매사의 제품이 무엇인지 파악할 수 있는 상담 형식의 판매체험을 기대한다. 직접판매 방식은 마케팅, 판매, 배송에서 하향식 접근법을 활용하며 이런 기대를 충족시킨다.

여기에 활용되는 마케팅은 '관계 마케팅(relationship marketing)'이라고 불린다. 이런 마케팅은 주로 고위 경영진을 포럼에 초청해 전문가에게 교육을 받고 서로 의견을 교환하고 판매사의 임원들과 교류할 수 있도록 하는 사고 리더십 행사들로 구성된다. 그런 행사 이후에 개인적인 만남이 이루어지는데, 종종 소개를 받은 사람이 회사로 찾아가 이전의 대화에서 제기된 가능성을 파악하기도 한다.

일단 판매활동이 진행되면 일반적으로 이루어지는 방식은 '솔루션 판매(solution selling)'라고 불리는 것으로, 본질적으로 특정한 잠재고객의 특정한 요구를 충족시키기 위한 완비제품 맞춤화 작업이다. 하지만 초기시장에서 잠재고객들은 해결해야 할 요구가 있다는 것을 인식조차 못할지도 모른다. 여기서는 소위 '자극을 이용한 판매(provocation-based selling)'라고 지칭되는 기법이 필요할 수 있는데, 판매사가 고객들에게 특히 지금까지 알려지지 않은 기회를 활용하거나 임박한 위기를 타개하라는 식의 자극적인 주장을 펼치면서 그들에게 기존의 예산을 재편성하도록 유도하는 것이다. 어떤 경우든 판매사는 유능한 중역을 잠재고객 회사에 파견해 먼저 경영진의 고위간부와 만나서 후원관계가 있는지 확인한 후에 여러 중견간부들을 만나 수요분석과 개발제안을 하도록 할 것이다. 여기서 목표는 승인을 받고 구매계약을 체결하고 발주를 하는 것이다.

이 시장침투 방식의 인도 단계에서 프로포절 시 약속된 모든 맞춤화는 실제로 제공되어야 한다. 그러면 판매사는 제품의 설치에 주력하는 전문서비스 팀을 편성해야 하는데, 종종 전체 솔루션의 설치와 운영에 필요한 주변기기 재설계와 통합에 대해 책임지는 제3의 시스템 통합자에게 도움을 받기도 한다.

직접판매 방식을 활용해 캐즘을 뛰어넘고 급격한 성장을 달성한 기업에는 세일즈포스닷컴, VM웨어, 워크데이가 있다.

웹 기반의 셀프서비스와 최종 사용자, 구매자

기업 구매자들과는 완전히 대조적으로 자신을 위해 기술을 구매하는 최종 사용자들은 한 번의 구매당 수백 달러, 혹은 한 달에 수십 달러 정도를 지출한다. 종종 무료사용 후에야 구매로 이어지기도 한다. 이런 맥락에서 그들은 셀프서비스에 해당하는 거래 형식의 판매체험을 기대한다. 월드와이드웹은 바로 그런 서비스를 제공하는 데 탁월하다.

웹 마케팅은 주로 '홍보 마케팅(promotional marketing)'이며 종종 무료사용기간을 내세우기도 한다. 이런 마케팅은 클릭 광고와 선별 이메일을 통해 진행되는데, 이 방식은 마케터들이 행동 맞춤화(behavioral targeting), 기계학습(machine learning)과 사용자들의 접속률을 향상시키기 위한 알고리즘 같은 기술을 활용하면서 점점 더 효과를 거두고 있다.

일단 사용자가 클릭을 통해 접속하면 그 관계의 상태는 '직접반응(direct response)' 판매활동으로 전환된다. 이런 경우에 처음 접촉에서 바로 판매가 이루어질 수도 있고, 여러 번의 잦은 접촉을 통해 최종 사용자의 판단을 거쳐 판매로 이어질 수도 있다. 디지털 서비스 상품이라면 종종 요금이 전혀 없는 무료사용기간이나 최소화된 구성의 상품이 제공되기도 한다. 소위 '프리미엄(freemium) 모델'로, 고객들에게 핵심기술을 무료로 사용하게 한 후에 가치가 추가된 상품을 고가로 판매함으로써 수익을 창출하는 방식이다. 한편 만약 그 상품이 소프트웨어가 아닌 물리적 제품으로 구성된다면 판매는 아마존의 모델처럼 주문, 결제, 배송 및 취급 선택, 이메일 확인 및 추적조회의 절차를 거치는 전자상거래를 통해 이루어진다.

이런 거래 판매는 개인적인 접촉을 피하기 위해 개발되었는데, 그 부분에서 판매사는 비용을 절감할 수 있으며 고객들도 대체로 만족한다. 여기서 최소한의 공통점은 FAQ(흔히 묻는 질문)를 갖춘 웹사이트로 다른 문의사항을 위한 이메일 주소가 표시된다. 보다 적극적인 판매사는 한 명의 전문가가 동시에 여러 고객들에게 답변을 제공하는 채팅서비스도 실행한다. 이 분야에서 최고는 리튬, 자이브와 기타 기업들이 제공하는 것과 같은 유형의 커뮤니티를 통한 기술 지원으로, 지식을 갖춘 고객들이 새로운 고객들에게 도움을 준다.

이 모델로 성공을 거둔 기업들이 캐즘을 뛰어넘었는지 여부는 확실하지 않다. 우리는 이 책의 끝부분에서 '디지털 소비자의 수용에 관한 4단 기어 모델'이라는 제목으로 그들의 시장개발 경로를 기술하는 대안 모델을 제시한다. 이 4단 기어를 운영해 성공적인 결과를 이끌어낸 기업들로는 인터넷 커뮤니케이션즈 기업 스카이프, 엔터프라이즈 협업 기업 야머, 차세대 프레젠테이션 기업 프레지(Prezi)가 있다.

세일즈 2.0과 부서장 구매자

IT 구매를 담당하는 부서 구매자들은 곤경에 직면한다. 그들은 기업에 소속되어 있기 때문에 기업의 기준에 부합하는 시스템을 필요로 한다. 하지만 그들에겐 그런 구매를 지원하는 예산도, 인력도 없다. 전통적으로 그들은 부가가치 재판매업자들이 제공하는 극도로 품질이 불안정한 급조된 솔루션으로 만족해야 했다.

하지만 인터넷과 웹은 소위 세일즈 2.0이라고 불리는 새로운 강력한 판매경로 대안을 창출했다.

세일즈 2.0은 디지털 매체에서 진행되는 직접 마케팅, 판매, 서비스로 이루어진다. 이런 마케팅은 최종 사용자를 위한 웹 기반의 셀프서비스 거래 마케팅과 매우 흡사하다. 차이는 잠재고객이 클릭을 통해 접속할 때 발생한다. 클릭을 하면 자동응답 시스템으로 연결되지 않고 영업사원에게 연결되며 그가 이메일, 채팅, 음성호출을 통해 최종 사용자에게 접근한다. 잠재고객의 관심도에 따라 웹사이트 추천, 연관된 문서의 다운로드, 웨비나로의 초대, 인터넷을 통한 상품소개로 이어질 수 있다. 잠재고객들의 참여가 증가하면 시스템은 그들의 상태를 추적하고 영업사원들에게 판매주기의 다음 단계로 진행하도록 한다. 이 모든 과정은 인터넷에서 진행된다.

잠재고객이 실제 고객이 되면 담당은 영업팀에서 설치팀으로 전환된다. 서비스형 소프트웨어의 신세계에서 판매자들은 약속을 이행하기 위해 훨씬 더 많이 신경을 쓰는데, 고객들이 클릭 한 번으로 이용을 중단하기 때문이다. 이런 역학관계는 내 오랜 동료 토드 휴린과 친구 J. B. 우드가 저술한 『소비 경제학(*Consumption Economics*)』에 잘 설명되어 있다. 이러한 경제학은 판매사들에게 직접적인 방식과 커뮤니티를 통한 방식 모두에서 더욱 효과적이고 효율적으로 디지털 지원을 제공하도록 촉구했다. 또한 물리적 존재가 필요한 상황을 위해 세일즈 2.0 기업들은 현장지원의 필요성을 해결하기 위해 제휴사들을 모집한다.

　이 모델로 성공을 거둔 기업들에는 회계 소프트웨어 판매사 인택트(Intacct), 법률 소프트웨어 애플리케이션 판매사 인트앱(IntApp), 클라우드 컴퓨팅 판매사 랙스페이스, 협업 소프트웨어 판매사 박스가 있다.

전통적인 2단계 유통과 설계 엔지니어

설계 엔지니어들은 몹시 까다로운 잠재고객이다. 그들은 마케팅 접촉이나 영업사원을 좋아하지 않지만, 차기 제품에 최신 기술의 요소를 도입할 때 그 두 가지 서비스를 모두 필요로 한다. 더욱이 판매사의 관점에서 그들은 까다로운 요구에도 불구하고 제품을 대량으로 구매할 권한을 지니고 있지 않다. 그보다는 판매사 선정에 관한 핵심적인 초기 결정권자이다. 따라서 일은 많지만 실제 소득은 없다. 여기에 무슨 이점이 있겠는가?

　마케팅의 관점에서 좋은 소식이라면 인터넷이 그런 사람들과 소통하기 위한 훌륭한 매체라는 것이다. 그들은 자유롭게 시작하거나 그만둘 수 있고 거의 모든 문제들에 대해 사실에 입각한 견해를 얻을 수 있다. 하지만 곧 그들은 샘플을 확인해야 하는데, 그로 인해 종종 현장에 영업사원이 필요할 정도로 복잡해진다. 그 결과 2단계 유통경로에서 고객과 접촉하는 '2차' 업체, 특히 독립적인 제조사들의 직원이 활동하게 되는 것이다. 하지만 이 경로는 재고를 유지할 만한 자본을 지니지 못하기 때문에 판매사와 접촉하는 조직인 1차 업체, 소위 유통업체로부터 지원을 받는다.

설계자가 특정한 부품을 선택하면 그 부품의 판매사들이 '디자인 윈(design win)'이라고 부르는 상황이 일어난다. 이것은 제품 회사의 구매부서와 향후 구매를 위한 가격, 기간, 조건과 시장에서 신제품의 성패를 좌우할 물량을 설정하는 협상이다. 이 단계에서 지원은 부품 판매사에게 돌아가는데, 그들은 종종 숙련된 엔지니어들에게 협업을 통해 고객의 차세대 설계에서 오류를 제거하도록 한다.

이런 판매 및 마케팅 모델은 모든 첨단기술 부문에서 가장 오래된 것이다. 애브넷(Avnet), 애로 일렉트로닉스(Arrow Electronics), 테크 데이터(Tech Data) 같은 유통업체들에 의해 정착된 이 방식은 인텔, 브로드컴(Broadcom), NVIDIA 같은 회사들이 사용하는 선택의 경로인데, 세 회사는 모두 스마트기기의 실리콘 부품을 제조한다.

부가가치 재판매업체들과 소규모 사업체 소유주

소규모 사업체 소유주들은 그저 분야만 다른 소비자들일 뿐이다. 그들의 문제는 비즈니스 수요가 소비자의 요구와 부합하지 않아 프라이스(Fry's)나 오피스디포(Office Depot) 같은 아울렛을 돌아다니며 무엇을 구매하고 어떻게 사용할지 파악해야 한다. 그들은 도움이 필요하다는 것을 알지만 재정이 넉넉하지 않기 때문에 항상 저비용으로 해결할 수 있는 방법을 찾고 있다.

이런 상황에서 그들은 자연히 부가가치 재판매업자들과 협업을 해야 하는데, 그런 업자들은 적은 간접비로 사업을 운영하기 때문에 항상 새로운 고객들을 갈망한다. 이런 부가가치 재판매업자들은 종종 기술 마니아이기도 하며, 따라서 전문지식을 다른 사람들과 공유하면서 수익까지 거둘 경우에 가장 행복해한다. 한편 그들은 대체로 마케팅과 판매에 능숙하지 못하다. 따라서 제품 판매사들이 필요하다.

소규모 사업체 고객들을 겨냥하는 판매사들은 사실상 마케팅과 판매에 대한 모든 책임을 져야 하지만, 판매 이후의 지원에는 거의 책임이 없다. 마지막 사항은 부가가치 재판매업자들의 생계수단이다. 그 마케팅은 전통적인 웹 프로그램들로 이루어진다. 소규모 사업체 고객들은 세일즈 2.0 체험을 제대로 활용하지 못한다. 그들에겐 확실한 전문지식이 부족하기 때문이다. 오히려 그들은 자신과 기술의 세계를 중개해줄 대리인이나 신뢰할 만한 조언자를 찾을 것인데, 그 역할을 수행하는 사람들이 바로 부가가치 재판매업자들이다. 부가가치 재판매업자들은 대부분의 소득을 판매 이후의 서비스를 통해 거두기 때문에 그런 신뢰를 획득하고 유지하기 위해 노력한다.

이 모델로 성공을 거둔 기업들에는 소규모 사업체 CRM 서비스형 소프트웨어 공급업체 인퓨전소프트, 온라인 결제업체 빌닷컴(Bill.com)과 인투이트(Intuit)가 있는데, 마지막 두 업체는 CPA들을 주요한 부가가치 재판매업자로 활용하고 있다.

요약하자면, 첨단기술 기업들이 활용하는 고객 지향적인 유통경로에는 다섯 가지가 있다. 각각의 유통경로는 다른 유형의 표적고객들과 연계되는데, 그 표적고객들은 저마다 다른 강력한 구매이유를 지닐 것이다. 캐즘을 뛰어넘으려는 기업가들은 자신들의 표적시장 전략에 가장 적합한 유통경로를 선택해야 한다. 그것이 그들의 주요한 유통경로가 될 것이다. 기업이 캐즘 너머에서 성공을 거두면 다른 시장 부문들을 공략하기 위해 유통경로를 확장하려고 하겠지만 한동안 주요한 유통경로는 변하지 않을 것이다. 따라서 유통경로와 전략의 조화가 좋아야 한다. 첫 번째 선택에서 적절한 결과가 도출되지 않아 유통경로를 바꾸는 것은 부끄러운 일이 아니다.

유통 지향적인 가격책정

가격책정은 경영진에서 합의하기 가장 어려운 사항이다. 너무 많은 관점들이 통제력을 갖기 위해 경쟁한다는 것이 문제이다. 여기서 우리는 그런 관점들 중 일부를 정리하고 캐즘 기간의 가격책정을 위한 합리적인 지침을 마련할 것이다.

고객 지향적인 가격책정

가격책정을 위한 첫 번째 관점은 고객들의 관점이며 앞서 캐즘의 발견에 대한 부분에서 언급했던 것처럼 그것은 그들의 심리 통계적 특성에 따라 극적으로 달라진다. 선각자들(초기시장의 발달을 주도하는 고객들)은 비교적 가격에 둔감하다. 전략적인 도약과 더불어 투자에 대비해 10배 이상의 수익을 추구하기 때문에 그들은 최종결과와 비교하면 모든 직접비용은 중요하지 않다고 확신한다. 실제로 그들은 가격에 추가비용을 포함시키려고 하는데, 그들은 특별한 서비스를 제공해야 한다는 것을 알고 있으며 그 비용을 판매사에게 전가하고자 한다. 사람들은 고가의 제품을 구매하는 것에 일종의 자부심을 느끼기도 하기 때문이다. 이것은 전적으로 '가치에 근거한 가격책정'이다. 최종결과에 부여된 높은 가치 때문에 그 제품의 가격은 상당한 보호막을 지니게 된다.

시장의 반대편에는 보수주의자들이 있다. 그들은 저렴한 가격책정을 원한다. 그들은 제품을 구매하기까지 오랜 시간을 기다린다. 그동안 완비제품이 완전히 정착되고 가격이 대폭 하락한다. 이것은 뒤늦게 구매하는 것에 대한 보상이다. 그들은 경쟁력의 우위를 차지하지 못하지만 직접비용을 꾸준히 절감한다. 이는 '비용에 근거한 가격책정'으로, 이윤을 정당화하는 다른 모든 요소들이 소진되면 결국 모든 주류시장에서 나타나게 되는 현상이다.

이 두 가지 유형 사이에 캐즘을 뛰어넘고자 하는 우리의 표적 고객인 실용주의자들이 있다. 여러 번 언급했지만 실용주의자들은 시장의 선도자를 지지하고자 한다. 그들은 그런 행동을 통해 완비제품 비용을 최소로 유지하는 한편 경쟁력의 우위를 확보할 수 있다는 것을 터득했다. 그들은 다른 경쟁사들보다 시장 선도자에게 약 30퍼센트 가량 더 비싼 가격을 지불할 용의가 있다. 이것은 '경쟁에 근거한 가격책정'이다. 비록 시장의 선도자가 비싼 가격을 받더라도 그 가격은 시장의 다른 경쟁사들과 비교하는 역할을 한다. 만약 시장의 선도자가 아니라면 이 규칙을 반대로 적용해 그에 따라 가격을 인하해야 할 것이다.

고객의 관점에서 캐즘을 뛰어넘으려는 시기에 핵심적인 사안은 앞서 6장에서 언급했던 것처럼 두 개의 참고 경쟁자와 비교를 통해 선정된 적절한 경쟁상대에 대비한 시장 선도력이며, 핵심적인 가격책정 전략은 그런 비교를 통해 수립된 표준을 초과하는 높은 이윤이다. 다시 말해, 여러분은 차세대 기술을 보유하고 있기 때문에 시장 대안보다 높은 가격을 받고, 시장 부문에 특화된 완비제품의 개발에 투자했기 때문에 제품 대안보다 높은 가격을 받는다.

판매자 지향적인 가격책정

판매자 지향적인 가격책정은 제품원가부터 매출원가, 간접비용, 자본비용, 위험조정 약정수익률과 그 밖의 내부적인 문제들에 따라 달라진다. 이런 요소들은 기업이 지속적인 수익을 거두는 데 결정적이다. 하지만 그 어느 것도 시장에서 직접적인 중요성을 지니지 않는다. 그것들은 시장에서 가시화되는 다른 문제들에 영향을 미칠 경우에만 중요성을 갖는다.

예를 들면, 판매자 지향적인 가격책정은 대체로 직접판매, 웹 셀프서비스, 세일즈 2.0까지 제품이 속하는 대략적인 기준가격을 수립함으로써 유통경로 결정을 주도한다. 더욱이 제품이 시장에 출시되면 판매사 지향적인 요소들은 가령 후기 주류시장에서 낮은 가격의 우위를 점유할 수 있도록 하거나, 다음 초기시장의 새로운 R&D 자금원이 될 수 있는 이윤을 추구할 수 있도록 한다면 상당한 영향을 미칠 수 있다.

판매자 지향적인 가격책정은 특정한 연간수익을 창출하는 데 필요한 거래횟수에 가장 큰 영향을 미친다. 목표가 1,000만 달러라고 가정했을 때 이 금액이 만약 하나의 교두보 시장 부문에서 비롯된다면 그 액수는 캐즘을 뛰어넘었다는 것을 나타내는

270

합리적인 수익구조이다. 2단계 유통으로 실행되는 OEM 모델에서 그 액수는 1~2번의 대규모 디자인 윈을 통해 달성한 결과일 수 있다. 직접판매 모델에서 그 액수는 20~40번 정도의 거래로 달성할 수 있다. 세일즈 2.0 모델에서는 그보다 거래횟수가 약 10배 증가한 200~400번 정도일 것이다. 소규모 사업체를 겨냥한 부가가치 재판매업체 활성화 모델에서 그 수치는 다시 10배 증가하고, 소비자 대량판매 모델에서는 다시 10배 증가한 2만~4만 번 정도에 월 평균 25달러 수준에 이를 것이다.

이런 기준가격은 각각 판매깔때기에 대한 다른 운영관점을 창출할 것이다. 양이 많아질수록 그 과정은 더욱 거래에 치중하고 깔때기의 꼭대기를 채우는 데 의존하게 된다. 가격이 높아질수록 그 과정은 더욱 관계 지향적이 되고 깔때기의 바닥에 집중하게 된다. 또한 세일즈 2.0을 사용하면 깔때기의 중앙에 더욱 집중하게 되는데, 그 지점에서 과정의 효과와 효율이 극대화된다.

따라서 판매자 지향적인 가격책정은 캐즘 기간의 가격책정 결정에서 그나마 안정된 기반이 된다. 캐즘 기간은 주류시장 고객들의 새로운 요구와 주류시장 경로를 구축하기 위한 새로운 관계 모두에 대해 거의 전적으로 외부에 집중해야 하는 시기이다. 실제로 주류시장에 접근하기 위한 수단을 꾸준히 확보하는 것이 매우 중요하기 때문에 이 후자의 문제는 캐즘 기간의 가격책정에서 최우선 요소가 되어야 한다.

유통 지향적인 가격책정

유통의 관점에서 경로 활성화에 심대한 영향을 미치는 가격책정 문제는 두 가지이다.

- 판매를 위해 책정된 가격인가?
- 판매할 만한 가치가 있는가?

판매를 위해 가격이 책정된다는 것은 그 가격이 판매주기 동안 중요한 문제가 되지 않는다는 것을 의미한다. 초기시장에서 선각자 고객들에게 성공을 거둔 후에 캐즘을 뛰어넘으려는 기업들은 대체로 제품의 가격을 너무 높게 책정한다. 가격은 실용주의자 고객들에게 문제가 된다. 유통경로에서 반발의 기미가 나타나고 비교가 가능한 제품들이 예상가격의 증거로 사용될 경우에, 기업들은 흔히 그런 경쟁은 성립되지 않으며 유통경로에서 제품을 적절히 판매할 방법을 모른다고 주장한다.

하지만 제품의 가격이 너무 낮게 책정되어 캐즘을 뛰어넘지 못할 수도 있다. 여기서 문제는 가격에 충분한 이윤이 포함되지 않아 이미 관계가 확립된 주류시장 고객들에게 추가적인 노력을 통해 불연속적인 혁신을 소개하는 유통경로에 보상해주지 못하는 것이다. 만약 유통경로에서 기존의 방식을 벗어나 새로운 것을 도입한다면, 그 보상은 일반적인 비즈니스에서 얻을 수 있는

272

수준을 훌쩍 넘어서야 한다.

이 모든 관점들을 종합해 캐즘을 뛰어넘기 위한 맥락에서 살펴본다면 가격책정의 기본적인 목표는 다음과 같아야 한다. 시장 선도자의 기준가격에서 가격을 책정하면서 그에 따라 시장 선도력에 대한 주장을 강화하라. 그리고 유통경로에서 가격이윤을 남길 수 있도록 아주 높은 보상을 제공하라. 그 보상은 제품이 주류시장에 정착하고 제품의 판매권에 대한 경쟁이 치열해지면 단계적으로 축소될 것이다.

요약: 침투 개시

요약하자면, 캐즘을 뛰어넘기 위한 디데이 전략의 마지막 단계는 침투를 개시하는 것이다. 요컨대 제품의 가격을 책정하고, 판매 경로에 제품을 내놓는 것이다. 이 두 가지 행위는 모두 활동 점검 목록에 포함되지 않지만 지침이 되는 네 가지 원칙이 존재한다.

1. 최우선 목표는 고객 지향적인 유통경로에 접근할 방법을 확보하는 것이다. 그것은 주류시장의 실용주의자 고객들이 여러분의 제품을 구매할 것이라고 예상되는 경로이다.
2. 시장에서 장기적인 공급을 위해 선택하는 유통경로의 유형은 제품의 기준가격에 따라 달라진다. 하지만 직접 판매가 아니라면 캐즘을 뛰어넘으려는 전환기에는 주류시장에서 빠르게

안착하기 위해 보조경로나 심지어 대체경로(수요창출을 지향하는)를 채택해야 할지도 모른다.

3. 주류시장에서 가격은 메시지를 전달하는데, 그 메시지는 제품의 판매를 쉽게 만들 수도 있고 어렵게 만들 수도 있다. 시장에서 수용이 가능한 유일한 메시지는 시장 선도력에 관한 것이기 때문에 제품의 가격은 그런 메시지를 담고 있어야 한다. 또한 가격은 경쟁상대로서 비교가 가능한 '다른' 제품들의 가격책정에 영향을 미친다.

4. 마지막으로 이윤은 유통경로에 대한 보상이라는 것을 기억해야 한다. 캐즘을 뛰어넘는 것은 유통경로에 추가적인 부담을 지우며, 종종 유통경로가 실용주의자 고객들과 맺은 기존의 관계를 자산으로 활용하려고 하기 때문에 캐즘 기간에는 그 유통경로에 추가적인 이윤을 지불해야 한다.

이 원칙들은 이 장의 결론일 뿐만 아니라 3장부터 7장에서 다룬 캐즘을 뛰어넘기 위한 마케팅 전략에 대한 정리이기도 하다. 이 장들의 목표는 캐즘 기간의 난관에 직면한 기업들을 돕기 위한 마케팅 아이디어의 틀을 형성하는 것이었다. 전체적으로 디데이 전략은 이런 상황에 처한 기업 앞에 놓인 엄청난 위험과 기회를 모두 강조하는 것이다. 이런 상황에서 실행을 저해하는 가장 큰 장애는 적절한 대안들에 대한 이해의 부족일 수 있다. 다행히 이 장들에서는 어느 정도 그런 장애를 해소하기 위한 방안을 제시했다.

마지막으로 아주 중요한 문제가 남아 있다. 만약 캐즘이 크나큰 난관이라면, 그것은 대부분 스스로 초래한 것이다. 간단히 말해 첨단기술 업계는 캐즘을 실제보다 훨씬 심각한 문제로 만들고 있다. 우리가 어떻게 그런 행동을 하는지 이해하고, 이를 멈추기 전에는 결코 캐즘을 극복하지 못할 것이다.

이런 생각을 염두에 두고 이제 결론으로 넘어가자.

나가는 말

캐즘을 벗어난 후에

첨단기술 기업들이 어떻게 시장 주도형 조직이 될 수 있는지, 어떻게 시장 주도형 조직이 되어야 하는지에 대한 논의는 오랜 세월 이어져오고 있다. 하지만 내 개인적인 견해로는 새로운 변화는 전혀 보이지 않는다. 모든 조직들은 인정하든 인정하지 않든지 간에 시장 주도형이다. 시장개발이 급격히 이루어진 후에 갑자기 위축되는 캐즘 현상은 모든 신생 첨단기술 기업들을 위기의 상황으로 내몰면서 비교적 안전했던 초기시장을 떠나 주류시장에서 새로운 터전을 찾도록 강제한다. 사실상 불가항력이다. 여기서 중요한 문제는 경영진이 그런 변화를 적시에 인식하고 그에 따른 기회를 활용할 수 있는지 여부이다.

지금까지 우리는 캐즘을 시장개발의 문제로 다루면서 오직 캐즘을 뛰어넘기 위한 마케팅 전략과 전술에만 치중했다. 하지만 캐즘의 영향은 마케팅 조직을 초월해 첨단기술 기업의 모든 영역에 미친다. 따라서 이제는 마케팅 관점에서 벗어나 변화가 일어나는 다른 중요한 세 가지 영역인 재정, 조직개발, R&D를 살펴볼 것이다. 우리의 목표는 기업이 다시 캐즘에 빠지지 않고 꾸준히 전진하면서 주류시장에 진입할 수 있는 행동지침을 제시하는 것이다.

이 장의 교훈은 아주 단순하다. 캐즘 이후의 기업은 캐즘 이전의 기업이 제시한 약속들에 구속된다. 그런데 캐즘 이전의 약속들은 초기시장에서 기반을 잡느라 급급한 나머지 성급하게 맺은 것이어서 새로운 상황에서 유지하기 어려운 경우가 허다하다. 다시 말해, 성실히 이행하면 자칫 기업이 파산할 수도 있는 수준의 성과나 보상을 약속한 것이다. 따라서 캐즘 이후의 최우선 과제 중 하나는 캐즘 이전의 약속으로 야기된 모순을 해결하는 것이 되어야 한다. 그 과정에서 기업자산의 가치가 대폭 하락하거나, 직위에 따른 성과를 내지 못한 직원들의 대규모 인사이동이 시작되거나, 제품과 기술의 미래를 책임지는 수뇌부에 지각변동이 일어날 수 있다. 이 모두는 결국 엄청난 좌절과 극심한 분노로 이어지게 된다. 요컨대 처절한 고통과 시련의 시기가 될 수 있다.

이 문제에 대한 최선의 해결책은 애초에 원인을 제공하지 않는 것이다. 다시 말해, '캐즘 이전의 시기에 잘못된 약속을 하지 말아야 한다.' 아직 초기시장 단계에 머물러 있는 동안, 캐즘의 위기에서 생존하기 위해 가야 할 곳을 내다본다면 우리는 수많은 유망한 첨단기술 기업들을 파멸로 이끌었던 어설픈 결정을 내리지 않도록 스스로 예방접종을 할 수 있다.

나는 그것이 생각보다 훨씬 어려운 일이라는 것을 인정한다. 사춘기 시절에 나는 '성숙해지는 과정을 거치고 있기' 때문에 간혹 아주 형편없는 선택을 하기도 할 것이라는 조언을 귀에 못이 박히도록 들었다. 나는 그 말을 질색했다. 첫째, 그 말을 들으면 내가 괜히 부족한 것 같았고 그 말을 한 사람보다 못하다는 기분마저 들었다. 둘째, 설령 그 말이 사실이라도 그것은 전혀 쓸모없는 정보였다. 나는 성숙해지는 과정을 거치게 될지 모르지만, 그 과정을 거치고 있기 때문에 미숙한 행동을 할 수밖에 없다면 도대체 그 정보가 무슨 도움이 되겠는가? 어떻게 내가 본래의 내 모습을 버릴 수 있단 말인가?

하지만 바로 그것이 첨단기술 기업들이 캐즘을 벗어나기 위해 반드시 해야 할 일이다. '자기 본래의 모습을' 버려야 한다. 그런 의미에서 성숙해지는 과정이라는 것을 받아들이고 철저히 그 정보에 따라 행동해야 한다.

캐즘을 벗어나려면 기업의 자아가 변하는 탈피과정이 수반되어야 한다. 그 시기에 우리는 가족적인 정서를 선전하고 개인적인 성과를 강조하는 형태에서 벗어나 예측이 가능하고 철저히 조직된 집단관계에 보상하는 방식으로 변해야 한다. 물론 혁신을 중단하거나 창의성을 희생할 필요는 없다. 하지만 그 에너지에 선각자들의 가치체계가 아닌 실용주의자들의 가치체계에 대한 관심이 투입되도록 재조정해야 한다. 그렇다고 친분관계를 배제하고 권위적인 경영체제를 시행해서는 안 된다. 실제로 경영방식은 이 전환기에도 변함없이 유지할 수 있는 극소수의 요소들 중 하나이다. 하지만 초기시장에서 우위를 구축하는 데 도움이 되었던 기술과 성향, 재능을 시급히 주류시장에서 우위를 확보해야 하는 차원에서 재검토하고 재평가해야 한다. 그러면 회사 전반에 걸쳐 친분관계와 자기이익에 대한 재고가 이루어질 것이다.

캐즘 이후의 재정, 조직, 제품의 개발에 관한 문제들에서 성공을 거두기 위한 원칙과 실행은 캐즘 이전의 상황과는 현저히 다르다. 또한 모든 사람들이 새로운 체제를 운영하는 데 필요한 변화에 적응하거나 순응하지는 않는다. 어떤 경우든 좋은 소식이라면 항상 일자리는 많을 것이라는 점이다. 다시 말해, 지난 30년 동안 첨단기술 기업들은 저마다 다른 실적을 보였지만 전체적인 업계의 수입과 고용은 대폭적으로 성장했다. 우리는 캐즘 재편성 기간에 이 사실을 기억해야 한다.

우리의 목표는 개인들을 새로운 행동방식으로 전향시키는 것이 아니라 새로운 행동규범을 확립하는 것이다. 우리의 임무는 자신에게 가장 적합한 분야를 사람들이 스스로 이해하도록 돕는 틀을 제공하고 그들이 적절한 행동을 취하도록 하는 것이다. 일부 변화는 지체할 시간이 없는 탓에 강제로 실행해야 하지만, 어떤 건 자연스럽게 재능이 더 적합한 분야에 배치되도록 재조정할 수도 있을 것이다.

이런 생각을 염두에 두고 캐즘 이후의 기업들이 캐즘 이전의 자아에게 물려받은 가장 영향력이 큰 결정을 살펴보자. 먼저 재정에 관한 사항이다.

재정적인 결정: 하키 스틱을 부러뜨려라

캐즘을 뛰어넘은 기업들의 목표는 '돈벌이'다. 이것은 생각보다 훨씬 더 과격한 표현이다.

먼저 우리는 돈벌이가 캐즘 이전의 조직이 추구하는 목표가 '아니'라는 것을 인식해야 한다. 초기시장을 구축하는 시기에 투자에 대한 기본적인 보상은 기술, 서비스, 아이디어의 결합물을 반복적인 사용이 가능한 상품으로 전환하고, 그 상품의 수요를 창출하는 고객의 용례들이 있다는 것을 입증함으로써 투자자

위험부담 축소(investor risk reduction)를 이루는 것이다. 초기시장의 소득은 이런 수요를 측정하는 것이지만 대체로 이익의 원천이 되지는 않는다. 그 결과 초기시장의 기업은 굳이 수익성이 요구되지 않는다.

더불어 캐즘 이전의 기업은 수익성이나 다른 재정적인 목표에서 동기를 찾지 않는다. 물론 한가로이 나누는 대화에서는 부자가 되는 꿈을 이야기할 것이다. 하지만 훨씬 더 매력적인 보상이 기다리고 있다. 누구의 지배도 받지 않고 직접 자신의 진로를 결정할 수 있는 자유, 신기술의 최전선을 개척할 수 있는 특권, 기존의 어떤 조직에서보다도 훨씬 더 많은 책임을 맡으면서 경력을 시작할 수 있는 기회가 주어지는 것이다. 바로 이런 요소들 덕분에 초기시장의 기업들은 적은 보상에도 불구하고 오랜 시간 업무에 몰두할 수 있다. 부자가 되는 꿈은 그저 가족과 친구들에게 그런 무모한 행동을 정당화하려는 구실에 불과하다.

따라서 초기시장의 기업가들은 돈벌이에 치중하거나 돈벌이를 지향할 필요가 없다. 이 부분은 매우 중요하다. 대부분의 경영이론들은 전술을 교정하는 수단으로 이윤추구를 동기의 전제로 삼기 때문이다. 그런 동기가 없다면 사람들은 예상하지 않은 결과로 이어지는 재정적인 결정을 내린다. 그 결과는 매우 다양한 형태로 나타나지만 가장 일반적인 형태는 '하키 스틱 모양'의 매출성장 예상모델이다.

기업가들은 재정적인 문제에 대해 다양한 태도를 보일지 모르지만 결코 이해가 느린 사람들은 아니다. 만약 벤처투자가들이 자금을 보유한 사람들이고 하키 스틱 모양의 예상모델이 그 자금을 얻기 위해 따르는 규칙들 중 하나라면 벤처투자가들은 그 규칙들을 따를 것이다. 따라서 기업가들은 '하키 스틱' 모양의 매출실적 그래프를 활용해 자본을 유치한다.

다시 말해, 그들은 일정 기간 동안 매출이 증대되지 않다가 어느 시점부터 가파른 상승곡선을 그리면서 빠르고 지속적으로 매출이 성장하는 비즈니스 계획을 제안한다. 하나의 형태로서 그것은 러브 소네트처럼 정확하고 형식적이나 자칫 사람을 곤경에 빠뜨릴 수 있다.

많은 논란을 일으킨 소프트웨어인 스프레드시트를 통해 만들어진 하키 스틱 모양의 곡선은 우리 분야에서 최악의 투자 결정을 몇몇 이끌었다. 백분율로 매출수치를 증대하는 것은 매우 쉽기 때문에 그 작업부터 소프트웨어를 사용하자. 이론적으로 이 매출곡선은 기업이 개발 중인 시장기회를 활용할 수 있는 방식을 거의 사실적으로 구현한다. 이로 인해 매출곡선은 스프레드시트에서 다른 모든 요소들이 따라야 하는 지배적인 선의 역할을 한다. 이것이 바로 수익성 있는 사업이 성공하는 방식이다.

하지만 사실 매출곡선은 종속적이며 하나가 아닌 두 개의 지배자에게 종속된다. 전면에서는 기업가의 비용곡선에 종속되고 후면에서는 벤처자본가의 하키 스틱 모양의 곡선에 종속된다. 이 방식에서 매출수치는 다분히 임의적이다. 일단 그 총액이 파악되면 이 허술하고 임의적인 매출성장 예상치를 정당화하기 위해 시장분석가의 보고서에는 적절한 인용구들이 추가되고 다른 증거나 자료들이 등록된다.

만약 기존의 첨단기술 시장개발 모델에 결점이 없다면, 이 방식은 효과적일지도 모른다. 하지만 실제 나타나는 매출성장은 하키 스틱보다 '계단'에 더 가까운 모양이다. 다시 말해, 처음에 급격한 매출성장이 이루어지는 시기인 초기시장을 지나면 성장이 둔화되거나 정체되는 시기(캐즘 기간)가 찾아오고 이후에 다시 급격한 성장이 이루어지면서 주류시장 개발의 초기를 알리는 시기가 이어진다. 이 계단 형태는 무한히 이어질 수 있는데, 평평한 부분은 인접한 주류시장 부문으로 이동하면서 발생하는 더딘 성장을 나타내고 치솟은 부분은 그런 기회를 활용하는 능력을 나타낸다. 점점 더 많은 시장 부문들이 등장하면 상승과 하락이 서로 상쇄되기 시작하면서 결국 월스트리트에서 선호하는 기복이 적은 성과를 이루어낼 수 있다. 실제로 대성공을 거둔 첨단기술 기업들만이 그런 상태에 도달했다. 그 밖의 대부분의 기업들은 금융계가 이해할 수 있는 수준보다 훨씬 더 급격한 변동에 시달리면서 아주 사소한 악재에도 주가에 심각한 타격을 입는 경우가 비일비재했다.

이 모든 현상은 어쩔 수 없는 것이다. 만약 자산을 담보로 걸고 기업에 하키 스틱 시나리오를 실현하려는 경우가 아닌 이상에는 계단 모델이 현실성이 크다. 그러나 불행하게도 대부분의 첨단기술 투자계획들이 달성하고자 하는 것은 하키 스틱 시나리오이다. 하지만 하키 스틱 시나리오가 실현되지 않으면 담보의 지불기한이 도래하고 창업주의 자산이 급격히 감소하면서 그 기업은 캐즘 속에서 파멸하고 만다. 이것은 앞서 1장에서 비유를 통해 대략적으로 설명한 과정이다.

벤처업계는 이 문제를 오래전부터 인식하고 있었다. 첨단기술 업계에 냉소적인 사람들은 이 문제를 악용하고 있다. 바로 '벌처 자본가들'이 순진한 기업가들로부터 기업을 인수하는 방식이다. 하지만 사실 그런 전략은 공멸에 이르는 계획이며, 대부분의 투자자들도 이를 잘 알고 있다. 그들은 '캐즘'이 아닌 '죽음의 계곡'이라고 이를 부를지도 모르지만 그 존재를 알고는 있다. 그들이 해야 할 일은 바로 포트폴리오를 살펴보는 것이다.

이제 문제는 확실해진다. 만약 캐즘 모델을 갖추고 있다면 어떻게 달리 사용할 수 있는가? 이 질문은 두 가지로 구분해 생각할 수 있는데, 첫 번째는 자본을 공급하는 금융가들과 연관되고 두 번째는 경영을 담당하는 경영자들과 관련된다. 전자의 경우에 핵심적인 문제는 평가의 개념과 예상이익률을 재공식화하는 방법이고, 후자의 경우는 자본을 지출하는 시기와 수익성을 채택하는 시기를 결정하는 일이다. 이 두 가지를 더욱 면밀하게 살펴보자.

벤처투자 집단의 역할

모든 투자는 일정한 기간 내에 경쟁에서 거두는 실적에 내기를 거는 것이다. 캐즘 모델은 그런 변수들을 신중하게 고려해야 할 필요성을 부각시킨다. 투자의 관점에서 가장 시급한 질문은 캐즘이 얼마나 넓냐는 것이다. 투자의 용어로 풀어보면, 적당한 규모의 주류시장에서 어느 정도 예측이 가능한 투자수익률을 거두기까지 얼마나 오랜 시간이 걸릴 것인가?

이 질문에 간단히 대답하자면, 안정적인 완비제품을 창출하고 보급하는 만큼 시간이 소요된다. 캐즘 모델에 의하면, 완비제품이 정착되기 전에는 어떤 주류시장도 형성되지 않는다. 내 개인적인 견해로는 완비제품이 정착되면 (반드시 그렇지는 않지만) 완비제품의 개발을 주도하고 추진했던 회사를 중심으로 시장이 빠르게 개발될 것이라고 추론할 수 있다.

우리는 이 과정에 얼마나 오랜 시간이 소요될지 예측할 수 있을까? 충분히 그럴 수 있다. 표적고객과 강력한 구매이유를 조사한 후에 완비제품의 모든 요소들을 분석하면 이 과정을 관리가 가능한 실적계수들로 단순화할 수 있는데, 각각의 계수는 예상 수렴점과 더불어 미리 산출할 수 있다. 이것은 과학도 아니고, 흑마술도 아니다. 그저 또 다른 유형의 비즈니스 계획일 뿐이다.

이 계획이 어느 정도 신뢰성을 지닌다고 가정하면 다른 많은 질문들이 뒤따를 것이다. 그 시장은 얼마나 클 것인가? 역시 간단히 대답하자면 완비제품이 제공되는 표적시장의 용례(강력한 구매이유)에 의해 활성화될 수 있는 만큼 확장된다. 달리 말해, 가치제안이나 완비제품이 실패하는 시점에 시장의 경계가 생겨난다. 반면 다른 시장형성 요소들(제휴, 경쟁, 포지셔닝, 유통, 가격책정)은 시장의 규모에 영향을 미치지 않고 시장침투율에 영향을 미친다. 자유시장경제의 보상을 감안하면, 이런 영역들에서 효율적인 솔루션은 시장이 확실히 존재하기만 하면 빠르게 정착될 것이다.

만약 앞선 주장들이 모두 사실이고 특정한 사례에 추가로 조사가 이루어진다면 투자 결정의 모든 핵심적인 요소들이 드러나기 때문에 굳이 제물의 내부를 들여다보지 않아도 투자 결정이 이루어질 수 있다. 시장규모, 시장침투율, 시장장악에 필요한 비용, 시장점유율 예상치의 산출은 속임수 없이 투명하게 이루어질 수 있다. 물론 성공가능성과 위험부담을 두고 갈등이 일어날 여지가 다분하지만 무엇이든 단번에 확신이 생기지는 않는 법이다.

따라서 투자자 집단의 행동을 이끌어내려면 고객 기업들이 캐즘 뛰어넘기를 비즈니스 계획에 포함시키도록 해야 한다. 광범위하고 장기적인 시장 특성화뿐만 아니라 디데이 공격을 위한 특정한 표적고객들도 지켜보도록 요구하라. 그들에게 가치제안이 강력한 호소력을 가질 때까지 개선한 후에 그것을 활용해 표적고객들이 얼마나 많은지 시험하도록 유도하라. 그들에게 완비제품을 규정하도록 한 후에 우수한 제휴사 및 협력사들과 관계를 구축하도록 지원하라. 다시금 그 결과를 활용해 시장규모를 예측하라. 경쟁상대와 포지셔닝의 문제를 다룰 경우에는 작은 물고기를 너무 빨리 큰 연못으로 몰고 가지 않도록 주의하라. 유통과 가격책정의 경우에는 캐즘을 완전히 뛰어넘을 때까지 '표준마진'을 추구하지 마라. 요약하자면, 캐즘 뛰어넘기를 위한 아이디어 기반을 활용해 금융자산을 적절히 관리해야 한다.

벤처경영 집단의 역할

이제 기업가의 핵심적인 관심사를 살펴보자. 얼마나 오랜 기간 벤처캐피털에 의존해야 하고 언제 손익분기 현금흐름을 채택해야 하는가? 이 결정은 다음과 같은 부분을 고려해야 한다. 손익분기 현금흐름이 달성될 때까지는 아무것도 확실하지 않으며 자신의 운명도 직접 통제하지 못한다. 이런 경우에는 수익성을 추구하는 진로를 조기에 채택하는 것이 바람직하다. 실제로 자본화의 요구가 낮고 개발속도가 더딘 시장에서는 처음부터 수익성을 채택하는 아주 확실한 사례가 존재한다. 초기 선각자 고객들은 자본금이 적은 신생기업들의 자금난 해소를 위해 상담료를 지불하고 사용료를 선납할 것이다. 회계의 관점에서 이처럼 선납한 사용료는 즉시 매출로 기재될 수 없지만, 그 돈은 현금흐름에 유동성을 부여해 전부 향후를 대비한 자산으로 관리할 수 있다.

처음부터 수익성을 채택하는 최대의 장점은 수익을 추구하는 방법을 나중에 배우지 않아도 된다는 것이다. 아무리 노련한 경영자들이 운영하더라도 오랜 기간 벤처자금에 의존한 기업들은 흔히 절박함을 잃고 시장이 아닌 다른 출처에서 자금을 얻으려고 하는 '복지국가 심리'에 빠져든다.

더욱이 수익성 전략은 조기에 자주 '단호히 거절하라'고 가르친다. 대부분의 아이디어들은 실행에 옮길 자금이 부족하다. 기업은 자원이 제한된 탓에 철저히 집중해야 한다. 그러면 사람들은 다른 일에 한눈을 팔지 않고 오직 시장만이 자금원이라는 것을 이해하기 때문에 제품의 출시에 소요되는 시간이 대폭 단축된다. 마지막으로 외부에서 자본을 유치하고자 할 경우에 이미 실제 시장의 요구뿐만 아니라 그 요구를 수익성 있게 처리하는 능력까지 입증한 높은 기업평가보다 더 강력한 증거는 없다.

그런데 실제로 처음부터 수익성을 추구하는 사례가 그토록 강력함에도 왜 그런 진로를 선택하지 않는지 의문이 생긴다. 그 이유는 두 가지이다. 첫째, 범주개발과 시장진입의 비용이 어마어마한 나머지 노동에 근거한 자산이나 컨설팅 계약으로는 자금을 마련하지 못하는 경우가 종종 발생한다. 이것은 모든 제조집약적인 사업에 해당되는 경우이다. 하지만 오늘날 외주제작이 증가하는 추세에서 시스코 같은 기업들은 전체 제품의 45퍼센트를 전혀 손대지 않고 출시하고, 팹리스 반도체 기업들은 모든 제품의 생산에 주조소를 활용하고, 램버스(Rambus) 같은 반도체 기업은 그저 메모리 인터페이스 설계구조의 특허권만을 행사하기 때문에 생산라인을 설치하거나 재고를 확충하는 것보다 팀을 조직하고 설계에 집중하는 것이 중요하다. 그러나 여전히 유형의 제품 비즈니스 모델에 연관된 비용이 지출되고, 그 비용은 불가피하게 부과형 요금제의 예산을 초과할 것이기 때문에 많은 벤처펀드들은 이런 류의 기업을 지원하려고 한다.

　처음부터 수익성을 추구하는 방식을 포기하는 다른 이유는 그 범주가 급속도로 개발될 것으로 전망될 경우에 여러분이 단역배우처럼 체계적으로 성장할 만한 여력이 없기 때문이다. 인터넷의 폭발로 그때까지 알려지지 않았던 토지수탈 심리가 탄생했고 모든 사람들은 시장점유율 확보를 위해 경쟁자들과 경합을 벌이고 있다. 검색에서 1위를 확보한 구글, 인터넷판매와 웹서비스에서 선두를 굳힌 아마존, 소셜네트워킹에서 성공을 거둔 페이스북은 모두 시가총액의 급격한 상승을 이끌어내면서 경쟁업체들을 아주 멀찌감치 따돌렸다. 이런 류의 게임에서 경쟁은 가장 빠른 사람에게 유리하며 2등은 1등과 까마득한 격차가 벌어지기 때문에 조기에 많은 자금을 투자하는 것이 성공의 핵심으로 여겨진다.

이 외에도 기업가들이 자본관리를 통해 마케팅 목적에 대해 생각할 수 있도록 돕는 세 번째이자 보다 일반적인 원칙이 있다. 이 영역에서 캐즘을 뛰어넘는 것은 대체로 초기시장을 구축하는 것보다 자본집약적이다. 초기시장 개발을 위한 노력은 좀처럼 자본의 대규모 투입으로 이어지지 않는다. 1980년대의 IBM PC 주니어와 프로디지(Prodigy), 1990년대의 펜 입력방식의 컴퓨터와 홈비디오 시스템, 지난 세기의 재고관리를 위한 RFID 칩과 전력공급을 위한 스마트 그리드가 그런 경우였다. 기술 마니아들과 선각자들의 마음을 사로잡기 위해 많은 투자를 감행할 수 없는 것이다.

물론 최소한의 자본은 투입되어야 한다. 직접판매를 위해 이동할 수 있어야 하고 대외적으로 흉하지 않게 보여야 하며 전문적으로 응대하기 위해 사무실과 전화를 갖추어야 한다. 초기시장에서는 홍보(제품의 출시는 초기시장에서 성공을 거두기 위한 핵심이다)를 위해 투자해야 하지만, 굳이 광고를 집행하거나 제휴관계나 유통경로를 구축하기 위해 투자할 필요는 없다. 이 모든 것들은 초기시장에서 어느 정도 신뢰도를 확보할 때까지 불필요하다.

하지만 초기시장의 선도자가 되면 방정식은 완전히 바뀐다. 완비제품 투자(제휴사와 협력사들을 확보하고 그들에게 최종제품을 생산하도록 하는 작업)에는 자금이 투입되는 많은 계획들이 수반된다. 유통경로 개발과정도 마찬가지로, 수요를 창출하고 판매를 위한 동기를 부여한다. 이 시기에는 언론관계, 시장관계, 광고를 포함한 효과적인 마케팅 커뮤니케이션 프로그램을 실시하는 것이 매우 중요하다.

요약하자면, 바로 이 시기가 시장개발 자금을 투입하고자 하는 시점이다. 따라서 초기시장의 선도자가 되기 전에 이 과정을 시작하지 않는 것과 캐즘 기간에 모든 자금을 투입하지 않는 것이 중요하다. 이 두 개념을 비즈니스 계획에 적용하기만 하면 많은 곤경을 겪지 않을 수 있다.

조직에 관한 결정: 개척자에서 정착자로

이제 재정문제에서 인사문제로 전환하면, 우리는 본질적으로 캐즘이 선각자들과 실용주의자들을 분리한다는 것을 인식해야 한다. 비단 기술제품의 고객들뿐만 아니라 기술제품을 공급하는 기업들에도 마찬가지다. 캐즘을 벗어나려면 기업 안에서 개인들이 거의 파악할 수 없는 변화가 일어나야 한다. 그것은 '개척자에서 정착자로의 전환'이다.

개발조직에서 개척자들은 기술의 응용범위를 확장하는 사람들이다. 그들은 제도화하지 않는다. 그들은 인프라를 개발하는 것을 좋아하지 않을 뿐 아니라 기록하는 것조차 좋아하지 않는다. 그들은 위대한 업적을 남기고자 하며 더 이상 이룰 수 있는 위대한 업적이 없으면 다른 영역을 찾아 떠나고자 한다. 그들의 뛰어난 재능은 초기시장에 활기를 일으키는데, 만약 그들이 없었다면 첨단기술은 존재하지 않았을 것이다.

그럼에도 불구하고 여러분이 캐즘을 뛰어넘고 나면 그들은 성가신 걸림돌이 될 수 있다. 그들의 기본적인 관심사는 관리하는 것이 아니라 혁신하는 것이다. 산업표준과 공용 인터페이스, 특히 기술적으로 떨어지는 솔루션에 대한 적응은 모두 첨단기술 개척자들에게 어색하고 불편한 일이다. 따라서 시장 인프라를 담당해야 할 시점이 다가오면 이미 그들은 다른 새로운 분야를 찾고 있을 것이다. 한편 그들은 필요한 타협안에 협력하지 않을 것이며, 그런 안건을 실행하려는 집단에 심하게 반발할 수 있다. 따라서 기업이 초기시장의 제품 위주의 세계에서 주류시장의 시장 위주의 세계로 전환하면 개척자형 기술자들이 다른 분야로 이동하는 것 또한 매우 중요하다. 예를 들면, 그 기업에서 보다 미래지향적인 다른 프로젝트에 참여하든지 그런 여건이 되지 않으면 그들의 재능을 더 효과적으로 활용할 수 있는 다른 기업으로 이직하는 것이다.

한편 판매부서에도 유사한 과정이 일어난다. 최전선에 있는 집단은 첨단기술 판매개척자들이다. 그들은 선각자들에게 판매하는 천부적인 재능을 지닌 사람들이다. 그들은 선각자들의 꿈과 취향에 맞추어 능수능란하게 기술과 제품을 다루고 설명할 만큼 기술과 제품에 탁월한 이해력을 갖추고 있다. 그들은 선각자들의 언어로 대화하고 선각자들이 추구하는 비약적인 발전을 이해하며 그런 방향으로 제품을 그럴듯하게 포장할 수 있다. 그들은 내뱉은 말을 맞춤형 시제품으로 입증하며 실천함으로써 끊임없는 수요를 창출할 수 있다. 그들은 야심만만하며 대규모 거래도 이끌어낼 수 있다. 그들은 초기시장의 총아들이다. 그들이 없다면 초기시장의 선도자가 되기란 사실상 불가능하다.

하지만 이런 그들도 캐즘을 뛰어넘고 나면 성가신 걸림돌이 된다. 실제로 그들은 기업을 다시 캐즘에 빠뜨리는 장본인들이다. 여기서 문제는 그들이 선각자들에 대한 판매를 중단하지 못한다는 것이다. 그런데 이것은 완비제품의 맞춤형 실행에 결부된 판매이다. 이런 계약은 한쪽(주류시장의 R&D 업무)에서 빼앗아 다른 한쪽(선각자들의 구매목적을 충족시키는 데 필요한 맞춤형 R&D 업무)에 내주는 방식으로 충족된다. 정말 어리석은 행위가 아닐 수 없다. 캐즘을 뛰어넘기 위한 핵심은 맞춤형 개발을 중단하고 완비 제품을 제도화하면서 시장 전체, 혹은 최소한 하나의 시장 부문에서 지지할 수 있는 표준을 확립하는 것이다. 이런 주류시장 개발은 부득이 R&D 부서에 막대한 부담을 지우기 때문에 개발인력들은 다른 엉뚱하고 무모한 사업에 한눈을 팔아서는 안 된다. 따라서 이런 상황을 이해하지 못하는 개척자 영업사원은 캐즘을 벗어나려는 판매조직을 불안과 혼란에 빠뜨릴 수 있다.

지금 우리는 초기시장에서는 성공을 거두기 위한 주역이지만 캐즘을 뛰어넘은 이후에는 자칫 걸림돌이 될 수도 있는 두 가지 부류의 사람들(첨단기술 개척자들과 개척자 영업사원들)을 살펴보고 있다. 그들은 반드시 교체되어야 하지만 과연 누가 그들을 대체할 수 있는가? 어떻게 그들의 지식을 대체할 것인가? 누가 그들의 업무를 담당할 것인가? 그동안의 공헌도를 감안하면 그들에 대한 이런 처우가 도의적이거나 공정하다고 할 수 있는가?

첨단기술 기업이라면 이런 문제들로 고심할 수밖에 없다. 기업의 대응방식은 떠나는 사람들뿐만 아니라 남는 사람들에게도 영향을 미친다. 이런 상황에는 무난하게 대처해야 한다.

먼저 도덕적인 문제에 대해 살펴보자. 먼저 기업과 정부가 제멋대로 그런 행위를 저지르고 있긴 하지만, 사람들을 해고하여 그들의 삶을 뒤틀리게 하고 생계를 위협하는 일은 부도덕한 일이라고 간주하자. 그러면 이 문제들은 예측하여 합의하고 계획하여야 대비할 수 있게 된다. 개척자들은 정착하기를 원하지 않는다. 정착은 그들의 최대 관심사가 아니며, 그들을 고용한 기업들에게도 마찬가지다. 처음부터 모두가 이런 사실을 이해하고 그들의 궁극적인 목표가 주류시장을 창출하고 스스로 물러나는 것임을 인식해야만 우리는 향후의 행동에 대한 합리적인 근거를 마련할 수 있다. 향후의 계획과 보상체계에 대한 논의는 개척자들을 대체할 정착자들을 선발할 방법을 찾을 때까지 유보해야 한다.

물론 정착자들은 개척자들의 업무를 담당하지 않는다. 그들은 개척자들이 수행한 적도 없고, 수행하고 싶어 한 적도 없는 다른 업무들을 담당한다. 그럼에도 정착자들은 관리자의 직위, 권한, 그리고 결정적으로 예산을 포함한 직원명부를 인수한다. 그들은 울타리를 세우고 절차라고 불리는 규칙을 만들면서 과거 서부시대에 개척자들과 정착민들이 벌였던 영역다툼으로 치닫게 되는 온갖 일들을 벌인다. 이 모든 현상은 믿음직하고 안정적인 사람들을 좋아하고 돌발적인 상황을 싫어하는 실용주의자들로 채워지는 캐즘 이후의 시장에 적합하다. 하지만 개척자들에게는 결코 달갑지 않은 상황이다. 그러면 어떻게 이 두 집단 간의 전환을 무난하게 이루어낼 수 있는가?

새로운 두 개의 직무

여기서 핵심적인 사항은 캐즘을 뛰어넘으려는 기간에 새로운 두 역할을 도입하면서 전환에 착수하는 것이다. 첫 번째 역할은 '표적시장 부문 관리자'이며, 두 번째 역할은 '완비제품 관리자'이다. 이 두 가지는 모두 일시적인 직위로, 보다 전통적인 역할로 향하는 징검다리이다. 전자는 산업마케팅 관리자로, 후자는 제품마케팅 관리자로 발전하게 되는데, 이 타이틀이 그들이 고용되면서 담당하기로 한, 그들의 명함에 적기에도 가장 적합한 '실제 직위'이다. 하지만 캐즘 과도기에 그들은 독특한 일회성 역할을 담당하게 되며 그런 상황에서 그들에게는 '임시' 직위가 부여될 것이다.

표적시장 부문 관리자는 짧은 임기 중에 한 가지 목표를 지닌다. '선각자 고객과의 관계를 특정한 고객이 참여하고 있는 주류시장에 진입하기 위한 잠재적인 교두보로 전환하는 것'이다. 만약 시티코프(Citicorp)가 고객이라면 잠재적인 교두보는 금융업이다. 애트나(Aetna)가 고객이면 보험이고, 듀퐁이 고객이면 화학이며, 인텔이 고객이면 반도체가 된다. 이 과정은 다음과 같이 진행된다.

그런 고객을 초기시장 판매계획에서 확보했다면 표적시장 부문 관리자를 고객 관리자로 임명하면서 사업이 운영되는 방식을 배울 수 있도록 광범위한 고객들과 접촉할 권한을 부여하라.

- 그는 박람회에 참가하고, 잡지를 구독하고, 시스템을 공부하고, 사람들을 만나야 한다. 처음에는 한 고객에서 출발하지만 이후에는 연관된 기업들과 접촉해야 한다.
- 더불어 그는 선각자의 프로젝트에 대한 감독권을 인수해야 한다. 프로젝트를 달성이 가능한 여러 단계로 분리한 후에 도입 과정과 초기 단계들을 감독하고, 그 시스템의 최종 사용자들에게 피드백을 받고 사내 직원들과 작업하면서 초기 제품에 즉각적인 가치와 효과를 부여하는 맞춤화를 이끌어내야 한다.
- 또한 그는 완비제품 관리자와 작업하며 선각자의 프로젝트에서 어떤 부분이 현재의 역할에 적합하고 어떤 부분이 부적합한지 파악해야 할 것이다. 그 이유는 고객에 특화된 변경사항 중에서 독특한 요소들을 분리함으로써 제품개발팀에게 그런 요소들을 관리하는 부담을 덜어주려는 것이다.

시장 부문 관리자가 단기간에 고객으로부터 추가적인 수익을 창출할 것이라고 기대해선 안 된다. 선각자들은 모든 필요 변경사항에 대한 비용을 이미 지불했다고 믿기 때문이다. 하지만 시장 부문 관리자에게 다음과 같은 사항은 기대할 수 있다.

- 시스템의 첫 번째 설치를 촉진하라.

그러면 더 많은 시스템의 구입을 촉진해 수익을 증대할 뿐만 아니라 표적시장 부문에서 참고기반까지 형성할 것이다. 대부분의 기업들은 몇 년 후에 초기의 '유명한' 고객들마저 참고자료가 되지 못할 정도로 이 부분에서 참담하게 실패한다. 여기서 기억해야 할 핵심이라면, 실용주의자들은 누가 제품을 구매하는지에 관심을 갖는 것이 아니라 누가 완벽히 실행되는 시스템을 사용하는지에 관심을 갖는다는 것이다.

- 첫 번째 설치가 실행되는 동안 고객에게 자신의 대체자로서 어쩌면 향후 수년 동안 고객을 담당하게 될 진짜 고객 관리자인 '정착자'를 소개하라.

이 시점에서도 개척자 영업사원은 여전히 중요한 역할을 담당하고 선각자와 관계도 유지하지만 고객과의 일상적인 업무는 다른 사람의 손에 넘어갔다는 것을 기억하라. 이런 상황은 개척자에게 전혀 문제가 되지 않는다. 그는 그런 업무가 세심하게 일해야 하는 정착자의 몫이며, 자신이 좋아하지도 않는다는 것을 알고 있기 때문이다.

- 진행 중인 프로젝트를 활용해 업계의 곤란한 문제를 세련되게 해결할 수 있는 한 가지 이상의 완비제품 확장을 창출하라.

그 의도는 그런 요소들을 제품군에 흡수하거나 정식 지원이 되지 않는 제품으로 사용자 집단에 비공식적으로 배포하기 위한 것이다. 어떤 식이든 그런 부가물들은 표적시장 부문에서 제품의 가치를 증대하고 다른 판매사들을 막는 진입장벽을 조성한다.

완비제품 관리자

표적시장 부문 관리자가 고객의 환경에서 이런 업무를 수행하는 동안 내부적으로도 그에 상응하는 역할이 충족되어야 한다. 여기서 전환은 제품관리자에서 완비제품 관리자라는 단기간의 역할을 거치며 제품마케팅 관리자로 이루어진다. 이런 직위들은 서로 혼동될 만큼 매우 비슷하다. 이 세 가지 다른 업무를 확실하게 구분해보자.

제품관리자는 대체로 개발조직의 일원으로, 제품을 제조하고 시험하고 예산과 일정에 따라 선적하는 일을 담당한다. 이것은 지극히 내부적인 사안에 치중하는 업무로 마케팅조직과 개발조직을 중개하며 상당한 수준의 기술적인 능력과 프로젝트 관리경험을 요구한다. 간혹 기업들은 시장 주도형 기업을 지향하며 이역할을 마케팅조직에 맡기려고 하지만, 조직 내부의 반발에 부딪힐 수밖에 없기 때문에 거의 성공을 거두기 어렵다.

제품마케팅 관리자는 개발조직이 아닌 마케팅조직의 일원이며 제품을 출시하고 유통경로에 공급하는 일을 담당한다. 여기에는 표적고객 파악부터 가격책정에 이르기까지 캐즘을 뛰어넘는 데 필요한 모든 요소들이 포함된다. 이것은 지극히 외부적인 사안에 치중하는 업무이다.

모든 조직들이 제품관리자와 제품마케팅 관리자를 구분하는 것은 아니지만, 이 두 직위는 반드시 구분되어야 한다. 두 업무를 결합하면 항상 어느 한쪽이 취약해지기 때문이다. 한 가지 업무를 잘하는 사람이 다른 업무까지 잘하는 경우는 드물다.

완비제품 관리자는 미래의 제품마케팅 관리자이다. 그 직위가 현재형이 아닌 이유는 그 업무 자체가 아직 시기상조이기 때문이다. 캐즘을 뛰어넘기 전에는 향후 제품개발을 추진할 만한 의미 있는 시장관계나 지식이 부족하다. 표적시장 부문 관리자가 그런 시장관계나 지식을 개발하겠지만 지금은 그것들이 존재하지 않는다. 지금 존재하는 것은 놀라운 속도로 늘어나는 오류보고서들과 제품보강 요구서들이다. 만약 이런 문제들이 적절히 관리되지 않는다면 개발조직 전체를 좌절에 빠뜨릴 것이다.

이런 문제점들과 요구사항들을 적절히 관리하고 기업발전의 측면에서 개척자 문화에서 정착자 문화로 전환을 하기 위한 전술은 그런 사안들을 처리하는 업무를 제품관리자에서 완비제품 관리자에게 인계하는 것이다. 이 시점에서 제품관리자는 거의 개척자일 것이다. 그렇지 않다면 그 기업은 현재의 위치에 이르지도 못했을 것이기 때문이다.

현재의 제품관리자가 계속 제품의 미래를 담당하게 될 경우에 발생하는 문제는 무엇보다 초기 고객들과의 약속에만 치중하게 된다는 것이다. 불행히도 그런 약속은 보통 주류시장 고객들로부터 큰 관심을 이끌어내지 못한다. 물론 그런 약속은 협상을 통해 취소되지 않는 한 결국 이행되어야 하지만, 어떤 경우라도 무조건적인 우선권이 부여되어서는 안 된다. 현재 진행 중인 제품개발 작업에서 우선되어야 할 요소는 주류시장에 대한 기여, 실용주의자 고객들에 대한 만족이다. 다시 말해, 완비제품에 대한 기여이며 이런 이유에서 권한의 이전이 필요하다.

이런 권한의 이전이 이루어지면 기업은 제품 주도형 조직에서 시장 주도형 조직으로 전환하는 중요한 단계를 시작한 것이다. 주류시장의 형태가 드러나면서 시장조사와 고객면담을 통해 점차 그 시장의 필요성이 확인되면, 완비제품 관리자는 그동안 명함에서만 사용해온 직위인 제품마케팅 관리자로 전환된다. 시장개발 주기에서 조급히 이런 전환을 시도하는 것은 어리석은 짓이다. 초기시장에서는 제품이 위주가 되고 제품관리자에게 강력한 권한이 부여되어야 한다. 하지만 지금 그런 권한을 회수하지 않는 것은 어리석은 짓이다. 요구사항들이 원조 개척자의 수중에 있는 동안, 기업은 전략에 어긋나는 목적을 위해 추가적인 개발을 약속할 위험이 있기 때문이다.

요약하자면, 캐즘 기간의 초기에 조직은 강력한 권한을 지닌 소수의 개척자 영업사원과 제품관리자들이 주도한다. 그러나 주류시장에 진입할 무렵에 그 권한은 주요 고객 관리자들, 산업마케팅 관리자들, 제품마케팅 관리자들에 이르기까지 폭넓게 분배되어야 한다. 이런 점진적인 권한의 분산으로 개척자들은 빠르게 결정하고 신속하게 대응하는 능력에 제한을 받으면서 점차 실망하게 되고 결국 회사를 떠나려고 할 것이다.

보상문제의 처리

이제 우리는 첨단기술 기업들 안에서 발생하는 좌절과 실망에 내재된 근본적인 문제로 돌아간다. 바로 보상에 관한 문제이다. 개척자들과 정착자들의 근본적으로 다른 기여도, 혹은 근본적으로 다른 그들의 재직기간을 인정하는 보상체계가 거의 없기 때문에 기업은 보상에 있어서 결국 어느 한쪽을 차별하게 된다. 만약 보상체계에 차별이 존재한다면(마땅히 보상을 받아야 할 행동을 억제하고 당연히 처벌을 받아야 할 행동을 독려한다면) 그 조직은 성공을 거두지 못한다.

합리적인 보상체계를 고안하는 과정은 매우 복잡한 탓에 이 책에서 다루기에는 무리가 있고 저자의 능력에도 버거운 일이다. 여기서는 반드시 지켜야 할 일반적인 원칙 몇 가지 정도만 소개하고자 한다.

먼저 판매의 측면부터 살펴보자. 전형적인 개척자 판매는 시험 프로젝트의 성공에 기반을 둔 광범위한 구매계약이 포함된다. 상당한 액수를 선금으로 받았을 경우에도 계약이 확정될 때까지 더 많은 양의 주문을 인정하지 않는 것이 합리적이다. 그 기간은 적어도 1년 이상 소요될 수 있으며 그동안 우리는 표적시장 부문 관리자를 포함해 더 많은 사람들을 그 고객에 소개할 것이다. 그 무렵이면 개척자 영업사원은 회사를 떠나고 없을지도 모른다. 가령 한 고객 관리자가 회사에 새로 합류해 그 고객을 인계받은 후부터 갑자기 주문이 밀려들어온다. 과연 적절한 보상방법은 무엇인가?

여기서 핵심은 '고객개척(account penetration)과 고객개발(account development)을 구분하는 것'이다. 후자는 예측가능성이 높고 성취도가 떨어지며 지속성이 큰 성과이다. 고객개발에 대한 보상은 관계의 지속성, 고객만족도, 수익흐름의 예측가능성 같은 사항에 따라 이루어져야 한다. 따라서 보상은 오랜 시간에 걸쳐 이루어져야 하며 한꺼번에 지급되어서는 안 된다. 현재 진행 중인 고객관계라는 무형의 자산에 높은 가치가 존재하기 때문에 대부분의 보상은 순수 수익달성보다 목표 지향적인 방식에 기반을 둘 수 있다. 만약 주식이 회사의 보상계획에 포함되고, 안정적인 수행을 독려하기 위해 보상이 조금씩 천천히 제공되면서 후반에 더 많은 부분이 지급된다면, 이는 합리적인 보상이 될 수 있다. 하지만 전반적으로 고객개발은 위험부담이 큰 역할이 아니기 때문에 그에 대한 보상이 커서도 안 된다.

반면 개척자 영업사원의 고객개척에 대한 보상은 정반대가 되어야 한다. 고객확보라는 핵심적인 성과를 인정하면서 보상의 대부분을 즉시 지급해야 한다. 이것은 소수의 인재만이 이룰 수 있는 특별한 성과이며 장기적으로 회사의 미래를 좌우할 만큼 중요한 일이다. 그만큼 영업사원에겐 성공확률이 매우 낮고 위험부담이 큰 업무이기도 하다. 따라서 특별한 보상이 뒤따라야 한다. 그러나 일반적인 능력, 혹은 상식적인 수준을 넘어선 성과를 앞세우는 허세는 우리가 보상하고자 하는 행동이 아니다. 따라서 선지급 방식으로 보상을 제공하고 싶더라도 철저한 실태조사를 실행해야 한다. 개척자 영업사원은 이직할 수 있고 우리는 장기적인 보상정책을 원하지 않기 때문에 주식은 부적절한 보상으로 여겨진다. 이 모든 사항을 종합해보면 직접적인 수수료 방식보다 보너스 중심의 정책이 더 적합한 듯하다. 이 방식은 영업사원에게도 유리한데, 실적 위주이고 비교적 빨리 시행되며 수익인식과 긴밀히 연계되지 않아 기업이 보상을 지급할 여유가 없는 시기에 개척자가 보상을 받거나 특별수당을 얻기 위해 굳이 오랜 기간 재직할 필요가 없다.

개발자들에 대한 보상

개발의 측면을 살펴보면 보상과 관련된 한 가지 문제가 남아 있다. 바로 개척자 기술자들이다. 그들은 창업자들과 초창기 직원들로 구분된다. 전자는 자산의 도박에 운명을 건 사람들로, 다른 어떤 조언보다 그저 이 책을 읽으면서 자산의 많은 부분을 캐즘을 뛰어넘기 위한 자금으로 남겨두어야 한다는 것을 깨닫기 바란다. 후자는 바로 문제를 일으키는 사람들이다.

그들은 사실상 자신들이 핵심제품의 대부분을 개발했다고 주장할 수 있다. 따라서 그 제품이 주류시장에서 성공한다면 자신들이 가장 큰 보상을 받아야 한다고 느낄 것이다. 하지만 실제로 그런 보상을 받지 못하며, 엄밀히 평가하면 그럴 만한 자격도 없다. 주류시장에서의 성공은 핵심제품이 아닌 완비제품과 연관되며 실제로 팀원들의 많은 노력이 투입된다.

개척자 기술자들이 주장할 수 있는 권리는 초기시장의 수익에서 가장 많은 보상을 요구할 자격이다. 초기시장에서 성공의 원동력은 바로 핵심제품이기 때문이다. 하지만 그 시기에는 대체로 현금이 부족하기 때문에 보상의 형태로 지급할 수 없다는 것이 문제이다. 따라서 현금 대신 주식이 지급되는 경우가 많다. 이것은 일종의 절충안이다. 주식은 캐즘을 뛰어넘은 후에도 회사에 머물고자 하는 사람들의 몫으로 남겨두어야 하지만, 개척자들을 붙잡기 위해 지급하는 경우가 빈번하다.

　요약하자면, 부적절한 보상정책은 자금을 낭비하고 사람들의 의욕을 떨어뜨린다. 첨단기술 기업에 적합한 보상정책을 수립하려면 초기시장과 주류시장에서 기대할 수 있는 실적의 차이뿐만 아니라, 그런 실적을 기대할 수 있는 사람들의 유형과 그들 중 일부가 막대한 수익을 거두기 전에 회사를 떠나게 될 가능성도 고려해야 한다. 만약 이런 사항들을 반영해 적절한 보상방식을 개발할 수 있다면 우리는 캐즘을 뛰어넘는 데 필요한 추진력을 잃지 않을 수 있다. 그러나 우리가 현재와 같은 방식을 고수한다면 장차 내부적인 갈등에 시달리면서 생산성이 향상되지 않는 이유를 납득하지 못하게 될 것이다.

R&D 결정: 제품부터 완비제품까지

이 책의 서두에서 우리는 캐즘 뛰어넘기를 첨단기술 마케팅의 최우선 순위로 설정했다. 그리고 캐즘 뛰어넘기에 성공하려면 완비제품의 제도화가 기본전략이 되어야 한다고 규정했다. 따라서 장기적인 R&D와 관련해 완비제품 마케팅의 효과를 살펴보면서 마무리하는 것이 좋을 듯하다.

　R&D는 첨단기술의 핵심이다. 그 밖의 모든 것은 부차적인 요

소일 뿐이다. 첨단기술 부문은 무엇보다도 기술 중심적이다. 결국 우리는 제품을 개발하고 시장을 창출하고 그 시장을 장악할 기업을 설립한다. 하지만 그 시작은 기술에서 비롯된다. '제품을 제조하면 소비자들이 찾아올 것이다.' 이것이 바로 우리의 기본적인 꿈이자 모든 것을 이끄는 추진력이다.

하지만 우리가 그 꿈을 이미 넘어선 것이 문제이다. 우리가 만들어낸 제품들과 시장들, 기업들은 모두 성장해서 우리에게 끊임없이 요구를 해대고 우리는 어쩔 수 없이 그런 요구를 수용할 수밖에 없다. 이런 시나리오가 시작되면 R&D는 더 이상 일반 제품에 치중하지 못한다. 완비제품 R&D가 시작되어야 한다.

완비제품 R&D는 연구실이 아닌 시장이 주도한다. 그것은 획기적인 기술이 아닌 획기적인 시장 부문에서 시작된다. 그것은 소재와 과정이 아닌 습관과 행동을 연구한다. 우주선 엔터프라이즈호의 선장과 달리 '아무도 가본 적 없는 곳으로 가지' 않고, T. S. 엘리엇처럼 모든 탐험의 끝에서 '우리는 출발했던 곳에 도착해 / 처음으로 그곳을 알게 된다는 것'을 깨닫는다. 완비제품 R&D는 무에서 유를 창조하는 방식보다 기존의 기술과 제품을 조합해 새로운 것을 개발하는 방식을 선호한다. 이상적인 완비제품 R&D 개발자는 명석한 두뇌로 완전한 우주를 창안했던 알베르트 아인슈타인보다 땅콩의 용도를 300가지 넘게 개발했던 조지 워싱턴 카버에 가깝다.

완비제품 R&D는 엄청난 지능을 요구하는 작업이 아니다. 대수롭지 않게 간과된다고 해도 전혀 놀랍지 않다. 실제로 첨단기술 업계는 완비제품 R&D에 대해 '관리(maintenance)'라는 단어를 사용한다. 그 분야를 담당하는 사람들은 관리인 정도로 취급된다. 유능한 인재들은 이런 업무는 거들떠보지도 않는다.

오히려 유능한 인재들은 불연속적인 혁신을 개발하는 업무에 뛰어든다. 그리고 시장에서 소화하지 못할 정도로 많은 기술을 쏟아내면서 그저 제품의 수명주기가 점점 더 단축된다고만 불평한다. 달리 말해, 그들은 거의 캐즘의 왼편에서만 게임을 하면서 결코 주류시장으로 전환하지 않고 끊임없이 초기시장만 반복하는 것이다. 제품 수명주기는 점점 더 단축되지만 완비제품 수명주기는 그 어느 때보다 연장된다. 어도비에 포토샵에 대해 물어보거나 애플에 매킨토시에 대해 물어보라.

새로운 분야

완비제품 R&D는 새로운 분야이다. 그것은 첨단기술 마케팅과 소비자 마케팅 간의 융합을 나타내는데, 그 접점에서 처음으로 후자의 수단이 전자의 문제들을 해결하는 데 긴요하게 사용될 수 있다. 포커스 그룹과 포장연구의 두 가지 사례를 살펴보자.

초기시장의 개발을 거의 이끌지 못했던 포커스 그룹은 혁신이 점점 더 지속적으로 이루어지면서 효과적인 수단이 된다. 그 이유는 이미 시장에 기본적인 제품 제안이 제시되고 수용되었기 때문이다. 그렇게 되기 전까지 소비자들은 새로운 첨단기술 제품의 가치와 용도를 예상하느라 골머리를 앓는다. 하지만 제품 제안이 정착되면, 이 수단은 효과를 거두게 된다. 특히 포커스 그룹은 표적시장 부문의 특정한 요구를 충족하기 위해 기존 제품군의 확장과 변경을 유도하는 데 사용될 수 있다. 이런 상황에서 소비자들이 해야 할 일은 유명한 제품에서 파생된, 비교적 알려지지 않았지만 우수한 제품들을 이야기하는 것이다. 따라서 그들이 제공하는 정보는 소중하다.

현재 첨단기술 마케팅보다 소비자 마케팅이 월등히 앞서는 또 다른 분야에 대해 생각해보라. 바로 포장이다. 우리는 포장을 고작 상자, 상표, 포장지의 디자인 정도로 생각한다. 하지만 포장은 단지 겉면뿐만 아니라 내면에서도 이루어지며, 좋은 포장의 목표는 상자를 개봉하는 순간부터 즐거운 체험을 제공하는 것이다. 첨단기술 업계는 이 부분에 더 많은 연구를 해야 한다. 얼마나 많은 자금이 비싼 지원서비스에 허비되는지 생각해보라. 그 이유는 우리의 제품들이 혼동을 유발하거나 세련되지 않은 방식으로 포장되고 있기 때문이다.

포커스 그룹과 포장 연구 같은 업무는 전통적으로 마케팅 부서에서 담당해왔다. 하지만 첨단기술 업계에서 마케팅은 워낙 무시되어 추진력을 발휘하지 못한다. 간단한 변화로 보이는 것이 어쩌면 중요한 기술의 한계를 초월한 획기적인 발견이 될지도 모른다. 반대로 실현이 불가능해 보이는 것이 사소한 변경의 부산물로 탄생할지도 모른다. 어떤 경우든 그 과정에는 엔지니어링이 동반되어야 하며 그렇지 않으면 실패로 끝나게 될 것이다. 그것은 단지 시장조사만으로, 제품개발만으로 이루어지지 않는다. 그것은 완비제품 R&D에 의해 이루어지며, 이는 전통적으로 구분되던 조직들 간에 새로운 유형의 협력을 필요로 한다.

이 책을 마치며

이제 마무리를 하면서 이 책의 전반에 걸쳐 다룬 내용을 되짚어보자. 우리는 현재 유행하는 첨단기술 마케팅 모델(초기시장에서 성공을 거둔 후에 곧바로 주류시장에서도 급속한 성장을 지속할 수 있다는 개념)의 근본적인 결함을 지적하면서 시작했다. 선각자들과 실용주의자들의 특성을 분석하면서 우리는 지극히 평범한 개발에는 성장이 지체되거나 중단되는 캐즘 기간이 뒤따른다는 것을 알수 있었다. 그 기간은 매우 위험하기 때문에 온갖 수단을 동원해 최대한 빨리 벗어나도록 기업들을 독려해야 한다.

이처럼 신속한 탈출을 목표로 삼았기 때문에 우리는 캐즘을 뛰어넘기 위한 전략과 전술을 수립했다. 기본적인 전략은 주류 시장 내의 특정한 표적시장 부문에 집중하는 디데이 방식의 침투작전이었다. 침투를 위한 전술은 네 단계로 설정되었다.

먼저 '공략지점'을 선정해야 한다. 다시 말해, 표적고객들과 강력한 구매이유를 도출하는 것이다. 둘째, 완비제품과 제휴사와 협력사들을 중심으로 조직되는 '침투부대'를 결성해야 한다. 세 번째 단계는 경쟁을 창출하고 구매가 용이하도록 포지셔닝을 하면서 '전투를 규정'해야 한다. 마지막 단계로 유통경로를 선택하고 그 유통경로를 활성화할 수 있는 가격을 책정하면서 '침투를 실행'해야 한다.

이 마지막 장에서 우리는 캐즘을 뛰어넘기 위한 직접적인 전술에서 한 걸음 물러나, 기업이 성장하는 캐즘 이전의 시기에 제시하는 주요 약속들을 살펴보며 캐즘 이후의 사업에서 실패하지 않도록 경각심을 일깨웠다. 이로써 내 여정은 종착점에 도달했다. 부디 이 책이 여러분의 출발점이 될 수 있기를 바란다.

첨단기술 시장개발 모델

이 책은 1990년에 처음 출간되었다. 그리고 5년 후에 『토네이도 마케팅』이 출간되었는데, 거기에서는 초기시장부터 캐즘을 거쳐 볼링레인과 토네이도를 지나 중심가에 이르는 첨단기술 시장개발 과정을 철저히 연구했다. 이 짧은 부록에서는 독자들이 캐즘 뛰어넘기를 광범위하게 적용하는 데 도움이 되는 개요를 제시한다.

첨단기술 마케팅 모델에 의하면, 한 시장이 생성되고 완전히 동화되기까지 다섯 가지 '양상'의 기술수용 단계를 거친다. 여기에 각 단계별로 특징을 소개한다.

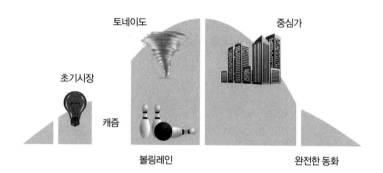

첨단기술 시장개발 모델

토네이도

중심가

초기시장

캐즘

볼링레인

완전한 동화

초기시장

고객기반은 그것이 기회가 되었든 문제가 되었든 상관없이 앞서 가려는 기술 마니아들과 선각자들로 구성된다. 완비제품은 아직 엄두도 내지 못할 시기이기 때문에 초창기 판매는 일종의 프로젝트처럼 실행하면서 제품 판매사는 선각자 고객의 용례에 맞추기 위해 전력을 다해야 한다. 이런 상황에서 제휴사들은 대체로 고객 기업과 탄탄한 관계를 구축하고 그 관계를 유지하기 위해 이런 프로젝트를 지지하는 대규모의 시스템 판매사들이나 시스템 통합자들이다. 이런 프로젝트는 혁신적인 판매사의 주도로 직접 판매를 통해 거래되는데, 그 이유는 그 방법이 확실히 선각자의 상상력을 사로잡기 때문이다. 이런 거래는 대체로 가격에 민감하지 않다. 선각자는 투자에 대비해 10배의 수익을 예상하면서

314

최대한 빠르게 최고의 품질로 그 목표를 달성하기 위해 자금을 투자할 것이기 때문이다. 아직 경쟁이 일어나지 않은 시기라 저항은 오히려 현재의 상황과 이처럼 이른 시기에 단속적인 혁신이라는 도박을 하는 것은 완전히 미친 짓이라고 믿는 모든 실용주의자들과 보수주의자들에서 비롯된다. 그러나 혁신가와 선각자들은 자신들이 중요한 실적 측정기준에서 10배의 차이를 이끌어낼 수 있으며, 그런 시도가 판도를 바꿀 것이라고 단언할 것이다.

캐즘

더 이상 언급하지 않겠다. 아직도 알지 못한다면…….

볼링레인

이것은 캐즘을 뛰어넘기 위한 교두보에서 인접한 시장 부문으로 이루어지는 확장인데, 그곳에서 표적고객의 입소문 집단이나 완비제품을 제공하는 제휴사 생태계가 중복된다. 다음 틈새시장을 확보하기 위한 전술은 캐즘을 뛰어넘기 위한 전술과 동일하지만, 지난 성과를 활용할 수 있다면 그만큼 시간과 노력은 줄어든다. 새로운 시장 부문이 성숙해지면 저마다 개별적인 틈새시장으로 발전하거나 시장개발의 다음 단계인 토네이도 안에서 모두 합병될지 모른다. 하지만 볼링레인 단계에 머무는 동안에는 유통경로에서 양보다 가치에 주력할 것이기 때문에 가격책정은 계속 상품 기준가격을 초과하는 높은 수준을 유지할 것이다. 경쟁 포지셔닝은 기존의 시장 대안이 제공하는 전문지식과 차세대 제품 대안이 제공하는 성능가치 간의 교차점에서 형성될 수 있다.

토네이도

이것은 마치 물이 수증기로 증발되는 것처럼 시장에서 일어나는 극적인 '양상의 변화'를 나타낸다(이런 식으로 생각하면, 캐즘 뛰어넘기에 성공하는 것은 얼음이 물로 녹는 변화에 비유할 수 있다). 경제의 전 분야에서 일제히 수용되면서 표적고객들은 훨씬 더 보편화된다. 강력한 구매이유는 새로운 기술이 PC, 휴대전화, 레이저 프린터, 웹사이트, 노트북, 스마트폰, 태블릿의 사례에서 입증된 것처럼 필수적인 인프라로 간주된다는 것이다. 이제 완비제품은 제휴사들이 새로운 기반제품에 쉽게 통합될 수 있도록 적극적으로 제품을 조정하기 때문에 판매처에서 조합될 수 있다. 제휴관계는 서열화되면서 일부 기업들은 매우 특별한 지위를 얻는다(1990년대의 마이크로소프트와 인텔, 2000년대의 구글과 애플이 이런 경우에 해당된다). 유통은 최저비용으로 최대범위에 이르면서 그에 따른 서비스 수준을 충족시킬 수 있는 경로를 통해 이루어진다. 참조 가격은 더 이상 시장 선도자에 의해 설정되지 않고 저가상품 공급자들에 의해 주도된다. 다시 말해, 제품은 '하향식'이 아닌 '상향식'으로 가격이 책정된다. 경쟁 포지셔닝은 더 이상 목표로 삼은 용례에 대비한 성능에 근거하지 않고, 제품의 가격에 대비한 성능과 그 회사의 시장점유율 현황에 초점을 둔다. 이 단계에서도 여전히 틈새시장 전략을 활용할 수 있기는 하지만, 완비제품이 상품가격의 침식에 견디려면 고도의 차별화를 이루어야 한다. 시장점유율 1위를 달성하면(특히 높은 전환비용이 소요되는 특허기술을 바탕으로) 우리가 『고릴라 게임』에서 자세히 논의했던 것처럼 엄청난 주주가치를 창출한다.

중심가

토네이도는 두 자릿수 성장률(초기에는 세 자릿수까지 나타나기도 한다)을 특징으로 한다. 그런 성장률은 첫 세대 인프라가 시장 전반에 걸쳐 보급되는 동안 꾸준히 유지된다. 그러면 시장은 보다 일정한 속도로 기어를 변속하는데, 이 시기의 특징은 주기적인 성장이 아닌 한 자릿수 성장률로 지속적인 성장을 한다는 것이다. 상품은 저비용 구매자를 겨냥한 철저한 운영전략을 활용하기 때문에 별다른 차별화가 이루어지 않는다. 반면 부가가치 상품들은 조금 더 얻기 위해 조금 더 지불할 수 있는 재량소득을 갖춘 시장 부문을 겨냥해 고객친화 전략을 활용한다. 이런 '부가가치 상품들'은 기존의 완비제품에 무난히 적용되며(우리는 그 결과로 형성된 구조를 '완비제품+1'이라고 부른다), 대체로 기본제품보다 10~15퍼센트 높게 가격이 책정되어 이익률도 5배에서 10배 정도 높다.

실제로 종종 기본제품은 지속적인 소비 중심의 수익구조를 확보하기 위해 보조금이 지급된다. 스마트폰이 대표적인 사례에 해당된다. 이런 상품들은 셀프서비스가 이상적인 경로인데, 이윤은 엄청나지만 절대수익이 적은 탓에 간접비로 순익이 삭감되기 때문이다. 경쟁 포지셔닝은 현재의 위치(브랜드 선도자나 전환비용이 높은 제품의 경우), 혹은 핵심적인 기능이 아닌 부차적인 특성에 주력하는 상품과의 차별화에 기반에 둔다. 이 단계는 '적당히 좋은 것'이 좋은 것이 되는 시기이다.

각 시장 단계는 아주 다른 유형의 접근법을 선호한다. 이 접근법들은 매우 잘 알려져 있다. 문제는 현재의 시장상태에 대한 합의를 도출하면서 기업에 적절한 접근법을 실행하는 것이다. 이는 시장상태의 전환기에 어려울 수 있는데, 시장상태도 최적의 전환시점도 모두 확실하지 않기 때문이다. 지난 20년에 걸쳐 얻은 가장 중요한 교훈은 다음과 같다. 일관성 있게 도박을 하면서 잘못을 저지르는 것(잘못을 깨달은 후에 신속하게 진로를 변경할 수 있기 때문이다)이 자꾸 미루거나 시간만 낭비하는 것(그동안 아무것도 배우지 못하기에 최적의 결과를 얻지 못하기 때문이다)보다는 바람직하다는 것이다.

물론 이 부분에 대해서는 더 자세히 살펴보아야 한다. 따라서 시장개발과 전략수립을 위해 이런 접근법이 필요하다면, 서점에 찾아가 『토네이도 마케팅』을 한 권 구입해야 할지도 모른다. 지금 여러분이 손에 쥐고 있는 이 책과 잘 어울릴 것이다.

디지털 소비자의 수용에 관한 4단 기어 모델

캐즘 마케팅은 의심의 여지가 없이 B2B 모델이다. 혁신적인 기술이 시장에 도입되기까지 까다로운 절차를 거쳐야 하는 곳들에서는 초기부터 제도적인 지원이 활발하게 이루어져야 한다. 따라서 이 접근법이 널리 적용될 가능성이 있다. 다시 말해, 점점 더 많은 기술이 도입될수록 제도적인 지원 없이도 새로운 혁신의 성공 가능성이 점점 더 커지게 된다. 구글, 페이스북, 유튜브, 스카이프를 비롯한 혁신 기업의 세계에 온 것을 환영한다.

이런 기업들도 수용과정을 거치면서 많은 경쟁자들을 제쳤지만 그 과정에서 캐즘을 뛰어넘지는 않았다. 오히려 그들의 여정은 새로운 CPG(소비재 상품)에 더 가까운 듯한데, 여기서는 제품의 출시와 대량판매 시장의 조성 이후에 실험시장이 형성된다.

하지만 여기서조차 디지털은 다르다.

온라인 수용의 특징은 네 가지 기본적인 활동으로 나타난다.

1. 트래픽을 획득하라
2. 사용자를 참여시켜라
3. 사용자의 참여를 유료화하라
4. 충실한 회원을 모집하라

우리는 이 모델을 4단 기어 모델이라고 지칭하는데, 각 기어는 디지털 사업이 단계적으로 성장하는 데 크게 기여한다. 하지만 그 과정은 결코 1단 기어에서 4단 기어까지 직선으로 진행되지 않는다. 이에 대해 자세히 설명하겠다.

이 모델에서는 무엇보다 참여가 가장 먼저 일어나야 한다. 사용자들이 자꾸 해보고 싶어 할 만한 매력적이고 차별화된 디지털 체험을 창출할 수 있는가? 그런 반복적인 행위는 대량판매 시장의 첫 번째 중요한 기반이 되는 하나의 소비형태를 구축한다. 여러분은 사료를 먹고 좋아할 개를 최소한 몇 마리는 찾은 것이다.

일단 '참여' 기어가 회전하기 시작하면 곧이어 '획득' 기어로 변속해야 한다. 이 두 기어는 두 번째 큰 문제에 직면한 여러분이 아직 미숙한 사업을 성장시키기 위한 해답을 찾는 동안에 서로 맞물려 돌아가며 조정된다. 여러분이 제공하는 매력적인 체험은 단계적으로 조정할 수 있는가? 이것은 수요의 차원(새로운 사용자들을 모집하는데, 궁극적으로 그들은 더 많은 것을 원하거나 최초의 사용자들과 다른 것을 원한다)과 공급의 차원(초기의 형태에서 상품을 확장하기 위해 새로운 콘텐츠나 제품의 특성을 추가한다) 모두에서 이루어지는 성장을 의미한다. 단계적인 조정은 항상 상품의 변경을 수반하고, 상품의 변경은 언제나 단계적인 조정에 영향을 미친다(물론 항상 즐거운 영향은 아니다). 이 방식은 소심한 사람들에게 어울리지 않는다.

하지만 터널의 끝에는 빛이 보인다. 어쩌면 그것은 임계점일지도 모른다. 임계점은 B2B의 경우와 마찬가지로 소비자 수용에서도 매우 중요하다. 하나의 임계점에 도달하기 전에 단계적인 성장을 위한 모든 노력은 추가적인 연료의 공급을 필요로 한다. 만약 여러분이 연료공급을 중단한다면 시스템은 최초의 상태로 회귀할 것이다. 하지만 여러분이 임계점을 지나고 나면 시스템은 새로운 현상 부근에서 안정되며 사실상 여러분이 새로운 적절한 '지위'에 도달하도록 이끈다. 여러분은 이런 상황을 변화시킬 수 있지만(마이스페이스나 그루폰의 투자자들에게 물어보라) 상당히 많은 노력이 필요하다.

이런 맥락을 고려하면, 소비자 생활주기에서 획득−참여 단계의 목표는 이런 임계점을 최대한 빨리 돌파하는 것이다. 인터넷에서는 표적시장의 규모에 따라 수십만에서 수백만 명에 이르는 사용자의 참여를 필요로 하며 목표가 클수록 수치는 더 늘어난다. 임계점이 시작되는 시점은 사전에 예측할 수 없지만(오직 사후에만 인지할 수 있다), 만약 예측이 가능하다면 세상이 당신을 뒤로 미는 것이 아닌, 앞으로 당기는 기분이 드는 시기일 것이며, 만약 그때도 아직 '모집' 기어로 변속하지 않았다면 그 기어로 변속하고 싶을 것이다.

충실한 회원들의 모집에는 이미 여러분을 찬양하고 추천하는 성향을 보인 소수지만 목소리가 큰 소비자들의 '적극적인 참여'가 동반된다. 그들이 그런 행동을 하는 이유는 자기 정체성의 일부로 생각할 만큼 여러분과 여러분의 사업을 절대적으로 신뢰하기 때문이다. 여러분은 그들에게 보상을 제공하지 않는다. 어쩌면 보상은 그들에게 모욕이 될지도 모른다. 그들이 그런 행동을 하는 이유는 그것이 삶의 일부가 되었기 때문이다. 이런 이유에서 사이먼 시넥은 혁신을 주제로 한 TED 강연에서 혁신적인 기업의 목표는 여러분의 제품을 필요로 하는 고객들과 사업하는 것(실제로 이는 시장에 안착한 대부분의 기업들의 목표이며 또 그래야 하기도 하다)이 아니라, '여러분의 신념을 믿는 고객들과 사업하는 것'이라고 말한 것이다.

소비자 모집의 수준은 세 가지 상태로 나타난다. 가장 높은 첫 번째 수준은 여기서 우리가 말하는 일종의 전도행위이다. 이것은 입소문 마케팅의 핵심이며 그로 인해 소비자 획득비용이 절감된다. 기존의 소비자들이 최고의 마케팅 수단으로 활약하기 때문이다. 이 상태는 순수추천지수(NPS) 9에서 10("친구에게 반드시 추천할 것이다")에 해당된다고 생각하면 된다.

두 번째 수준은 NPS 7에서 8("친구에게 추천할 수도 있다")에 해당되며 입소문 마케팅을 활성화하지는 않지만 고객유지에는 매우 효과적이다. 이것은 확고한 브랜드 선호도에 해당된다. 나는 맥주를 구입할 때 하이네켄이나 벡스의 무알콜 제품을 선택한다. 나는 그 두 가지 중 어느 브랜드도 다른 사람에게 추천하지 않지만, 항상 그 두 브랜드 중 하나를 선택한다. 이것은 이탈을 미연에 방지하는 모집의 수준이다.

모집의 수준이 그 이하로 떨어져 NPS 1에서 6("친구에게 추천하고 싶지 않다")이 되면 소비자들은 언제든지 이동을 고려하거나 이탈을 감행할 수 있다. 실제로 가장 낮은 수준에 이르면 역전도 현상이 나타날 수도 있는데, 2004년에 맥도널드를 다룬 영화 〈슈퍼 사이즈 미〉의 경우처럼 부정적인 효과를 불러올 수 있다.

소비자 모델에서 '모집' 기어의 목표는 최소한 이탈률을 매달 2퍼센트 이하로 유지하는 것이며, 그 범주의 성장기에 초고속 성장을 이끄는 것이다. 따라서 '참여' 기어와 '획득' 기어가 활발히 돌아간다는 확신이 들면 그 가속도를 활용해 예상되는 임계점을 돌파하기 위해 '모집' 기어로 변속해야 한다.

이 모든 과정이 지나면 네 번째이자 마지막 '유료화' 기어로 변속하게 된다. 캐즘 뛰어넘기는 확실히 선불형 모델인 반면, 4단

기어 모델은 'URL'(인터넷 웹주소를 나타내는 축약어가 아니라 '선보급 후 수익[Ubiquity now, Revenue Later]'을 의미하는 축약어이다) 방식이다. 금세기의 첫 10년 동안 소비자 인터넷에서 엄청난 성공을 거둔 대부분의 사업은 이 방식을 따랐다. 그들은 매우 늦은 시점에 '유료화' 기어로 변속했는데, 몇몇 경우에는 유료 검색엔진에 매각될 때까지 유료화를 시도하지 않았다(구글에 매각된 유튜브, 페이스북에 매각된 인스타그램, 야후에 매각된 텀블러가 이에 해당한다).

여기서 핵심적인 아이디어는 변속시점과 관계없이 유료화가 다른 세 기어의 속도를 늦추게 된다는 것이다. 만약 너무 일찍, 혹은 너무 빠르게 변속하면 마치 수동변속기에서 클러치를 급히 떼는 것과 다름없게 된다. 바로 시동이 꺼지면서 엔진이 멈추고 만다. 이런 경우에 요령은 지체효과를 최소화하고 흡수하기 위해 천천히 '유료화' 기어로 변속하면서 최단시간에 최고속도까지 엔진을 가속하는 것이다. 이런 상황에서 근본적인 목표는 현재와 미래의 수익을 위한 최적의 가격을 책정하는 것인데, 경쟁과 혁신으로 환경이 재편성될 때마다 적응하기 위해 끊임없이 실험해야 한다.

이 정도로 4단 기어에 대한 설명을 마친다. 이 4단 기어 모델은 애초에 캐즘을 뛰어넘기 위한 모델과는 별도로 개발되었기 때문에 어떤 면에서는 서로 상반되지만, 나는 이 두 모델이 앞으로 점차 상승효과를 일으킬 것이라고 믿는다. 그런 상황에서 대중의 반응은 대규모 수용의 물결을 일으키고, 기업 마케팅은 그 자금을 투자하고 활용하기 위한 방법을 찾을 것이다. 그러면 경영진은 B2C 경로를 우선하면서 두 가지 경로를 병행해야 할 것이다. 4단 기어의 견인력이 입증되기 전까지 유료화 엔진에 공급할 자원이 없기 때문이다. 이 형태는 보건의료, 교육, 공익사업처럼 공공부문과 민간부문의 이해관계와 재원이 교차하는 분야에서 부각될 가능성이 가장 크다.

옮긴이의 말

과거에는 그저 제품만 좋고 기술만 뛰어나면 성공할 수 있었지만, 온갖 상품과 기술이 넘쳐나고 미디어가 발달한 오늘날에는 제품과 기술은 기본으로 갖추고 여기에 마케팅이 뒷받침되어야 한다. 아무리 기막힌 기능과 놀라운 성능을 지녔다고 해도 많은 사람들에게 제대로 알려지지 않으면 소리 없이 묻혀버리고 말기 때문이다. 새로운 첨단제품일수록 순수하게 상품성과 기술력만으로 소비자들에게 선택받기는 더 어려워졌다.

『제프리 무어의 캐즘 마케팅』은 이러한 첨단기술 기업이 성공하는 데 꼭 필요한 비법을 소개하고 있다. 수많은 첨단기술 기업들이 야심차게 창업하지만 대다수는 초기에 처참하게 실패하며 주저앉고, 그나마 성공을 거둔 소수의 기업들도 어느 날 찾아오는 위기를 이겨내지 못하고 사라진다. 초기에 나름 성공을 거둔 신생 기업들이 더 이상 성장하지 못하고 정체되는 시기를 바로 '캐즘'이라고 한다. 사실상 모든 신생 기업들이 거쳐야 하는 이 깊고 위험한 함정을 벗어나기 위해서는 적절한 마케팅이 필요하다.

자금과 인력이 부족한 신생 기업들에게 초기에 실패하는 것은 용납되지 않는다. 다행히 초기에 성공을 거두더라도 어느 시점에서 한계를 느끼고 확장해야 할 시기가 찾아온다. 이 시기를 극복해야 비로소 넓은 세상으로 나갈 수 있다. 물론 세상에 공짜는 없다. 철저히 조사하고 분석하면서 치밀하게 준비해야 한다.

이 책에서는 기술수용 주기라는 개념을 도입해 시장의 발달단계별로 주요 고객층을 분류하고 그 특성을 파악하라고 조언한다. 또한 초기시장과 주류시장의 경계에서 단절을 일으키는 캐즘을 뛰어넘으려면 치밀한 작전을 세우고 틈새시장을 공략해야 한다고 강조한다. 그동안 수많은 신생 기업들이 혁신적인 제품과 기술을 지니고도 시장에서 제대로 이름도 알리지 못하고 소리 없이 사라져갔다. 이 책에 나오는 말처럼 마크 저커버그가 억만장자가 될 수 있다면 나라고 못하란 법은 없지 않은가. 그야말로 합법적으로 벼락부자가 될 수 있는 길을 여기서 찾아보도록 하자.

2015년 8월

윤영호